時効なき日本軍「慰安婦」問題を問う

纐纈 厚・朴 容九［編］
Koketsu Atsushi, Park Yong Koo

JN045468

社会評論社

＊本書は、韓国研究財団一般共同研究支援事業（2018SIA5A2A03038605）に依った。

目次

第Ⅱ部　日本軍「慰安婦」問題のローカリティ

はしがき

二〇一八年一二月、韓国外国語大学日本研究所の韓国研究財団一般共同研究チーム（課題名――「国家権力による性暴力合理化のメカニズム研究」）は、「慰安婦」問題と関連した国際シンポジウムを開催した。「慰安婦」問題をグローバルな視野で眺めたとき、今の日本政府と右翼勢力の路線が、いかにガラパゴス化しているのかを明らかにするために、一応、主題は〈日本軍「慰安婦」問題の国際化〉に決めた。シンポジウムの主題がまだ確定されなかった時、ある席で、長い付き合いでプライベートには兄弟のような付き合いをさせてもらっている明治大学の纐纈厚特任教授から、「国際性と無時効性」という言葉を聞いた瞬間、シンポジウムの方向が明確に整理された。これまでにも一貫して感じてきた纐纈教授の的確な指摘に、改めて感心した。

「慰安婦」問題が最初に水面上に浮上した一九九〇年代の初めと比べると、今二つの新しい局面が展開されている。一つは、「慰安婦」問題は、もはや植民地支配国日本と被支配国韓国との間の民族問題から、国際社会の一員として尊重されるべき女性の人権の問題にまで関心領域が拡がったということである。このように「慰安婦」問題の本質を女性の人権に対する抹殺行為として、国際社会に位置づけたのは、今までの「慰安婦」闘争が成し遂げた大きな成果と言わざるを得ない。

もう一つは、三〇年近い年月が経った間に、超高齢化した「慰安婦」たちが、近いうち、この世に存在しなくなるということである。被害当事者である「慰安婦」がいなくなるということは、「慰安婦」

闘争史において重要な転換点になるだろう。「慰安婦」問題は、みんな亡くなると解決されるという、日本の安倍晋三首相をはじめとする歴史修正主義者の内心が、深く懸念されるものである。

韓国人は言うまでもなく、日本人のなかにも記憶されている人が少なくないと思う。次の言葉を。「日本政府は、私たちがみんな亡くなることを望んでいる」。これは韓国で日本軍の蛮行を初めて公開証言した、故金学順「慰安婦」の発言である。

金学順だけでなく、死を目の前にしている「慰安婦」みんなの恨めしい絶叫とみていいであろう。「慰安婦」問題の専門家でもない私が、この本を企画するようになったきっかけは、まさにここにある。死んで終わるものではなく、まさに死ぬその瞬間から「慰安婦」問題の無時効性が発効するということをはっきりとしておきたかったからである。日本の右翼の望みとは違って、「慰安婦」が生きておられる間に、この問題を解決しなければ加害者は加害者で、歴史の罪人として永遠と記録に残るであろうし、また亡くなられた「慰安婦」の死は、「人権の花・平和の花」を咲かせる種になるであろう。

「慰安婦」の志を継承・発展させていくという点で見ると、国際性と無時効性は別のものではない。「慰安婦」が象徴する人権と平和の価値を国際社会の構成員たちが共有できるように、その国際性を拡散させていくことこそ、「慰安婦」問題の無時効性を担保するための最良の方策であるからである。

この意味で、本書の**「第Ⅰ部　日本軍「慰安婦」問題のグローバリティ」**では、先ず私自身が本書の見取り図と問題意識を披瀝した（序章）。次いで「従軍慰安問題の国際性と無時効性」というタイトルの下、纐纈厚先生に「慰安婦」問題を議論する枠組みを作ってもらえるようにお願いをした（第1章）。中琪榮先生には、「慰安婦」問題が超国家性と無時効性を獲得していく過程を（第2章）、李芝英先生には「少女像」建設運動の持つ「慰安婦」問題の国際性と無時効性についてのご執筆をお願いした（第3章）。

一方、このように人権と平和という「慰安婦」問題のグローバリティが拡散していく国際的な雰囲気とは違って、いざ「慰安婦」被害の当事国であるアジア各国では、個々の国の政治・経済・歴史・社会・文化といった様々な事情と絡み合って、複雑な状況が展開されている。つまり、各国の事情を見てみると、無時効性を生かしていくためには、まず解決せねばならない難題が少なくないのである。

そこで、**「第Ⅱ部　日本軍「慰安婦」問題のローカリティ」**のタイトルの下、韓恵仁先生には韓国(第4章)、李相薫先生には日本(第5章)、李哲源先生には中国(第6章)、楊孟哲先生には台湾(第7章)、そして松野明久先生にはインドネシアと東ティモール(第8章)での「慰安婦」問題をめぐる政府と市民団体の立場を各々紹介してもらえるようにお願いをした。

「慰安婦」問題を眺める視線は、帝国主義と植民地、歴史の加害と責任、人権の尊重と抹殺、力強い男性と弱い女性など、複雑かつ多様である。故に、この本の共同執筆者の間に考えの違いや意見の衝突があるのではないかと懸念したりもしたが、幸いなことに、大きな問題はなかった。よって、微細な調整を経て、執筆者の原稿を原文のまま収録したが、ただ一つ、執筆者の特別な解釈がつけていない場合に限って、用語だけは、日本軍「慰安婦」の略語として「慰安婦」に統一した。

一九九〇年代初頭、「慰安婦」問題が水面上に浮上し始めた時は、広く「挺身隊」という用語が使用されていたことは周知の通りである。挺身隊とは日本が戦争中、労働力動員のため動員した人と集団の総称で、「慰安婦」とは本質的に性格が違うが、勤労女子挺身隊に動員された女性が「慰安婦」に連行された事例があったので、挺身隊＝「慰安婦」と言うふうに意味が誤って使用されていた時期もあった。また、日本では普通「従軍慰安婦」という用語を使っているが、「従軍」という言葉には、「従軍記者」や「従軍看護師」のように自発的に軍に従ったという意味と誤解を招きやすいことから、強制的に動員した日本の歴史的責任を隠蔽する用語になってしまうので、不適切な表現と言わざるをえない。

慰安婦（comfort women）という言葉も、本質を糊塗《こと》する危険性があるが、韓国の関連研究者や活動家の間では、日本軍を加害主体として明確に規定し、彼らによって踏み躙られた女性の人権に歴史的な意味を与えるということで慰安婦にカギを付けて、日本軍「慰安婦」というふうに使うのが一般化されている。

本書は、冒頭でも言及したように、韓国外国語大学の日本研究所が主催した国際学術大会で発表された発表文を加筆修正したものである。「慰安婦」の問題に時効はありえないということを広く知らせるべく、韓国と日本両国で同時に出版することにした。

まず、その趣旨に共感して玉稿を投稿してくださった執筆者の方々に感謝の言葉を申し上げる。さらに投稿はもちろん、大切なアドバイス、日本語版の木目細かい監訳、日本の出版社交渉まで、苦労を惜しまず奮闘くださった共同編集者の纐纈厚先生に、誰よりも深くご感謝を申し上げる。そして、原稿のやり取りや日韓両国語の文章校正、雑務まで引き受けてくれた李権熙先生を始め、共同研究チームの先生方にも感謝の言葉を申し上げる。本書の出版が日本と韓国、そして世界中の人々が深い関心と解決を望んでいる数多の人々の目に触れることを望んでやまない。

（朴容九）

第Ⅰ部

日本軍「慰安婦」問題のグローバリティ

▽序章

日本軍「慰安婦」の転生と解恨

朴容九

1　渡嘉敷島の「慰安婦」

「慰安婦」裵奉奇《ペホンギ》

日本に捨てられた沖縄では、米軍が上陸した一九四五年三月下旬から約三ヶ月間、激しい戦闘が繰り広げられた。これは、アジア太平洋戦争中、日本本土で行われた唯一の地上戦であった。沖縄戦の死傷者数は、一般県民が九万四〇〇〇人、沖縄出身の軍人と軍属が二万八二二八人で、これは当時沖縄の人口のおよそ三〇%を上回る数であった。[1]

沖縄戦が始まると、現地の女性に対する強姦の抑制、感染症の予防、兵士たちのストレス解消、将兵たちと親しくなった女性による軍事機密の漏洩防止[2]などを理由に、慰安所の設置も本格化した。朝鮮半島出身を約一〇〇〇人、那覇市の辻遊郭の出身を約五〇〇人、日本本土と台湾などから約一六〇〇人前後の女性を連れてきて「慰安婦」にした(3)。

那覇市渡嘉敷島には七人の韓国人「慰安婦」がいたという。その中の一人であった一九一四年生れの裵奉奇が一九九一年一〇月に亡くなられた。忠南礼山郡《チョンナムイエサングン》の貧しい家に生まれて満州と咸鏡道《ハムギョンナムド》を転々としていた裵奉奇は、「南の島に行けばお金を稼ぐことができる。口を開けていたら、バナナが落ちて口に入る」という女紹介人の言葉に騙《だま》されて、自分も知らない間に「慰安婦」になってしまった(4)。そして、一九四四年秋に沖縄県渡嘉敷《とかしき》島の「赤瓦の家」で性奴隷の生活を始めた(5)。

最初の「慰安婦」生活公開証言者として知られている裵奉奇の事情は、一九七五年一〇月『高知新聞』に紹介され、共同通信を通じて日本全域に伝えられた(6)。日本が敗戦した後も裵奉奇は故国に帰れず、字が書けなくて戸籍もなく、沖縄のあちこちを転々としていた。そんな中、一九七二年に沖縄が日本に返還されると、不法滞在者として強制退去の対象となった。しかし、一九四五年八月一五日以前に日本に入国した事実が確認できれば、特別永住許可をもらえるという方針によって、出入国管理事務所の審査を受ける過程で「慰安婦」生活を打ち明けられるようになったのである。その全貌は『赤瓦の家―朝鮮から来た従軍慰安婦(7)』という本の中に記録されている。

「アリラン慰霊碑」

死亡後五日も経って裵奉奇の遺体が発見されたことに衝撃を受けた橋田浜子の提案で、渡嘉敷島の南山腹に「アリラン慰霊碑」（アリラン慰霊のモニュメント）が建立された(8)。村民の小嶺隆良が私有地を提供し、伊集院真理子と本田明は慰霊碑を作製した。また、韓国の彫刻家の田礌鎮《ゾンレジン》は玉石を寄付し、ハングルの詩文は、北朝鮮の書家呉光燮《オガンソップ》の揮毫だという。

アリラン慰霊碑は、全体的には、生命を象徴する渦巻きの形状をしているが、参拝壇に「還生」という言葉を刻んで、あの世だけでも裵奉奇をはじめとする「慰安婦」の「ハンプリ」(恨みばらし、解恨)を祈願している。碑文は「悲惨な犠牲を強いられた女性」たちを哀悼し、彼女たちの尊厳の回復を願うだけでなく、「戦争の過ちを後世に伝え、永遠に反戦平和を誓って」いる。そして、その旨を万国に知らせ、永遠に伝えるために「アリラン慰霊のモニュメントをつくる会」を中心に、追悼ツアーや慈善公演などを行なっているが、老朽した碑の維持管理に少なくない困難があるようである。

第一次渡嘉敷島訪問

二〇一九年二月に那覇市の泊港から高速フェリーで三五分ほどかかる渡嘉敷島を訪れた。アリラン慰霊碑建立から二〇年が過ぎた今、「慰安婦」碑の聖地渡嘉敷島の状況がどうか気になっていたからである。面積一五・三一km²に七〇〇人ほどの住民が暮している小さな島なので、[9]現地観光案内所に聞いてみたら容易に訪ねていくことができるだろう、という軽い気持ちで出かけていった。しかし、この期待はすぐ崩れてしまった。

泊港の一角に設けられている案内テーブルへいってアリラン慰霊碑の位置を聞いたところ、案内員が頭をかしげるのだった。それで裵奉奇さんがこの島で「慰安婦」生活をしていたし、その「慰安婦」碑がここに建てられているはずだと説明して写真まで見せたが、やっぱり分からない。つい納得が行かず、もしかしたら案内員が新入りかも知らないと思って失礼ながら聞いてみたら、三〇代半ばくらいに見える案内員が、自分は渡嘉敷島生まれで渡嘉敷島育ちだという。これでは仕方がないと思って港の外に出たら、ちょうどそこに小さな交番が見えた。そこへいって若い巡査に聞いてみたら、何という碑かは知らないが、ある方角を指しながら、たしかにあの山の中腹に碑があると教えてくれた。

草刈りもしてなく、雑草が繁っていたアリラン慰霊碑を訪ねて行った帰りに、泊港の二階にある渡嘉敷村歴史民俗資料館に立ち寄った。学芸員との会話で観光案内員がアリラン慰霊碑の存在をまったく知らない理由が分かるような気がした。

裵奉奇の一生を書いた本も出て、映画も作られているから渡嘉敷島で裵奉奇はよく知られている人物だと思っていたが、予想とは異なり、渡嘉敷島で裵奉奇への関心は、積極的でも肯定的でもなかった。(10)アリラン慰霊碑の建立地も村有地ではなく私有地であったし、しかもアリラン慰霊碑への村レベルのサポートもなかった。日々露骨となる日本社会の右傾化の雰囲気のせいか、渡嘉敷島で裵奉奇は忘れられかけているようだった。

第二次渡嘉敷島訪問

本当にそうなのか、なぜそうなのかが気になって、二〇一九年七月に再び渡嘉敷島を訪問した。今回の訪問では最初の訪問時に学芸員から聞いた、慰霊碑の建立地を提供してくれたという小嶺隆良氏の奥さんの郁栄氏をはじめ、数人の村民に直接会ってみた。

すでに亡くなられた小嶺氏とモザイク作家橘田浜子氏などが中心になってアリラン慰霊碑を建立した当初は、「慰安婦」問題に対して村民の関心が高かったという。実現はできなかったが、「慰安婦」問題を村史として記録するべきかどうかについての議論も行われたという。

しかし「慰安婦」を村のアイデンティティの一部にするということに否定的な世論が強く、村史として認める場合、これを子供にどう教えるかについての懸念が大きかったという。村の主要な経済基盤である観光の面においても、あまり助けにはならないという結論だったようだ。現在は碑建立の初期に物心両面において支えてくれた人々さえ、すでに故人となり、高齢のため、これ以上の協力を得ることも難しいといった。

二〇一六年一〇月には、アリラン慰霊碑で追悼行事が開かれた。慰霊碑の建立地を提供してくれた小嶺郁栄氏をはじめ、村民たちも一緒に参加していたが、「アリラン慰霊のモニュメントを作る会」の中枢である山梨グループ、李政美《イジョンミ》氏をはじめ演奏、歌、ダンスの演出とステップのグループ、参加者たちのホテル・飛行機・船便手配など雑務を担当する伊集院真理子を中心としたグループ、現地で必要な物品を調達する沖縄グループなど、渡嘉敷村の人ではなく、外地の人たちがイベントを主導している。

伊集院真理子氏は、集いの後記で「慰霊祭の前日、渡嘉敷村事務所から電話がきて村長が参加して挨拶をするといった。過去二〇年の間に村事務所からの連絡。いったい何回あったのでしょうか。私たちはそれだけ連絡をしたのに」といった恨めしい気持を率直に表わした[11]。

また、松本好勝村長の挨拶には、「渡嘉敷島訪問歓迎、天気予報、白玉之塔の慰霊祭、三三〇人の集団自決、戦争や平和への言及」だけであった[12]。白玉之塔の慰霊祭とは沖縄戦当時この島で犠牲になった日本の将兵（八一人）、軍人と軍属（九二人）、防衛隊（四二人）、住民（三八三人）を称えるための行事である[13]。集団自決とは、米軍に追われた住民が谷に集まり、手投げ弾、小銃、鎌《かま》、鋤《すき》、剃刀《カミソリ》などで自ら命を絶った事件を指す。彼ら日本人を称え、世界の恒久平和を願う慰霊祭を毎年開催すると発言して、いざ当日追悼式の主人公であり、戦争の被害者であった裵奉奇や「慰安婦」については一言もふれなかった。

アリラン慰霊碑の碑文には、沖縄戦に連行された凡そ一〇〇〇人の日本軍「性奴隷」を称え、人間の尊厳と反戦平和を子孫に継承し与えるという誓いが刻まれている。しかし、それにもかかわらず、碑の管理も外部の人がしているだけでなく、「慰安婦」の問題は口にしたくない村史として、渡嘉敷島人々の記憶から忘れ去られているのであった。

2 「慰安婦」問題のグローカリティ

新しいアプローチ

アリラン慰霊碑をめぐる渡嘉敷島の二重性は、「慰安婦」問題のグローカリティ（glocality）を示す象徴的な事例である。グローカリティとはグローバリティ（globality、世界性、超国家性、国際性）とローカリティ（locality、地域性、国家性、地方性）の合成語である。グローバリティは、国際的に共有している普遍的価値と言うことができ、各地域や国の政治、経済、歴史、社会、文化的な状況とぶつかると現地化の過程を経ることになる。

「慰安婦」問題の中には、グローバリティとローカリティが複雑に絡み合っている。人権やジェンダーに焦点を合わせると、女性の人権を抹殺した事件としてグローバリティが浮き彫りになるし、帝国主義と民族のカテゴリからみると、加害国日本と被害国の植民地の相互作用という、ローカリティが浮き彫りになるのである。金学順の証言以来持続している「慰安婦」闘争により、国連と米国を中心に、人権尊重と反戦平和というグローバリティが拡散しているが、ローカリティが反映されたアジア各国では、別の様々な様相が展開されている。この本の第Ⅰ部は「慰安婦」問題のグローバリティ（国際性）、第Ⅱ部は「慰安婦」問題のローカリティ（国家性）を分析した論文が納められているが、その内容を簡単に紹介すると、次の通りである。

「慰安婦」問題のグローバリティ

まず、纐纈厚先生は、歴史認識と戦争責任とを結びつけて「慰安婦」問題を国際性と無時効性という二つの観点から論じておられる。国際性とは「尊厳と尊敬の対象として存在性を担保されるべき個人が、不当にその規定から逸脱せざるを得ない状態に置かれたとき、その個人を国際社会の構成員という理由から国を乗り越えて救済すべき必要性」と定義された。無時効性とは、「個人の尊厳と尊敬を毀損させた加害者の犯罪性を絶えず告発することにより、恒久的に負の歴史事実として心に刻むだけではなく、もう二度と同じ罪を犯さないようにするため、たとえ政治的責任を果たし、司法的な処罰を受けたとしも、道徳的な意味での時効は成立しない」ということである。

そして、アジア太平洋戦争を欧米列強によるアジア植民地支配を打破するために起こした、「アジア解放戦争」と名付け、戦争責任を免れようとする日本、植民地への収奪を民生を安定化させ、経済を発展させた植民地近代化論に変身させて植民地支配の責任を回避しようとする日本の歴史認識を批判している。なにより、日本の戦争責任や植民地支配の責任の主体としての天皇と天皇制システムだけでなく、軍部、財界、官界、司法界、言論界、学界、宗教界、さらに一般民衆まで網羅しているところは興味深い。

最後に、帝国日本が犯した犯罪である「慰安婦」問題を、単に日韓歴史問題の枠組みの中に収斂させないで、国際社会が共有できる人類史の問題として位置づけて、孤立している日本が正しい歴史認識を確立し、真の戦争責任を完結することができるようにせねばならないと叱責した。

纐纈厚先生の論文が国際性と無時効性という観点から、今の日本の「慰安婦」問題に取り組む姿勢を叱咤するものであれば、申琪榮《シンギヨン》先生は「慰安婦」の問題がいかに超国家性や無時効性を獲得して創出していくのか、その過程を非常に具体的に記述しておられる。

一九九一年に行われた金学順《キムハクスン》の証言は当時、女性人権の世界史的な発展と相まって、国際的なイッシューとして浮上され、アジアの女性たちの連帯によって超国家性を担保していった。証言以後、韓国と日本の市民社会を中心に北朝鮮、中国、フィリピン、インドネシア、台湾、東ティモール、オランダ、香港、マレーシア、ベトナムまで包括する市民連帯として、「アジア連帯会議」が発足した。これによって開催された民衆法廷の「東京女性戦犯法廷」での戦時性暴力犯に対する起訴と有罪判決が下された。さらに「慰安婦」問題は、グローバル市民社会だけでなく、国連人権理事会、世界の女性会議、国際刑事裁判所、非当事者国議会の決議案などによって、人権問題として国際的な承認を獲得していった。申琪榮先生は、このように「慰安婦」問題を女性の人権規範の発展という世界史的な観点から理解すべきであり、過去史や韓日関係という国と国益中心の捉え方を超越した、被害者を代弁してきた市民社会やグローバル社会という超国家的な観点から照明することを提案した。

また、申琪榮先生は、生存被害者の生きた証言を動力とする運動が現実的に難しくなってきたことによって、「慰安婦」問題は「忘れられる」ことに対する抵抗という新たな局面にさしかかっていると指摘した。即ち、未来の世代のための教育と集団的記憶を通じて「慰安婦」問題を二度と繰り返されてはならない、人類の共通の課題とすべきだということである。今、世界各地の市民によるデモ、碑建立、博物館、記念日の指定、追悼の動き、サークル活動、芸術や文化活動などを通じて「慰安婦」問題がローカライズされた様々な方法で記憶・伝承されていることに注目している。

カリフォルニア州の小さな町グレンデール市は、海外初の平和の少女像を建立しただけでなく、七月三〇日を「慰安婦」記念日に指定したところでもある。李芝英《イジョン》先生は、グレンデール市の少女像建設と撤去訴訟敗訴の事例の詳細な分析を通じて、「慰安婦」問題のグローバリティと無時効性を主張している。

朝日新聞の誤報事態（二〇一四年）、日韓政府の「慰安婦」問題の合意（二〇一五年）と破局を経て、日本の右派は「慰安婦」問題の談論競争で主導権を握ったと喜んだ。それ以降、彼らは「慰安婦を性奴隷、慰安所を強姦所」と規定した国連と、「慰安婦」問題を「二〇世紀最大の人身売買」と定義したことのあるアメリカを主戦場にして、「慰安婦」問題の虚偽を世界に知らせて正しい歴史を取り戻すための「歴史戦」に邁進している。この歴史戦には女性が主体となって慰安婦問題に正面から対応するという「愛国女性」をはじめ、若者たちを動員しようとする新右派団体と政治家、日本政府が連帯を形成して取り組んでいる。

最初の歴史戦が行われたところが、まさにグレンデール市である。グレンデール市に少女像が建立されるやいなや、日本は撤去訴訟を起こした。日本国内の右派と在米日本人「新一世」が連帯して、産経新聞が訴訟費用の募金と世論の支持を訴える一方で、日本政府までが全面に介入したこの訴訟は、原告敗訴で終わってしまった。

さらに、歴史戦が全面化すればするほど、むしろ「慰安婦」問題の国際性と無時効性が強化されている。時空を超えて「慰安婦」被害者を対面させる少女像は爆発的に増え、韓国内だけで八〇余体以上、米国をはじめとしたカナダ、オーストラリア、ドイツ、中国、台湾、香港、フィリピンなど、海外にまで拡散している。日本の名誉回復を図るために「新一世」と日本の右派が日本国内で提起した大規模な訴訟でも、すべて原告敗訴の決定が下された。

「慰安婦」問題のローカリティ

韓恵仁《ハンヘイン》先生は、韓国と日本で「慰安婦」の歴史がどのように扱われているかを批判的に考察している。日韓両国は、「既存権力＝日本政府＝韓国の公共の記憶＝男性＝加害者」の枠組みの中で「慰安婦」の問題を、彼らの望む方式で記憶し、記録し、配置しようとする。強固な権力が必要なときに日本は、「皇軍を慰安する臣民」で、韓国は日本に抵抗した「民族の受難」で「慰安婦」を召還して視覚化し、肝心の被害者（女性）の声で公共化することには消極的であった。

関連証言と公式文書を通じて「慰安婦」を強制連行したり、日本の軍と官憲の関与の下に慰安所制度が作られたという事実が明らかにされたにもかかわらず、日本政府と歴史修正主義者たちは、これらの事実を巧妙に隠蔽した。韓国ではこのフレームが逆に作動し、日本を屈服させる公式資料を発掘しなければならないという脅迫感にとらわれ、資料探しに血眼になっている。このような現象は、日本を攻撃するように見えるが、公的史料だけが真実を語るというフレームをより強固にするだけである。

韓恵仁先生は、すべてのことは、もはや明らかになっているので、日韓が対立している「慰安婦」の歴史の中で、これ以上明らかにすべき事実はない、と断言した。ただし、日本が、権力がその事実を認めていないだけだ。「慰安婦」関連ドキュメンタリーは、日本帝国が生産し出した公文書だけでなく、被害者一人一人の記憶と証言、彼女たちが自分の被害に気づき、克服していく過程で生産されたすべての関連資料、被害者を支援し、連帯していた市民の活動資料、また不完全ではあるが、問題解決のために努力した各国政府、国際機関が生産し出したすべての記録を構成要素としてしなければならない。

李相薫《イサンフン》先生は、「慰安婦」についての日本の政治指導者の言説と、その言説の背景にあるものの分析を中心に論旨を展開している。その理由は、「慰安婦」問題が未完の課題として残されているのは、一九九〇年代以降から現在まで日本の政治状況や国家権力と深い関連があるからだという。「慰安婦」に関連した政治的言説の中で最も多く取り上げられたのは、一九九三年四月に発表された「河野談話」である。当時河野洋平官房長官は、多数の女性の名誉と尊厳に深い傷を負わせた問題であるという認識のもとに、「慰安婦」・慰安所の存在と軍当局・官憲の関与による強制性を認定し、「謝罪と反省」と「記憶と再発防止」の固い決意を表明した。河野談話は、非自民党政権においてより積極的で前向きに継承されたものの、概ね日本の歴代政権は、このような立場を受け継いできた。しかし、安倍首相の登場により、河野談話の言説が変化した。第一次安倍内閣の頃から安倍は「官憲が家に強制的に入ってきて連行した」という「狭義の強制」はなかったといって強制性を否定した。また、二〇一二年、首相に復帰した後も、河野談話の検証という形を借りて、自分の立場を曲げていない。

李相薫先生は、一九人に過ぎない生存者が生きている間に「慰安婦」問題の「解決」は困難であるということを、もう一度感じざるを得ないという。「慰安婦」問題に関する政治的言説を検討した結果、九〇年代以降、いまだに「慰安婦」問題が「解決」されていないのは、植民地支配や戦争を引き起こした「過去」の政治権力だけでなく、「現在」の国家権力にも問題があるからだという。

李哲源《イチョルウォン》先生は、中国の「慰安婦」に対する認識を歴史的に考察し、現在の中国政府と社会の「慰安婦」問題に対する立場を記述した。中国では「慰安婦」制度の歴史的起源を女性の人身売買を禁止した、明治政府が構築した公娼制度にあると見ているという。国が主導した性暴力だった公娼制度が日清戦争と日露戦争を機に「慰安婦」制度と連携する土台が作られ、アジア太平洋戦争の時、中国はもちろん、アジア地域に拡大していったという。

ところが、中国の「慰安婦」問題に対する態度は、韓国とは少し違う。まず、中国は社会主義体制の強固と内部団結を図る次元で、この問題が国家的ないしは社会的関心の対象となることがなかったからであった。また、一九七二年の日中国交正常化当時、「中華人民共和国政府は、中日両国国民の友好関係のために、日本に対して戦争賠償を要求しないこと」を宣言して、長い間中国は「慰安婦」問題を取り上げることすらできなかったという。

しかし、中国は経済成長と国力伸長をベースに、以前の外交政策の原則から抜け出そうとする試みをしている。一九九二年四月、国家主席の江沢民が「国家的次元での戦争賠償問題の放棄は確実である。しかし、民間の損害賠償要求は制限がない」と、日本の責任を問うた。以降、中国政府の「慰安婦」に対する公式で事典的認識は、「慰安婦」問題は、第二次世界大戦時、日本政府と軍部がアジアに対する侵略戦争を行う過程において、兵士や将校で構成された武装軍人集団の生理学的問題を解決するために措置し実施した性奴隷制度」ということである。中国の場合、社会団体が存在するが、そのほとんどは政府系団体、または中国共産党の支援を受ける御用団体であるため、中国政府の公式立場と違う主張をするのは難しい。

楊孟哲《ヤンモウチュウ》先生によると、台湾では、親日政策により、台湾政府と一部の学者は、日本の植民地統治と「慰安婦」問題に関して冷淡で無関心である。韓国で「少女像」が設置されてから初めて「慰安婦」問題が少しずつ注目を受けるようになり、女性運動を呼び起こしている。

一九九二年、日本の国会議員伊東秀子が発見した資料には、「台湾人が植民地政府のトリックで強制連行されて、作戦戦線で日本軍に性的に搾取される戦場の『性奴隷』になった」という内容が明確に示されていた。一九九九年のドキュメンタリー映画『おばあちゃんの秘密―台湾慰安婦の故事―』を最初に上映したのは、台湾慰安婦抗日運動において画期的かつ先駆的なことであった。

父が日本の警察だったと知られている李登輝《リーテンホイ》の執権期（一九八八～二〇〇〇年）は、対日意識が抗日から親日に変わる転換点であった。彼の親しい知人である小林よしのりは、台湾を訪問し、「台湾の慰安婦は本人が自ら志願したもので、日本が強制的に連れて行かなかった」といった。これに対して台湾独立団体の蔡焜燦《ツァイクンシアン》、奇美《チーメイ》グループ創業者である富豪許文龍《シューウェンロン》は、先を争って声援を送り、「台湾慰安婦は明らかに本人が志願した人で強要されておらず、当時、日本軍は娼妓を効果的に管理し、性感染症を防止し、衛生管理をしており、さらに、慰安婦は安定した収入を得た」と応対した。

二〇一六年五月台湾初の女性総統になった蔡英文《ツァイインウェン》女史も就任前、数回台湾慰安婦団体を訪問し慰安婦と抱擁をしたが、就任後は何もしていない。現在二人しか「慰安婦」が生存していない台湾では、民間団体が日本との交渉と抗議を主導しているが、この問題が解決される可能性はほとんどない。

松野明久先生は、自分が調査した、インドネシアと東ティモールでの「慰安婦」の実態と「慰安婦」問題に対する両国の立場を詳細に述べておられる。

インドネシアのマスコミでは、一九九〇年代には従軍慰安婦という名称が使用されていたが、最近は「ブダック　セックス」（budak seks）、つまり「性奴隷」と表現するマスコミが多くなったという。日本がインドネシアで「慰安婦」制度をいつから始めたのか資料上の確認はできないが、遅くとも一九四二年五月には朝鮮人「性奴隷」が東ジャワのスラバヤ（Surabaya）の兵站宿泊所に入っていた。その後、オランダ人、中国人、インドネシア人など、様々な地域の出身者が「性奴隷」として苦難を強いられた。また、ジャワやボルネオでは、占領期後半の一九四三年頃から、その他の地域、特に農村では、はじめから軍が直接慰安所を設置し、管理・運営したという。

「性奴隷」の苦痛は戦後も続いた。家族主義が強くてばれると親族に殺されるかもしれないと恐れている女性も多く、日本軍の協力者とみなされる恐れもあった。インドネシア政府は、日本と良好な外交関係を維持するために「性奴隷」問題を問題視しようとしない。

インドネシア慰安所に関する文書資料は非常に少ないが、東ティモールに関連する資料はより少ない。東ティモールにおける性奴隷制の実態に関する調査は、二〇〇〇年に東京で開催された女性国際犯罪法廷で本格化し、その後、筆者が直接現地を訪問して証言を集めて報告書を作成したという。二〇〇六年には「東ティモールの『従軍慰安婦』の歴史を知ろう」公聴会が開催され、その後もパネル展示会、セミナー、トークショーなどが開催され、若者たちの関心が非常に高まった。

東ティモールと日本政府は、両国関係を「未来志向」的方向へ導いていこうということで合意し、過去の問題は触れないという共感を形成している。そして東ティモール解放闘争の最高指導者で独立した後、大統領、首相を経て、今も大きな政治的影響力を持っているシャナナ・グスマンもこの問題を「恥ずかしいこと」とみなし、被害者たちの要求に共感していない。

3　解恨の種——無時効の発効

数多い外敵の侵略を乗り越えてきた韓民族に欠かせないのが「恨《ハン》」（한）の情緒である。恨とは、「大変恨めしくて悔しくて切なくて悲しくてしこった心」である。[14] 不当な状況を仕方なく受け入れるしかないときに、恨を持つようになる。一方的に他人によって人生の破裂を強制されたときに恨は宿る。宿った恨を解けなかった亡者の魂は九天《きゅうてん》をさまよい、生者ならば、その恨は日増しに深まってゆくだろう。

人権を根こそぎ抹殺された裵奉奇の痛恨の人生をアリラン慰霊碑では、「美しければ美しきほどに悲しかる島ゆきゆきて限りなき恨」と歌っている。
一九九〇年六月の「日本軍は軍隊慰安婦問題に関与していない」といった日本政府の発表に激怒して、翌年八月、韓国内では初めて日本軍の蛮行を告発した金学順《キムハクスン》（一九二二〜一九九七年）の証言は、世界的に大きな反響を起こした。[15] その後、金学順は絶えず日本政府の謝罪と補償を求めて、「慰安婦」問題の国際化に余生を捧げた。金学順は、河野洋平官房長官に「慰安婦」問題を認めさせ、謝罪を得られた。[16] 人々は金学順を「民族の痛みを、個人的な恨を超え、歴史的教訓に昇華させた偉大な女性」として追悼しているが、彼女の抱いた恨は未だに解けていない。[17]
二〇一九年一月二八日の夜、もう一人の「慰安婦」の金福童《キムボッグドン》（一九二六〜二〇一九年）が亡くなられた。「私たちが死んでしまうと、真実が忘れられるのが怖い。恨が宿って死なずにいる」と叫んでいた人権・平和運動家金福童が、二七年間の孤独な闘いの末、恨を抱いたまま亡くなられたのである。彼女の堂々とした人生の旅を描いたドキュメンタリー映画『金福童』のＯＳＴ（original sound track）の「花」は、彼女の転生をこのように歌っている。[18]

野原に枯れた草のようだとしても
花としてもう一度、咲きます
誰かに花は散るものと言われても
私はまた種になるでしょうから
その時は幸せになります
孤独だった日々

今はしばらく休みます
もう一度、私には春が来るでしょうから
野原に枯れた草のようだとしても
花としてもう一度、咲きます
土に戻るこの道が
時には寂しく、悲しいでしょうが
その時は幸せになります
孤独だった日々
今はしばらく休みます
もう一度、私には春が来るでしょうから
野原に枯れた草のようだとしても
花としてもう一度、咲きます

国連と米国を中心に「慰安婦」問題のグローバリティが拡散している。加害国日本では、グローバリティを確保するために、様々な市民レベルの運動が展開されているが、日本政府と右翼勢力の反動を乗り越えることは容易なことではない。中国政府の立場は曖昧で消極的であり、インドネシアと東ティモール政府は、日本との外交摩擦を起こさないために融和的な態度を見せている。しかも、台湾政府は、日本政府の立場に積極的に賛同するポジションを取っている。そのせいか、これらの国々で目立たしい市民社会の運動はまだない。

韓国は被害者である「慰安婦」と市民社会が協力して、「慰安婦」問題の解決のために最前列で最も激しく闘ってきた。三〇年近く続いた激しい闘争の結果、現在のような国際社会の共感と賛同を導き出すことができた。このような市民社会の力を無視したため、二〇一五年、日韓両国政府がサインした「慰安婦」問題に対する合意は、破局を迎えるしかなかった。

それにもかかわらず、韓国で「慰安婦」闘争は新たな局面を迎えている。闘争の源泉である「慰安婦」たちの余生があまり残っていない。政府に登録されていた二四〇人の「慰安婦」の中で、今生存されている方は一九人しかいない。さらに、生存しておられる「慰安婦」一九人の平均年齢は、なんと九一歳に達する。[19]近いうちにこの世で彼女たちに会うことはできなくなるだろう。不幸な人生を送ってきた「慰安婦」たちは、自分はもちろん、民族の、人類の恨を抱いたまま亡くなられた。

しかし、彼女たちは解恨の種を蒔いて逝かれた。「多福（福）な子（童）」金福童は、「希望を持って生きよう。私は希望を持って生きてる。」と最後まで希望の紐を手放さずに握っていた恨の多い「慰安婦」の夢は、「人権の花、平和の花」に生まれ変わるだろう。亡くなったら終わってしまうのではなく、まさに亡くなるその瞬間から無時効性が発効するのである。

〈註〉

1　総務省統計局による一九四五年度の沖縄国勢調査は実施されなかったため、推計人数である。このほか、沖縄県以外の県出身の兵士六万五九〇八人、米軍一万二五二〇人が犠牲になったという（英国兵、韓国、台湾出身は除く）https://www.asahi.com/articles/ASM6N56M9M6NUPQJ00G.html（検索：2020.01.17.）。

2　アクティブ・ミュージアム「女たちの戦争と平和資料館」編『軍隊は女性を守らない—沖縄の日本軍慰安所と米軍の性暴力』（ｗａｍ〔カタログ10〕、二〇一四年、一五頁）。

3　吉見義明・林博史『日本軍従軍慰安婦』（大月書店、二〇一五年、一二九頁）。

4　アクティブ・ミュージアム「女たちの戦争と平和資料館」編（前掲書、一二頁）。

5　沖縄では民家、妖精、旅館、公共施設、商業施設などを利用して、一四六個の慰安所が設置されていたことが確認されている（上掲書、一四頁）。

6　http://news.khan.co.kr/kh_news/khan_art_view.html?artid=201911021046001&code=100100#csidx317191768778064ad8e74ef48202ad（検索 :2020.01.20.）。

7　川田文子『赤瓦の家—朝鮮から来た従軍慰安婦』（筑摩書房、一九八七年。오근영 옮김『빨간 기와집—일본군 위안부가 된 한국 여성 이야기』꿈교출판사、二〇一四年）。

8　沖縄では、二〇〇八年読谷村に「恨之碑」、二〇〇八年宮古島に「アリラン碑」が立てられて「慰安婦」をたたえている。ＮＰＯ法人沖縄恨（ハン）之碑の會、https://hannohinokai.jimdofree.com/（検索：2020.01.10.）。

9　https://kotobank.jp/word/% E6% B8% A1% E5% 98% 89% E6% 95% B7% E5% B3% B6-104546（検索：2020.01.10.）

10　在日コリアン二世監督の朴壽南の映画は「アリランのうた—オキナワからの証言」（一九九一年）。同本は『アリランのうた—オキナワからの証言』（青木書店、一九九一年）。山谷哲夫監督の映画は「沖縄のハルモニ—証言・従軍慰安婦」（一九七九年）。同本は『沖縄のハルモニ—大日本売春史』（晩声社、一九七九年）。

11　アリラン慰霊のモニュメントをつくる会編「２０１６アリランモニュメント慰霊のつどい」のパンフレット、

12　二〇一六年一〇月一〇日、一〇頁)。
13　上掲のパンフレット(四～五頁)。
14　http://www.vill.tokashiki.okinawa.jp/archives/866(検索：2020.01.16.)
　　韓国國立國語院編刊『標準国語辞典』(https://ko.dict.naver.com/#/entry/koko/75c417159f6e4e09b93b0e2ef09896e(検索：2020.01.16.)。
15　http://www.uwnews.co.kr/sub_read.html?uid=64155(検索 :2020.01.10.)。
16　一九九三年八月四日、日本政府は河野談話で「募集・移送・管理などにおいて甘言、強圧による等、全体的に、本人の意思に反して動員が行われた」と強制性を認めた。また、心の傷を負ったすべての人々に謝罪と反省の意と歴史研究、歴史教育を通じて、同じ過ちを繰り返さないことを明らかにした。https://100.daum.net/encyclopedia/view/b01g3612n15(検索日：2020.01.10.)。
17　https://100.daum.net/encyclopedia/view/b03g2065n2(検索：2020.01.10.)。
18　二〇一九年八月八日上映。ユンミレの歌ったOSTは、https://www.youtube.com/watch?v=pUJTO-FEIRo(検索：2020.02.05.)。
19　生存者の年齢は八五～八九歳六人、九〇～九五歳一一人、九六歳以上の二人である。http://www.hermuseum.go.kr/main/PageLink.do.(検索日：2020.02.05.)
※本稿は、東亜歴史文化学会編刊『東亜歴史文化研究』(第一一号・二〇二〇年二月)に掲載したものである。

〈参考文献〉

アクティブ＝ミュージアム「女たちの戦争と平和資料館」編『軍隊は女性を守らない―沖縄の日本軍慰安所と

米軍の性暴力』（ｗａｍ〔カタログ10〕二〇一四年）
川田文子『赤瓦の家―朝鮮から来た従軍慰安婦』（筑摩書房、一九八七年）
朴壽南編『アリランのうた―オキナワからの証言』（青木書店、一九九一年）
山谷哲夫編『沖縄のハルモニ―大日本売春史』（晩声社、一九七九年）
吉見義明・林博史『日本軍従軍慰安婦』（大月書店、二〇一五年）
アリラン慰霊のモニュメントをつくる会「２０１６アリランモニュメント慰霊のつどい」のパンフレット、
（二〇一六年一〇月一〇日）

https://kotobank.jp/word/%E6%B8%A1%E5%98%89%E6%95%B7%E5%B3%B6-104546（検索 :2020.01.10.）
https://100.daum.net/encyclopedia/view/b01g3612n15（検索 :2020.01.10.）
https://100.daum.net/encyclopedia/view/b03g2065n2（検索 :2020.01.10.）
http://www.vill.tokashiki.okinawa.jp/archives/866（検索 :2020.01.16.）
https://ko.dict.naver.com/#/entry/koko/75c417159f6e4e09b93b0e2ef098966e（検索 :2020.01.16.）
https://www.asahi.com/articles/ASM6N56M9M6NUPQJ00G.html（検索 :2020.01.17.）
http://news.khan.co.kr/kh_news/khan_art_view.html?artid=201911021046001&code=100100#csidx3171917687
78064ad8e74ef484202ad（検索 :2020.01.20.）
http://www.uwnews.co.kr/sub_read.html?uid=64155（検索 :2020.01.10.）
https://www.youtube.com/watch?v=pUJTO-FEIRo（検索 :2020.02.05.）
https://www.youtube.com/watch?v=5GwN1LWEj-I&feature=emb_logo（検索 :2020.02.05.）

▽第1章

従軍慰安婦問題の国際性と無時効性

普遍的責務の履行と歴史和解の方途

纐纈厚

はじめに　国際性と無時効性とは

本講演（二〇一八年一二月八日、「慰安婦問題の国際化」シンポジウム）の目的は、第一に、従軍慰安婦問題を国際性と無時効性の二つの用語を用いて、従来の問題にはあまり導入されてこなかった視点から、同問題を論じてみることにある。第二に、私がこれまで論じてきた歴史認識論や植民地近代化論などの論点を要約する形で、第一の課題と絡ませつつ、あらためて論じることである。韓日間に存在する、これらの問題を解析する方法を、韓日の研究者が力を合わせて共に紡ぎ出す努力を永続化するための、一つの指針を提供できればと思う。

それでは、国際性と無時効性の用語の意味を説明することから始めたい。先ず国際性とは、尊厳と尊敬の対象として規定することによって、その存在性を担保されるべき個人が、不当にもその規定からの逸脱を余儀なくされる状態に追い込まれてしまった時、その個人を国際社会の構成員であるがゆえに、国家を超えて救済する必然性を言う。そこから当問題は、一人の人間、一つの国家の枠組みを超えて、国際共通の課題として認知される必要がある。従って、人間としての尊厳を棄損された元従軍慰安婦は、個別的な問題である以上に国際問題として再定義されなければならない、ということである。

次に無時効性とは、そうした境遇へと追い込んだ加害者の犯罪性を告発し続けることを通して、恒久的に負の歴史事実として心に刻み続け、二度と同様・同質の罪を犯さないために、例え政治的責任を果たし、司法的な罰則を付与された後も、同問題には道徳的意味での時効は成立し得ない、という意味である。そこでは、人間としての良心の領域に関わる問題として、同問題の無時効性を強調したいのである。まさに人間精神の根幹に関わる問題として当問題が位置づけられる以上、時間や歴史の経過によって、自然に解決される性質の問題ではない、ということである。

私たちが国家と言う枠組みを超えて、この問題を人類普遍の負の遺産として位置づけ、過去の事実を過去化するのではなく、常に現代化あるいは未来化することで、この個人にとって、そして人類にとっての悲劇を再定義し続けることが不可欠であろう。当問題は「国家犯罪」であると同時に、「人間犯罪」とも捉えるべきものなのである。

従軍慰安婦問題は、帝国日本が犯した罪だが、この問題をただ単に韓日歴史問題の枠組みに収斂してしまわず、その国際性と無時効性を説くことで、この問題が国際社会に共有可能な人類史的課題として捉えることにより、何ゆえに同問題が引き起こされ、そしていまなおその歴史事実に正面から向き合おうとしないかを問い続けなくてはならない。それればかりか歴史事実を否定・歪曲しようとする歴史否定主義・歴史修正主義が、依然として存在し続ける現在的な課題にも取り組まなければならないのである。

そうした思いを踏まえて議論を提起していきたい。そこには何よりも韓日友好促進のために、韓日の研究者・市民が共同して胸襟を開き、議論の深まりが不可欠であろう。本国際シンポジウムの開催目的も、恐らくそこにあるのだと思考するものである。

1　歴史認識の不在性と植民地支配責任

私たちはなぜ、歴史に拘り続けるのか

最初に、なぜいま、歴史に拘り続けなくてはならないのか、について触れることから始めたい。言い換えれば、日本における歴史認識の不在性の原因は何処にあるのか、という問題である。

日本では二〇一九年五月一日、新しい天皇が即位した。現天皇は、アジア太平洋戦争における最高の戦争責任者である昭和天皇の孫にあたる。そうなると益々昭和天皇の存在が希薄化し、同時的にその戦争責任論も後退することも必至である。その昭和天皇自身、記者会見の場で戦争責任問題を問われ、「そのような文学方面についてはよく分からない」（一九七五年一一月二八日）と答え、失笑を買った記憶を多くの日本人は持っている。その一方で大方の日本人が先の戦争を「御心《おこころ》ならずも勃発した戦争」であり、昭和天皇には戦争責任が無いと捉えている。「御心ならずも」とは、天皇の意思に反して、天皇が関知しないところで、軍部の一部の急進派が勝手に引き起こした戦争だと言うのである。

それは戦前の憲法体制を頭から否定する責任回避のための誤った判断であり、虚偽以外のなにものでもない。だが、天皇の戦争責任論が回避されただけではない。戦争を聖断によって終わらせたのは、天

皇であり、天皇こその平和の基礎を創ったのだ、とする平和天皇論が日本の世論やメディアでは圧倒的である。例えば、竹下登首相（当時）は、一九八九年一月七日に発表した「首相謹話」のなかで、「御一身を顧みることなく戦争終結の御英断を下された」と聖断によって日本が救われた、とする歴史認識を披歴した。やや皮肉を込めて言えば、戦前の軍国主義天皇から、戦後の平和主義天皇への華麗なる変身を果たした、というのである。

これが如何に戦後天皇制を存続させ、日本国民に認知させるために採用された高度な政治戦略であったことを知る日本人もまた少なくない。

そうした日本政府や多くの日本人の歴史認識や誤った歴史解釈は、その根底で侵略戦争責任や台湾・朝鮮植民地支配責任を拒絶する政策や感情として固定化している。換言すれば、結局日本政府にも多くの日本人にも、歴史を正面から捉え、そこから教訓を引き出そうとする歴史意識が不在ということになろう。それを私は歴史認識の「不在性」と呼ぶ。

歴史認識の不在性の背景

それでは歴史認識の不在性の原因は、何処にあるのか。頻繁に引用されるのは、ドイツの場合には一九三三年一月の総選挙で合法的に選出されたヒトラーにより、侵略戦争がまさに「合法的」に実行された歴史経緯があった。そこからヒトラー率いるナチスを選出したドイツ国民は、自らの判断の間違いを戦後真剣に問い直そうとした。その結果として厳しい戦争責任の追及と歴史認識を深める努力を惜しまなかった。その努力と実践の成果が、戦前においてドイツはヨーロッパをドイツ化しようとした反省から、戦後はドイツのヨーロッパ化に尽力することになった。それがヨーロッパだけでなく、国際社会からの信頼を回復し、現在ではEUの中心国となっている。

ところが、日本の場合は侵略戦争の発動が「御前会議」など憲法外的機関によって非合法的に実施されたため、日本人が戦争政策との関わり認識を不充分にしか会得できなかったと言える。

また戦後における連合国による日独占領体制の違いもあろう。すなわち、連合国軍による直接占領体制が敷かれたドイツの場合には、連合軍の意図が直接的に反映もされた。加えて基督教の倫理観にも支えられた人道上の観点からする戦争責任の追及を、戦争犯罪への悔悟の念から、徹底して行おうとする姿勢が強かったのである。そうした意味で宗教的かつ政治文化的な土壌が背景にあったことも間違いない。


ところが、間接占領体制が敷かれた日本では、天皇を利用した日本民族の〝丸ごと善導政策〟が、結果的には戦争責任追及の意識を希薄化させた。つまり、占領政策の一環として、上からの限定的な戦争責任の追及が、型通り実施されたに過ぎなかった。それも米ソ冷戦体制が本格化するに従い、それまでの日本民主化路線から、再軍備や日米安保締結など、いわゆる「逆コース」の開始と同時に、戦争責任を負って公職から追放されていた人々が解放（公職追放解除）されたこともあって、戦争責任問題が棚上げにされていったのである。ドイツの国民は自覚的かつ自発的行為として戦争責任、あるいは戦争犯罪責任を把握し、そのことを「心に刻む」（erinnern）として深く記憶化する実践的な運動を繰り返し行った。日本では丁度、中曽根康弘首相が「戦後の総決算」をスローガンに、戦前の負の歴史を封印しようとしていたのとは極めて対照的であった。

さらにドイツの場合には、戦前と戦後とが国旗と国歌の放棄を含め、戦前ドイツやナチズムを想起させるものと完全に断絶したのに対し、日本は元首制から象徴制へと権能と役割とに変容はあったものの、天皇制という政治システムを残置し、同時に戦前の権力がほぼ戦後にスライドすることになった。当初、完全に解体されたと思われた旧日本帝国軍人たちも、再軍備と同時に警察予備隊、保安隊、自衛隊の高級幹部として復権を果たしてきた。政界においても、戦前期東條英機内閣の商工大臣として、事実上の副首相格を勤め、戦後A級戦犯として三年年余服役した岸信介が、総理大臣（首相）にまで昇りつめるという事実がある。

昭和天皇が戦後も天皇の地位に留まり、侵略戦争や植民地支配の事実上の指導者たちが次々と戦後日本政治の中核の位置に座り続けた。また、靖国神社には東條英機はじめ、東京裁判で絞首刑となったA級戦犯たちが合祀されている。現在の自由民主党という日本の強固な保守権力を支える日本の右翼組織である日本会議は、安倍首相を押し立てて、戦前復帰を目的として自民党国会議員の大方を傘下に据え置き、非常に活発な改憲運動を展開している。日本会議や、その実働部隊の中心でもある神社本庁をはじめ、日本の右傾化は留まるところを知らない。

戦後多くの日本人が保守政治や保守権力を支持していく理由は多く指摘可能だが、そのなかで見失われがちなのが、戦前期の侵略戦争や植民地支配責任を回避したいとする歴史意識が背景としてあり、後継者たちもそれを継承しているからである。すなわち、先の歴史事実は決して負の歴史であってはならず、侵略戦争はアジア解放戦争であり、植民地支配は後発の諸国家の近代化に成果を挙げたとする、いわゆる植民地近代化論によって、侵略戦争や植民地支配を正当化してきたのである。この歪んだ歴史認識は、実は現代日本の青年層にも継承され、それが韓国や朝鮮へのバッシング、あるいは排外ナショナリズムとなって再生産されているのである。

植民地支配責任とは何か

さて、ここで本論である従軍慰安婦問題の国際性と無時効性の問題に触れていく。徴用工問題をも含め、従軍慰安婦問題は、言うまでもなく植民地支配責任問題でもある。台湾植民地化が日清戦争によって、朝鮮植民地支配が日露戦争の結果から中国東北地方と朝鮮半島への支配権確立過程で強行されたことから、それはまさに戦争責任問題として把握する必要があろう。

そしてここで特に強調しておきたいことは、戦争責任問題が時間の経過によって自然に解消されるべき性質のものではないことである。日本の古い諺に「人の噂も七五日」というのがある。記憶されてよい事件や問題も、二か月半程度の時間の経過によって忘却されるものであり、それが人間固有の生理現象だというものだ。また同様の意味だが、日本人は「時間が解決してくれる」という表現を好んで用いる。時間が経過すれば記憶が薄れ、自然に忘却されるから、無理やり記憶に留めようとしたりするのは合理的でないとの判断を意味する。また、「水に流す」の表現も、双方の歩み寄りには大切な美徳だとする思考もある。

こうした過去を「過去化」する行為のなかで、歴史事実を検証し、そこから教訓を引き出して現在を評価し、未来への指針を紡ぎだす、という発想力が残念ながら極めて乏しい。別の表現をすれば、過去を封印することで、過去に拘束され、過去の事実によって現在と未来を左右されたくないとする意識が極めて強い。それが、日本人をして、あるべき歴史意識や歴史認識を深めるうえで大きな阻害要因となっている。

それでは戦争責任を果たすとは、どのような意味なのか。一体何をすれば戦争責任を果たしたと言えるのか。より具体的には戦後補償が完全に履行され、同時に植民地支配責任や侵略戦争責任を批判的に総括し、二度と植民支配や侵略戦争という国家暴力を振るう国家権力の存在を許容しない民衆主体の政治システムを構築することである。そこには、当然ながらドイツの民間組織である「罪の証《あかし》」が強調した「私たちは犯罪を補償することはできない。罪を贖《あがな》うのではなく、償《つぐな》うだけだ」とする精神が国家権力だけでなく、民衆自身に内在化・血肉化されていなければならない。

同時に天皇の戦争責任、植民地支配責任、毒ガス・細菌兵器、そして従軍慰安婦問題や徴用工問題は、極東軍事裁判（東京裁判）で全く問われなかった問題であり、総じて戦争責任問題は、国際社会のなかで厳しい批判に永続的に応えていくことが要求される。そのことを「無時効性と国際性」という表現で示しておきたい。

この表現で強調したいのは、実は東京裁判で決着がつけられた訳でないことである。別の表現を用いれば、東京裁判を如何に評価しようとも、裁判の判決によって戦争犯罪人に判決が下されたことは、あくまで重大な戦争責任を負っている政治指導者個人を対象とするものであって、戦争を発動した日本国家や、これを支持した数多の日本人を裁いたものではなかった。それだけではない。その東京裁判ですら、植民地支配責任や戦争責任を根本から問い直すことは、実に巧妙に回避されている。

南北朝鮮における従軍慰安婦問題

少し過去の事実を思い返してみたい。一九九三年三月、韓国の金泳三《キムヨンサム》大統領は十分に慰安婦問題については調査を継続するものの、日本に戦後補償を要求しない旨の声明を発表し、韓国国内だけでなく国際社会から大きな批判が寄せられた。金大統領としては、韓国経済の再建に日本の経済協力を引き出そうとする思惑があったのであろう。しかし、従軍慰安婦問題を含め、朝鮮植民地支配責任を棚上げにして日本の責任を免罪しようとしたことで、それ以降日本政府も経済協力による責任回避策を常套手段とすることになった。

この事実と経験は日本政府や多くの日本人に、ドイツの事例の如く戦後補償は何らの経済効果を期待できず、その代わりに経済協力は韓国経済への影響力を増大し、既得権益の拡大に結果し、経済的に大きな効果を期待できると考えさせたのである。それでは戦後補償が日本政府や日本人の歴史認識を問うものであるにも拘わらず、経済問題に収斂させてしまうことで、問題の本質に肉迫する意欲も精神も放棄することになってしまうのである。

こうした事例を引き合いに出すごとに長年にわたり朝鮮植民地史研究として著名な林えいだい氏の『在日朝鮮人・強制連行・民族問題』(三一書房、一九九二年刊)の次の一文を想起する。それは、「日本が長期にわたって完全に支配した植民地は、台湾・朝鮮であり、しかも一民族、一国家が全一的な支配を受けたのは、朝鮮だけである。そして多くの朝鮮人が日本の侵略戦争に駆り出されて、犠牲になった。このような植民地の人民に対する差別支配、日本国民の差別支配の差異が問題として明確にされておらず、理論的にもまた自分の身体でしっかりとうけとめていない」という部分である。

ここで問題にしたいのは、林氏の指摘する日本政府・日本人の植民地支配責任の無自覚の精神や意識が、一体何によって生み出されているのか、という重要かつ深刻な問題である。そのことを私は「民衆の戦争責任」という視点から次に取り上げてみたい。

民衆の戦争責任とは

他民族の犠牲を強要した日本民衆の戦争責任あるいは加害責任を、どのように捉えたらよいのであろうか。昭和天皇や日本政府、そして旧帝国陸海軍人など指導層の戦争責任と次元の異なる領域に位置する民衆の戦争責任を問うことは、とても厳しい問題である。なぜなら、多くの民衆は加害者意識よりも被害者意識のほうが強いからである。確かに、戦争責任や植民地支配責任の主体は、天皇及天皇制システムであり、戦争と植民地支配推進勢力であった軍部を筆頭に、これを背後で支えた財界・官界・司法界・言論界・学界・宗教界など程度の差こそあれ、天皇制システムに組み込まれた勢力であった点で、戦争と植民地支配の責任の対象であることは間違いない。そうした諸勢力の戦争責任研究は、特に一九八〇年代以降果敢に取り組まれ、多くの先行研究が発表され、議論もされてきた。

しかし、ここで問題としたいのは民衆の戦争責任・加害責任である、天皇制システムの責任を問う実証的な研究が進んでいる一方で、民衆自身の責任を問題とする議論も研究も依然として停滞を極めていると指摘可能である。確かに、吉見義明（現在、中央大学名誉教授）の『草の根のファシズム』（東京大学出版会、一九八七年）や『従軍慰安婦』（岩波書店・岩波新書、一九九五年）、高橋彦博『民衆の側の戦争責任』（青木書店、一九八九年）など優れた先行研究書が良く知られている。

そこでは総力戦体制が強行されていくなかで、教育や文化などをも媒介にした侵略戦争への民衆動員が徹底されていった歴史事実を検証しながら、「軍国化」された民衆が、全く没主体的に戦争に関わったのではなく、むしろ積極的・主体的に戦争を支持していた実態を克明に浮き彫りにした。

戦前期の日本民衆の意識調査の実例を一つだけ紹介しておく。戦前の文部省社会教育局は毎年『壮丁思想調査』（復刻版、宣文堂書店出版部、一九七三年）を出しているが、日本の対英米蘭戦争前年の一九四〇（昭和一五）年に実施された徴兵検査対象者のうち、約二万名の思想調査の結果が記されている。それによると現在の政治をどう思うのかとの質問に「国策を断行せよ」と回答した者が全体の三六・一％、「力強い政治」を求める者が全体の三三・四％を占めていた。要するに前者は侵略戦争を断行せよと言っており、後者は軍部主導の政治を肯定しているのである。この七〇％近い青年たちが当時の政治の現状を肯定しており、それが侵略戦争や植民地支配を開始あるいは継続する力ともなっていた事実を先ず確認できるであろう。

ここでは単に教育による民衆の管理・統制による民衆の「軍国化」というレベルだけでは説明できない民衆の自発的・積極的な戦争支持という事実を直視し、そこから何故に民衆が侵略戦争や植民地支配に加担していったのかを検討することが重要である。言い換えれば、民衆が侵略戦争や植民地支配に何を期待したのか、という問題である。日本民衆の歴史認識を探るうえでは、経済的軍事的理由の他にも、民衆の精神の在り様についても考察する必要があるということである。これは極めて実証困難な課題だが、そこを回避することは歴史のもう一つの真実から目を背けることになろう。

民衆に内在した戦争や植民地支配への肯定感情や支持熱の真相への肉迫を怠り、軍国教育の問題だけに解消してしまうのは、世界史的に見ても異例なほど、徹底して強行された民族抹殺や文化破壊の原因を、いつまでも把握できないことになるのである。

こうした問題に関連して日本人の精神分析について鋭い指摘を行っている岸田秀の『日本の近代を精神分析する』（亜紀書房、二〇一六年）の次の指摘を紹介しておきたい。すなわち、「軍部が強制的に戦争に引きずり込んだというのは誤りである。いくら忠君愛国と絶対服従の道徳を教え込まれたとしても、国民の大半の意思に反することを一部の支配者が強制できるものではない。（中略）国民の大半が己の内的自己に引きずられて同意した戦争であった」と。つまり、日本の民衆が一方的に「軍国ロボット」と化して、従順に戦争や植民地支配に動員された訳ではないとする把握の必要性を提示しているのだ。

軍部が引き起こした戦争に予想以上の支持熱で応え、同調した民衆の動きに、逆に民衆エネルギーへの警戒心さえ喚起させた歴史事実を追ってきた私からすると、岸田氏の指摘に充分に合点がいく。すくなくとも、ドイツの場合には、岸田氏の言う「内的自己に引きずられて同意」してしまったことを率直に認識したからこそ、戦争責任を自己の問題として捉え、戦争に同調してしまった過去と向き合い、戦争責任を「心に刻む」ことによって、自らの戦争犯罪を自覚しようとしたのである。そこでは「戦争責任」という包括的な表現より、「戦争犯罪」という自己が犯した罪を積極的に認めようとしてきた。

ドイツ政府も、それゆえに一九五六年には「西ドイツ連邦補償法」を制定して、一九九〇年までに総額で七兆円という巨額の補償費を戦争被害者に国境を越えて支払う行為を続けてきた。さらにドイツ・ナチス政府が行った強制労働については、二〇〇〇年に財団「記憶・責任・未来」を設立し、国と企業が五〇億マルク（約二九〇〇億円）ずつ資金を出し合い、二〇〇一年から二〇〇七年の間に約一〇〇にのぼる国にいる被害者一六七万人に四四億ユーロ（約六二〇〇億円）を支払った。これがドイツ政府やドイツ人が言う「償い」の実態の一部である。

また、今回の韓国の大法院における徴用工への請求権に関わる判決事例に絡み、『東亜日報』（二〇一八年一〇月三一日付）の記事で、ドイツは第二次世界大戦でナチス政権が行った強制労働に対する賠償問題を解決するために、政府と企業による共同の財団を設置し、一七〇万人にのぼる被害者が補償金として計四四億ユーロ（約五二〇〇〇億円）を受け取った事例に触れつつ、財団設立はドイツ敗戦から半世紀が経った一九九八年末、シュレーダー首相が率いる社会民主党政府が政権に就いて急速に進められたこと、そして、二〇〇〇年八月、財団設立に関する法が制定され、ドイツ政府と約六五〇〇社のドイツ企業が同年において、それぞれ二六億ユーロ（約三〇〇〇億円）を出損して総資本金五二億ユーロ（約六二〇〇億円）の財団「記憶・責任・未来」を設立し、補償金の支給は翌年から始まり、二〇〇七年に完了したことを詳しく報じている。

徴用工裁判への日本政府の反応

本講演では当初予定していなかったが、二〇一八年一〇月三〇日、韓国の大法院による徴用工裁判の判決への、日本政府及び日本社会の信じられないほどの過剰な批判は、現在においても植民地支配責任を痛覚せず、依然として不可視の植民地支配が続行しているのではないか、との思いを抱かせる事件であった。

例えば、自民党議員で中曽根博文元文部大臣は、「韓国は国家としての体《てい》をなしていない」、安倍晋三首相に至っては「あり得ない判決」と一蹴する反応ぶりで明らかなことは、日韓基本条約・日韓請求権協定」の中身については全く吟味した形跡がないことである。日韓基本条約が日本の朝鮮植民地支配を事実上合法で正当なものであったとする立場から締結された事自体、根本的に見直しが不可欠であることは言うまでもないが、その請求権協定は韓国国民の個人の請求権までも否定するものでないことは、日本の外務官僚も認めているところである。

ここには日韓請求権協定の内容への無理解という根本的問題もあるが、同時にそうした無理解を生む背景には、そもそも植民地支配責任は不在であるとする、ある種の思い込みが存在する。それを広い意味で言えば、歴史認識の不在性と言えよう。歴史認識の不在性は、過去を正面見据える事を回避し、負の歴史を封印することによって、現在的立場を保守しようとする姿勢に結果している。負の歴史を克服することを通して、新しい歴史を創造し、未来を切り開くという地平に身を置こうとしないことは、歴史への冒涜であり、それでは国際社会からの信頼と尊敬は期待できない。

ここでは少し韓国大法院の徴用工裁判への日本政府の根本的な誤りについて触れておこう。

二〇一八年一〇月三〇日、日本の河野太郎外務大臣は、「大韓民国大法院による日本企業に対する判決確定について」と題する談話を発表し、日韓基本請求権協定は韓国への経済支援の約束（第一条）と、「両条約国及びその国民の財産、権利及び利益ならびに請求権に関する問題は「完全かつ最終的に解決」されており、如何なる主張もすることはできないとしている（第二条）」と結論づけ、従って、日本企業への支払判決は不当であり、韓国政府はかかる判決に対して適切な措置を講ずることを要求する。適切な措置が講じられなかった場合には国際裁判を含め、毅然とした対応を採る用意がある、といった内容である。大変に上から目線の物言いも含めた談話である。日本国内ではこれを支持する勢いが強いが、この談話が協定自体の法的解釈を根本から読み間違えをしているという正当な反論も法曹界や市民運動などから出始めていることも確かである。

要約すれば、第一に今回の裁判では元韓国人徴用工である個人が原告であり、その個人を使役していた日本企業を被告する民事裁判であり、かつ韓国の国内法によって判決を下した事例である。従って、日本政府が関知する事案ではないことだ。つまり、日本政府が判決の可否を論じる立場には全くないにも拘わらず、過剰にまで反応していることである。「断じて受け入れられない」とする法的根拠は皆無なのである。韓国の司法判断にその可否なり是非なりを論じること自体、韓国への内政干渉にも結果することに日本政府は気づいていないのである。

第二に、日本政府が韓国政府に「適切な措置」を求めていること自体、国際常識に悖《もと》るものである。そもそも韓国政府に韓国大法院の確定判決を覆す、あるいは否定する権限はないことは明白である。日本政府が日本の最高裁の判決を覆す権限がないように。韓国政府が「司法部の判断を尊重する」とする韓国大統領及び韓国政府の主張は至極当然である。このことを日本政府は理解しようとしない。三権分立の原理原則を理解できない、となるとこれ自体極めて問題である。

一九六五年の「日韓基本条約・日韓請求権協定」は、韓国政府が日本政府への賠償を放棄したものであっても、韓国人の基本的人権を構成する重要な財産権としての慰謝料請求権まで放棄したものではない。何よりも一つの法律である条約が上位にある韓国憲法によって左右されるものでないことは、万国共通の憲法原理である。そのことを知ってか知らずか、ただただ日韓基本条約違反の一点張りで、韓国民衆が韓国憲法によって保証された当然の権利行使を不当だと断じる安倍首相をはじめとする政治家たちや、これを支持する人たちの無理解の問題以上に、韓国・朝鮮への差別的意識が遺憾なく露呈された諸言動とみてよい。

徴用工裁判は富山県の不二越《ふじこし》裁判をはじめ、既に過去においても同様の事例があるものの、日本企業は和解金の形式で支払いに応じている。日本企業の姿勢は裁判結果を容認できないが、和解には応ずる姿勢を一部見せてはいる。しかし、日本政府の姿勢は今回においても不変である。日韓基本条約自体が日本の韓国への経済支援の見返りとして植民地支配責任を棚上げにする思惑で強行された、まさしく不当な条約と言える。韓国側にあっては、今後の日韓基本条約の中身を精査するなかで、この条約の見直しを検討する時期にも来ているかもしれない。また、日本側も、見直し協議を受け入れ、本来の意味における日韓関係正常化に向けて尽力すべきでもあろう。

歴史認識を深めていくことの意味

国民としての一体感を担保するものとして、言語・文化などと並び重要なのが歴史認識である。例えば、建国史を普及させることで同じ歴史の下で国民としての誇りや自信が注入され、国家への信頼や忠誠、そして安住感が育まれていく。そこでは排外主義的なナショナリズムが、時には極めて煽情的に炊き上げられていった。その場合、いわゆる国民の歴史について教育現場などを通しての学習は、「国民国家」としての正統性が獲得されていく過程でもあった。

それでアジア平和共同体構築の極めて重大なハードルとして、何よりもこの「国民国家」としての一体感を支える歴史認識の問題がある。それは「共同体」が「国民国家」の解体を前提としたものではなく、既存の国家間の経済的・政治的・文化歴史的な垣根を取り除くプロセスのなかで、構築されるものと定義した場合、最も大きな課題として歴史認識問題があるのではないかと考えるのである。

恐らく、簡単な解答が見出せない歴史認識の問題は、後回しにして、経済的かつ政治的な課題の克服が優先されるはずである。しかし、後回しにされるかも知れない歴史認識の問題については、実はヨーロッパ以上にアジア地域においては、一層複雑かつ深刻な乖離が現在なお顕著である。それを私たちは通常「歴史問題」の用語で議論する。日中間の侵略戦争をめぐる認識と謝罪の問題、韓日間における植民地支配責任や従軍慰安婦問題をめぐる問題である。

特に韓国と日本との間で政治問題化している対象に、二〇一一年一二月一四日に韓国挺身隊問題対策協議会（挺対協）によってソウル特別市の日本国大使館前に建立された「平和の少女像」（所謂〝従軍慰安婦像〟）問題がある。少女像は現在では、韓国内だけでなくアメリカ、カナダ、オーストラリア、ドイツ、フィリピン、台湾、そして、日本を含めて現時点で一〇〇体前後が建立されている。

二〇一六年一二月二八日には、釜山広域市にある日本国総領事館前に建立された。これに対して日本政府が先の日韓合意に反するとし、二〇一七年一月六日、当面の対抗措置として、在大韓民国日本国大使館の長嶺安政特命全権大使と在釜山日本国総領事館領事の森本康敬の一時帰国、日韓通貨スワップ協定の取り決め協議の中断、日韓ハイレベル経済協議の延期、在釜山日本国総領事館職員による釜山広域市関連行事への参加見合わせ、などの処置を採ることを発表した。

日本国内では日本政府の抗議とは別に、地方議員などによる撤去を求める運動も存在する。この問題の本質は、歴史問題が単に両国政府間の外交交渉によってだけで解決不可能なことを端的に示している。大切なのは、韓国国民の感情を癒す誠実な行為である。

その歴史認識の問題の何が問題で、解決する方途は存在するのかを問うことが、アジア平和共同体構築を実現していく場合に極めて重要な課題となる。具体的には、日本に依然として根強く主張されている侵略戦争否定論に結果する歴史修正主義や歴史否定主義の存在が、被侵略諸国から不信と嫌悪の思いで受け止められているのである。また、植民地統治支配の歴史についても、植民地近代化論などが幅を利かしている日本の歴史解釈の存在である。

そうした点からして、戦後日本人のなかに繰り返し導入される、極めてご都合主義的なアジア太平洋戦争観の問題がある。その戦争は明らかに侵略戦争であり、暴力と抑圧の極めて象徴事例として日本人の歴史認識のなかに刻印すべきところが、それとはむしろ逆にアジア太平洋戦争は侵略戦争ではなく、欧米諸列強によるアジア植民地支配を打破するために行ったアジア解放戦争だとする、歴史認識や歴史解釈が依然として横行している。それだけではなく、それが現代国家の共有認識とされている側面が強い。

「国民国家」に不可欠な歴史認識の共有が、他の諸国間で容認し難いとなれば、それ自体を克服する作業が不可欠となる。この時代にあって、一国の歴史を一国だけで抱え込むことは不可能である。確かに近現代にあって歴史は、「国民国家」の形成に不可欠な手段として徹底して政治利用されてきた。将来においても同様かも知れない。しかし、人類が歩んできた歴史には、民族や国家を超えて相互に教訓とすべき事実や真理が含まれる。〝国民の歴史〟とする観念から脱して、〝人類の歴史〟と歴史の普遍的な役割を問い直すとき、自ずと歴史修正主義や歴史否定主義は克服されるはずである。

2 植民地支配の歴史をなぜ忘れたのか

喪失される植民地支配意識

次に、植民地支配の歴史の記憶を喪失した戦後日本人の姿勢を批判的に論じていきたい。そこでは、そもそも日本及び日本人が侵略戦争であった「アジア太平洋戦争」を、依然として総括し得ていない現実を浮き彫りにする。そして、最後に加害意識を忘却する役割を担った植民地近代化論の非論理性を指摘していく。そうした歴史の検証を進めながら、改めて戦争の記憶と平和の思想に関連する現代日本の思想史的状況を概観しておきたい。

ここで特に取り上げるのは、歴史認識を俎上にあげる際に避けて通ることのできない歴史課題としての植民地支配の問題である。侵略責任や戦争責任の問題と並び、ここでは「植民地支配責任」の用語を使用することにする。これまでの諸研究において、植民地支配あるいは植民地統治との用語で、戦後日本における植民地史研究は大きな成果をあげてきた。

その一方で、植民地支配を責任の用語で把握しようとする植民地支配責任の問題については、依然として共有可能な責任の所在が確定しきれていない。例えば、議論も活発に展開されてきた植民地近代化論に代表されるように、植民地支配や統治を一定程度に肯定する視座を提起する論考や発言が数多存在する。

この植民地近代化論も多様な視点からする議論百出の感があるが、そこには支配者側の視点、被支配者側の視点、植民地台湾と植民地朝鮮という植民地の所在によっても把握方法が異なる。そして、何よりも植民地近代化論が、植民地支配の責任を緩和する目的と作用を期待して論じられる場合と、実際に植民地の近代化に結果し、植民地にされた人々も一定程度豊かになった、とする積極的な評価も主張されてきた。

ただ歴史考察の対象とする場合、以下の諸点に注意する必要がある。第一に誰のための、何のための植民地支配だったのか、との視点から支配する側の政策や意図を明確にすること、第二に、西欧諸列強の植民地支配を排して日本が植民地者となることの意義を説く論調の、極めて恣意的な解釈の問題性を配慮すること、第三に被植民地者間において階層分化を結果し、富裕層には植民地支配が概して好都合であったことを確認しつつ、植民地支配による恩恵を享受できなかった経済的な意味における中間層以下の人々にとっての植民地支配の意味など、階層によって当然ながら被植民地者も受け止め方が異なることを前提とすべきである。それゆえ、植民地支配責任は植民地者側の問題であるが、被植民地者の受け止め方を勘案して支配責任の内実も変わってくるはずである。

戦後日本人の歴史認識の希薄さを、最も端的に示しているのが台湾及び朝鮮に対する植民地支配責任あるいは植民地支配意識である。歴史事実として、日本がかつて台湾及び朝鮮を植民地としていたことを知っていても、どのような歴史の背景から植民地保有に至ったのか、という関心は極めて低いのが現状である。戦後の日本人は、被植民地の人々が、日本の支配や統治にどのような反応あるいは反抗を重ねてきたか、について知ろうとしてこなかった。

まして や現在の日本で清国が日本に敗北を喫し、下関条約において台湾及び澎湖諸島の日本への割譲が決定された後に、台湾に上陸した日本占領軍に対し、清国の残兵や一部の台湾住民が植民地化に反対して決起した歴史事実は殆ど忘却されている。これを台湾史では「乙未《イツビ》戦争」と称する。

さらに、ここで問題としようとするのは、植民地支配が終焉を迎えた経緯についても同様に、殆ど関心を向けなかったことである。もう少し正確に言えば、植民地支配の終焉という事実が、日本の敗戦事実と連動せず、切り離されて意識されてきた。この二つの問題は深く関わっているはずなのに、戦後日本人には、敗戦体験と植民地放棄体験とが、必ずしも同次元で把握されていないのである。

勿論、その原因は戦後日本人の対アジア認識に連動している。直接的な原因としては、台湾にせよ朝鮮にせよ、被支配の時代に反日抵抗運動が存在し、いくつもの抵抗組織が形成されていた。だが、日本の敗戦により独立が獲得されたことから、例えば、フランスとアルジェリアのような植民地戦争の歴史体験を経由せず、そこには植民地の〝自然消滅〟にも似た感覚だけが残る、といった事態となったことである。

加えて、日本敗戦後における東西冷戦構造という、戦後の国際秩序のなかで、アメリカはアジア戦略を優位の下に進めていくために、日本を同盟国化していく必要に迫られていた。それゆえに、戦争賠償請求権を持つ被侵略諸国への働きかけが公然と行われた結果、日本への戦後賠償問題が棚上げされた。その結果、日本は植民地支配責任を問われないまま、植民地支配地域からの〝撤収〟が可能となったことである。

さらに、朝鮮は分断国家となり、日本に対して植民地責任を問う体制ではなく、中国にしても蔣介石《チャンチェーシー》の国民党と毛沢東《マオツォートン》の共産党との間の内戦（一九四五〜一九四九年）により、これまた同様の状態下に置かれていた。東西冷戦体制の開始が日本をして植民地責任と向き合う機会を棚上げしたことは、その後の日本人の植民支配の記憶の曖昧さに拍車をかけることになったのである。

そればかりか、一九六五年六月二二日に締結された「日本国と大韓民国との間の基本関係に関する条約（대한민국과 일본국 간의 기본 관계에 관한 조약）」（通称、「日韓基本条約」）締結前後から、朝鮮近代化論による植民地支配正当論や肯定論が登場する。実際にも「日韓基本条約」の交渉の最中においても、朝鮮近代化論を主張する日本側の外務官僚がいた。これは当然にも韓国側から猛烈な批判を受けることになり、締結交渉は以後四年もの間滞ることになる。

この問題を考える場合、少々迂遠な方法かも知れないが、そもそもアジア太平洋戦争とは、一体何であったのか、という問いを発することから始めなければならない。なぜならば、台湾・朝鮮の植民地支配、あるいは「満州国」（満州帝国）の「建国」に象徴される傀儡国家の樹立やオランダ領インドネシアあるいは英領マラヤ、米領フィリピンなど、日本が軍政統治を強いたアジア諸国への関与の実体を問い直すなかで、やはり最後に残る課題は、アジア太平洋戦争の評価を何処に据え置くのかという問題であるからである。

「アジア解放戦争」とする評価が繰り返され、それが大手を振って一人歩きし、一定の支持を獲得している現実をも念頭に据えて、この問題に触れてみたい。つまり、ここでは植民地支配意識の希薄さの原因として、戦後日本人のアジア太平洋戦争の総括の不十分さを指摘していきたいのである。

戦争責任不在性の原因

繰り返すが、「アジア太平洋戦争」が侵略戦争であり、日本の植民地支配及び軍政統治を保守続行するための国家の選択であったことは間違いない。それでは戦後七三年目（二〇一八年）を迎える今日にあって、依然として「アジア解放戦争」論が説かれ、侵略責任や植民地支配責任が、国民意識として何故定着していないのか、という問題を考えておきたい。

本来は精算されているはずの「アジア解放戦争」論が依然として様々な場で持ち出され、再生産される現実がある。歴代首相による靖国神社参拝と、これを支持する国民世論・国民意識の存在は依然として顕著である。そこで以下において、戦争責任意識の不在性という捉え方が可能な実態について探っておきたい。それなくして、「アジア解放戦争」論を克服することは困難と思われる。ここでは、戦争責任の不在性の主な原因を四点だけ挙げておく。

第一に、アジア太平洋戦争の総括の誤りという点である。日本政府及び国民の多くが、アジア太平洋戦争における日本の敗北原因を英米との兵站能力や工業能力の格差に求め、アジア民衆の抵抗運動や反日ナショナリズムが実際上の敗北の原因であったことに無自覚であった。確かに、日本の敗北はアメリカによる原爆投下によって決定されはしたが、長期戦争によって国力を疲弊させ、国内に厭戦機運を醸成させていた最大の要因は、対アジア戦争、取り分け日中戦争による戦争の泥沼化と国力の消耗を強いられた結果であった。

それで、具体的な数字で日本が中国を中心とする対アジア戦争により国力を消耗し、敗北が決定した事実を少し示しておこう。例えば、一九四一年の段階で中国本土に投入された日本の陸軍兵力は、総兵力の六五％（兵力一三八万人）であり、日本本土在置兵力の二七％（兵力数五六万五〇〇〇名）および南方地域の七％（兵力数一五万五〇〇〇名）を大きく上回っていた。さらにアメリカ軍との戦闘が主であった南方戦線（南太平洋戦線）では、一九四五年段階で南方戦線に投入された兵力数は一六四万名に達していたが、それでも同年に中国本土には、一九八万名の陸軍兵力が投入されていた（第一復員局編『一五年戦争極秘資料集⑨支那事変大東亜戦争動員概史』不二出版、一九九八年、参照）。この数字から、如何に中国戦線の比重が大きかったかが理解されよう。

しかしながら、日本政府及び日本人の多くが敗戦原因を物理的能力格差に求め、そこから二度と敗北しないために物理的能力の向上と強化を図るという結論に達する。その後高度経済成長の原動力となって発揮されはするが、そうした志向性の向こうで対アジア侵略戦争の忘却が同時的に開始されたのである。

今日まで連綿と続くアメリカとの過剰な同盟関係と、これを下支えする日本人の国民意識の背景には、「アジア太平洋戦」の総括の決定的とも言える誤りを指摘できる。そのことは、戦後から現在にまで続く対アジア諸国民との関係性を強く規定しているように思われる。日本の侵略戦争がアジア諸国民によって失敗に帰したことを正面から受け止めることなくして、本来あるべき戦争責任も植民地支配責任も自覚することは不可能なのである。

第二に、こうした日本政府及び日本人の、敢えて言うならば宿痾は、実は戦後の冷戦構造のなかで一層深刻化する。すなわち、中国革命（一九四九年）以降における冷戦構造のなかで、日本がアメリカの対アジア戦略の政治的かつ軍事的な要と位置づけられ、アメリカから庇護されることで、かつての日本の被侵略諸国からの放たれようとした日本の侵略責任や戦争責任を問う声が封殺されていったのである。加えて、これらアジア諸国の多くには、冷戦構造を背景に軍事政権（インドネシア、韓国等）あるいは権威主義的国家（フィリピンなど）が自国民の戦後補償をも含めた戦争告発の機会を奪っていったのである。

このように冷戦構造によりアメリカによる対アジア戦略が起因するアジア諸国の内部的事情も重なって、日本は本来ならば戦争責任と向き会わざるを得ないはずの外圧を経験することなく、高度経済成長のみ奔走することが可能となった。この冷戦構造のなかで、日本政府や政治家達の多くが無頓着な歴史認識を表明し続け、いわゆる〝妄言〟を繰り返してきたのである。

また、あるべき歴史認識を深める機会を悉く逸してきた多くの日本人は、冷戦構造の終焉を契機にアジア諸国の民主化が進展するなかで、日本の戦争責任や侵略責任を問う声がようやく沸き上がってきた時、それに対し敵意の感情すら隠そうとしない歪な対応が目立つことになった。現役首相の靖国神社公式参拝という事態も手伝って、韓国、中国、フィリピン、台湾をはじめ、アジア諸国から日本の戦争責任や戦後責任を激しく糾弾する動きが活発となってきている。そのことは、日本政府及び日本人にとっても、アジア太平洋戦争をあらためて問い直す絶好の機会を提供するはずである。

第三に、台湾・朝鮮の植民地支配責任の不在性である。その不在性の原因は、最初に挙げた原因論と部分的には重複する。冷戦構造を背景に、台湾では蒋介石による国民党支配が長年続き、韓国では一九六一年五月一六日の朴正煕少将（一九六三年一〇月一五日、第五代韓国大統領に就任）による軍事クーデターから始まる三〇年近い軍事政権の下で、台湾や韓国の人々は開発独裁型の政治体制下にあって、日本の植民地責任を問う声を事実上封殺され続けた。

また、日本はインドネシアやフィリピンを含め、台湾や韓国など日本周辺諸国の開発独裁型の政治体制への経済支援をアメリカと共に厚くし、これらの政権を強化することを通して、間接的に過去の責任追及の可能性を削いでいったのである。そのことは、同時的に日本政府及び日本人において過去を問い返す機会を放棄することを意味した。かつて日本が植民地保有国であったことの記憶は存在したとしても、それは精々のところ郷愁の対象であり、さらには「日韓基本条約」の締結前後に繰り返し表明された「植民地近代化論」の言説であった。つまり、植民地支配を決して誤った歴史の選択として意識化されていなかったのである。

日本の植民地支配においては、取り分け朝鮮において、朝鮮文化や朝鮮人のアイデンティティーの破壊や抹殺が強行された。台湾にしても、巧みな統治支配技術として、植民地支配開始直後から、日本の言語教育や美術教育などが持ち込まれ、台湾人の「日本人」化に向けた意識変容を迫る施策が半世紀もの間続行されたのである。

朝鮮や台湾では、「内鮮一体」や「一視同仁」などのスローガンが頻繁に使用され、被支配の意識から統一あるいは融合という意識や感情が用意されていくなかで被支配の現実や実体が隠蔽さていき、言わば植民地の「日本化」(=大和化)の構造のなかで、台湾社会では植民地肯定論や植民地近代化論が植民地時代から、さらには今日まで再生産される現実がある。

すなわち、日本敗北時に派生するはずの被植民地諸国・被軍政支配諸国からの反発が冷戦体制のなかで黙殺されたことが、「アジア解放戦争」論を用意する重要な理由と考えられる。換言すれば、「アジア解放戦争」論を用意するために、歴史的には実証不可能な植民地近代化論が普及されているのである。

第四に、天皇および天皇制による戦争の開始と「終戦」であった、というアジア太平洋戦争の本質から由来する問題である。つまり、日中一五年戦争と対英米蘭戦争が接合した戦争としての「アジア太平洋戦争」は、軍部による謀略(満州事変)として開始され、その延長である日中全面戦争は国際的孤立を回避するために宣戦布告なき戦争として、「事変」(日華事変)と呼称された。そして、対英米戦争も超憲法的機関である御前会議（一九四一年九月六日）において、事実上その開始が決定された。さらに、一九四五年八月一五日の日本降伏も、全く密室のなかで決定された。つまり、この戦争総体が国民に関知できない天皇周辺の閉塞された空間で決定されていたのである。戦前期不屈の弁護士として著名であった正木ひろしが、自ら編んだ雑誌『近きより』に、この戦争を「実は朕の身の安全のために宣戦し、朕の身の安全のために降伏したと見るできである」と喝破したが、この戦争は文字通り〝天皇による、天皇のための戦争〟であったのである。

そこから、この戦争は国民が徹底動員された戦争である一方で、同時に国民不在の戦争であったとも指摘可能である。つまり、戦争被害の歴史事実や被害者としての実感を強く抱く反面で、戦争加害者の意識も含めて戦争への関与意識は極めて希薄であった。戦後日本人の多くの心情の発露としての、天皇や軍部など指導者に「騙された」（＝所謂「騙された」論）に過ぎず、自らには戦争責任は存在しない、とする感情の根底にあるものは、天皇や軍部などへの戦争責任の転嫁意識である。しかし、そこからは日本人の戦争責任意識や歴史の克服は期待できようがないのである。

アジア太平洋戦争の特質ゆえに、加害者責任意識が生まれにくいという問題と同時に、さらに大きな問題は、この戦争が「アジア解放戦争」だと認識することで、潜在化している加害責任意識から解放されたい、という心情である。「アジア解放戦争」論の是非をめぐる問題の根底には、歴史事実の問題と同時に、冷戦構造の時代にあって長らく封印されてきた加害者として糾弾の対象となることへの不安感と危機感を抱く日本人の心情の問題が伏在している。むしろ、歴史事実として侵略責任や植民地支配責任は回避不可能と認知していたとしても、それを受け入れることには躊躇する心情である。

勿論、このような意識や感情は免罪の理由にはならず、是正される必要がある。被侵略諸国民や被植民地の人々にとって、このような意識や感情は通用しない。ここでは「アジア太平洋戦争」が、例え〝天皇の戦争〟であったとしても、その戦争になぜ「騙されたのか」を厳しく問い直すことが不可欠である。それなくして、歴史問題の克服も〈歴史の取り戻し〉も不可能であり、アジア諸国民からの信用を回復できないであろう。

また、そのような姿勢のなかで、戦争指導者への責任を追及することが可能となろう。戦争責任を一部軍部急進派に負担させ、天皇を含めた政治指導者・エリート層の戦争責任を免罪し、本当の戦争責任の所在の曖昧化してきたことも、戦後日本人が歴史と真摯に向き合ってこなかった証明である。この点が、今日実にアジア諸国民からの糾弾の対象となっているのである。

3　植民地近代化論を超えるために

植民地主義をめぐって

それでは、なぜ、戦後日本と戦後日本人は、歴史を克服しようとしないのだろうか。アジア太平洋戦争の総括の誤り、戦後日本が置かれた国際政治秩序、すなわち、アメリカの軍事戦略に包摂されたが故に生まれた戦後保守構造の問題、日本の独特の政治文化など、既述した部分をも含め、そこには様々な理由を指摘できる。それでも、依然として何故という疑問は残る。この疑問に解答を出すのは容易ではないが、戦後日本人の植民地認識や、深まらない侵略責任・植民地責任の把握への問題性を指摘しながら、精算されない植民地主義の問題に触れておきたい。

日本の植民地統治の歴史を植民地主義の概念を用いつつ、整理すると現在にも大凡次のような主張が依然として健在である。繰り返しになるが、植民地支配によって、日本は植民地国及びアジア諸地域の近代に貢献したという、所謂、植民地近代化論である。それは、植民地住民の経済発展に寄与したばかりか、人権や民主主義の充実にも貢献したとするものである。総じて、日本の台湾や朝鮮への植民地統治は「文明開化」と「殖産産業」を結果したのだと言う。

さらに、台湾や朝鮮に対する統治理念である「一視同仁」による皇民化運動は台湾人や朝鮮人の資質を〝日本人レベル〟にまで引き上げることで、差別や格差の〝解消運動〟であったとする。このような論理なり総括が依然として表出し続ける背景は、一体何であろうか。取り敢えず、二つのポイントだけ俎上にあげておきたい。

一つのポイントは、帝国日本の生成と展開のプロセスに具現された特徴において指摘できる。すなわち、帝国日本は、明治維新による国民国家形成から日清・日露戦争を得て帝国主義国家あるいは軍国主義国家となり、この二つの戦争の前後に台湾と朝鮮を領有する植民地領有国家となったことから、国民国家としての国民意識が形成される過程で植民地領有国意識が、殆ど無意識のうちに内在化されていったことである。つまり、台湾や朝鮮は、植民地でありながら、日本の正規領土として意識化されていったのである。それは、国民国家形成と植民地領有との間に一定のタイムラグがあったイギリス、フランスをはじめ、欧米の植民地保有国との差違として指摘できる。

欧米の植民地が本国と遠隔地に所在し、歴史も文化も慣習も、相当の乖離が存在しており、そこでは国民統合の対象外に位置づけられているのと異なり、台湾と朝鮮という日本との近接地域を植民地としたことは、領有地域が国民統合の対象か否かの判断が不明確であったことである。しかし、台湾と朝鮮領有の主たる目的が当初においては経済的利益の奪取ではなく、軍事的な位置づけが強かったこともあって、一時検討されていた間接統治方式の採用や旧慣温存論が否定され、総督府による直接統治と皇民化政策が採用されることになる。

より客観的に言うならば、特に植民地台湾においては、正規領土と植民地との中間的な位置づけがなされたと言うことである。そのためアジア太平洋戦争の開始以後、台湾人も総動員の対象とされるや日本語教育の徹底が図れることになるが、それまでの言語政策において日本語教育と併行して現地語教育も実行されたことの意味は注目される。

二つめのポイントは、日本人総体に内在する植民地主義と、さらには脱植民地化に成功した諸国民へのあらたな植民地主義（＝新植民地主義）への無自覚という問題である。近代日本の生成過程において、急速な国民国家化は欧米諸列強によるアジア植民地化への対応過程のなかで、封建遺制としての前近代性を克服し、近代化を実行に移すためにも、あるいは軍事的緩衝地帯を設定するためにも、植民地保有への衝動を伴うものであった。

つまり、国民国家日本は近代化と植民地保有が同時的に進行し、この二つの課題が相互に表裏一体の目標として設定された。国内の近代化と国外での植民地領有という国家政策が、同次元で認識されていくことになったのである。それゆえ、植民地領有とその統治及び運営を推し進める過程で、日本は近代化にとって必須の前提となる近代性と植民地性という二つの性質を同時的に孕み込んだ国家として発展していく。

この二つの性質は、近代化にとって必須の条件としての植民地領有という観念として固着していった。そして、ここでの問題は、すでに尹健次《ユンコンチャ》が『孤絶の歴史認識―日本国家と日本人』（岩波書店、一九九〇年）で指摘した如く、近代化に孕まれた暴力性と植民地性である。すなわち、近代化の進展に比例して対内的暴力が法制化され、正当化されるレベルが上昇し、対外植民地の拡大が絶えず志向される。近代化あるいは近代性が、暴力を基盤として成立し、暴力を担保として実体化されるものであるがゆえに、取り分け急速な近代化を達成しようとした帝国日本の暴力性は際だっていた。統制・動員・抑圧の国内システムが起動し、それが絶え間ない戦争発動や侵略戦争に結果していったのである。

植民地支配と天皇制

近年、特に植民地主義論において頻繁に適用される「植民地近代」の概念設定も多様な議論がなされるなかで、日本の近代化とは、絶えず赤裸々な暴力性を内在化させた過程であった。つまり、同じ植民地主義を標榜した西洋近代とは一定の相違が存在することである。しかし、最大の問題は、そのような暴力性を内在化させた近代化のなかで、抑圧され統制されてきたはずの日本人の多くに、そのような「植民地近代」への批判精神が殆ど育まれなかったことである。その理由は天皇制ナショナリズム、あるいは天皇制支配国家体系のなかに求める他ないように思われる。

すなわち、日本人にとって天皇制国家が再生産する所謂家族国家観が日本以外のアジアを差別と抑圧の対象とする結果も誘引し、それによって日本一国主義から日本絶対主義の感情を拡散していくなかで、日本固有の歴史意識が打ち固められていく。そこでは被植民地・被植民地者への思いは切断され、それに反比例して帝国意識が培養されていったのである。

その意味で天皇制は、他者を支配する痛苦を取り除く装置としても機能してきたと言える。そこには、当然のように植民地支配に固有の暴力性には無痛覚となる。さらに言えば、天皇制は、植民地近代化の暴力性を正当化する装置として機能していったのである。そして、そこに表れる日本人固有の歴史認識が生み出されるが、それは日本人にしか通用しない、排他的な歴史認識であり、尹健次は、それを「孤絶の歴史意識」と表現した。

このように天皇及び天皇制国家への帰属意識と所謂国体精神とが、植民地保有国民としての自負あるいは自覚に拍車をかけ、自らに課せられている暴力や抑圧を他者、すなわち被植民地者へ容易に転嫁させていったと言えよう。アジア諸国民への蔑視感情や差別意識の根底に存在する過剰なまでの暴力性は、抑圧移譲の原理に支えられたものであった。それがまた、帝国日本が繰り返した対外侵略戦争や植民地支配の過程で表出した数多くの虐殺事件の要因でもあったのである。

既述の植民地近代という名の日本にとっての課題は、戦後の今日あっても精算されていない。それは、植民地近代の持つ暴力性に無自覚であることが理由であり、また、その暴力性を隠蔽する機能を果たしてきた天皇制自体の呪縛から解放されていないことによる。そこから、依然として、かつての植民地支配を正当化する妄言や、「アジア解放戦争」論などが繰り返し説かれる結果となって問題化する。

さらには、植民地統治によって被植民地の近代化を促したとする、いわゆる植民地近代化論が飛び交うことになる。こうした問題は、総じて歴史認識の問題として議論されるが、そこに、植民地主義や植民地近代の概念を用いての精緻な検証作業が不可欠であることは言うまでもない。

歴史認識の共有化は可能か

ここまで筆者は、歴史学研究者としての立場や視点から日本、中国、韓国の間に存在する歴史認識の乖離の実態と、その乖離が発生する背景を、主に日本の視点から追究してみた。そのような追究の過程でも依然として残るのは、果たして歴史認識の乖離は埋められるのか、埋められるとすれば如何なる方法によってか。また、反対に埋められないとすれば、その原因は何処にあるのか、さらに考察しなければならない。

歴史認識の共有化に不可欠なことは、自己愛的な「一国史観」を越えるための歴史和解の認識の深まりである。歴史和解とは、傷ついた人たちの心を癒し、特に世界を平和的に再結合することである。より具体的には、アジア諸国間、特に日本・中国・韓国、さらには台湾や北朝鮮との間の経済相互依存関係の緊密化、非核化をめざす地域共同体構想（「アジア共同の家」：Asian Common House）実現のために、歴史和解が不可欠ということである。

戦後日本の歴史和解への取り組みが、全くなされなかった訳では勿論無いが、政策化される展望は依然として見い出し得ていない。事実、冷戦時代においては、日本の高度経済成長と親米保守体制下で、被害回復問題は無視され続けた。表向きにはＯＤＡ（政府開発援助）が戦争賠償に代わるものとの説明が浸透し、戦争補償は進められている、という受け止め方が多くの国民意識に形成されていた。

しかし、既に多くの議論が存在するように、ＯＤＡはアジア諸国に進出した日本企業のためのインフラ整備資金として使用されるケースが圧倒的に多く、それが事実上の戦争賠償として受け取られているケースは極めて希であった。その資金はかつての戦争で傷ついたアジア諸国民を救済あるいは支援するのではなく、国家経済の発展に資するという大義名分を掲げながら、進出日本企業の活動のために使用されたに過ぎず、歴史和解の基礎的条件としての戦争賠償の進展という課題に応えるものではなかったのである。

そのような問題が、脱冷戦の時代において、冷戦の解消とアジア諸国における自由化や民主化に即発されて、歴史和解の問題が浮上してくる。冷戦時代に権威主義的な支配体制のなかで、日本の戦争責任を問う声が封殺されてきたことへの反動として、自国政府をも突き動かし、日本の戦争責任や植民地統治責任を問い直す声が表出する。

しかし、現在まで表向きの「謝罪声明」が繰り返されはしているものの、アジア諸国民を納得させるだけの行動を行っているとは言い難い。そうした声に対し真摯に向き合う姿勢の欠落が、一段と責任を追及する声と行動とを呼び起こしている。それどころか、靖国問題に象徴されるように、むしろ歴史問題を軽視するか、一層複雑化するかの発言や行動が日本政府関係者や国民世論、さらにはメディア関係にも露見される現実にある。

その意味で言えば、冷戦終焉後、歴史認識を深める中で、過去の克服や歴史の問い直しの絶好の機会を失いつつあり、日本への不信や疑念の感情を増幅させる現実にあることは否定できない。それでは歴史和解の機会は遠のくばかりである。歴史和解が困難となれば、当然ながら東北アジア諸国民との信頼醸成も困難となるのは必至である。歴史事実を率直に認め、再び不信や疑念の感情を起こさないために、過去の克服という課題設定を積極的に行い、あらゆる場で過去の清算に全力を挙げる姿勢と実績が信頼醸成への方途である。

おわりに　歴史和解の方途と私たちの課題

今回の基調講演において、私は歴史認識を深めることの意味を再考しながら、アジア平和共同体構築への展望を踏まえ、歴史問題を正面から取り上げ、歴史和解への道筋を検討してきた。より具体的には、最初に所謂歴史問題として政治問題化する根源としての歴史修正主義の問題を取り上げた。

ここでは日本の近年における歴史修正主義の動きが一段と活発化している現実を踏まえ、改めて歴史修正主義の本質と派生の背景を検討しておきたかったのである。次いで特に日韓関係において繰り返し浮上する植民支配責任問題に絡めて、植民地支配責任が日本において忘却の対象とされてきた日本人の歴史意識に触れつつ、今日一層問題化している従軍慰安婦問題を俎上に挙げながら、歴史問題における記憶と忘却の問題を論じた。

最後に、以上の展開を受ける形で、依然として清算されない植民地近代化論について言及した。この課題の解決の道筋を付けない限り、実は歴史和解には到底辿りつけないことを強調したつもりである。最終的には東アジア平和共同体構築を前提とする限り、極めて困難な課題であることを承知しつつも、歴史問題解決こそ焦眉の課題であると考える。

「信頼醸成」或いは「信頼構築」への第一の方途が歴史和解の実現にあり、その前提として歴史事実の確認と歴史認識の深化にあることは、既述の通りである。だが、より今日的な課題に即して言うならば信頼醸成のための具体的で説得的な行動提起である。

それは、取りわけ日本・中国・韓国のいずれの国家にも、「ナショナリズム」の用語で取りあえずカテゴライズが可能な国民意識が極めて過剰な内容を伴って表出している現実にどう向き合うのか、という課題がある。日本政府の政治指導者が靖国神社を参拝してみせる行為への中国や韓国の反発を、直ちに内政干渉論で反応してしまうのではなく、反発理由の背後にある歴史事実を紐解きながら再検証する作業を、国家や市民が同時的に実施していくことが求められている。

中国や韓国で台頭しているナショナリズムは、それぞれの国内的理由が存在したとしても、それは議論の第一の対象とするのではなく、日本に向けられた反発や批判の深層にある日本への歴史責任を告発する行為としてナショナリズムが表出している、との受け止め方をしていくことが肝要であろう。その意味では、ナショナリズムそのものの概念規定や政治主義的な判断は、ある意味で不用である。

重要な点は、日本の立場からは戦争責任や歴史責任への問いが、ナショナリズムという台湾をも含め中国や韓国国民の意識として表出していると捉えることである。すなわち、日本への不信と疑念の声として反日ナショナリズムあるいは嫌日ナショナリズムとでも呼称されるナショナリズムの実態である。そのようなナショナリズムを緩和化する冷静な対応が、日本に求められていることであろう。

それでは、これらナショナリズムを克服する方途は何処にあるのか。それには何よりも過去の克服と歴史和解の前進が不可欠であるが、同時に日本の立場からも、敢えて一国史を越えた「東アジア史」についての共通のビジョンの構築が課題となろう。

これら三国は共有している文化の確認をなすことで、重層的かつ横断的な共通の文化を基盤としつつ、独自の文化が形成されていった歴史過程に注目することである。そこから共通の文化を基盤とする相似形の文化圏にあることによる同質のアイデンティティーを獲得していくことである。この発想の根底には、既存の対外関係が政治や経済などの力を前提とする関係を建前とする限り、そこには格差あるいは差違だけが特化され、そこから政治力学として支配・従属という関係か、あるいは侵略対防衛という対立しか生まれてこないのである。

そうではなく、「文化の力」（＝ソフトパワー）への期待を相互に確認することである。そこに表れた独自の文化表現や文化財を尊重し、その相違や異質性への関心を抱くと同様に、相互の国家間に存在する相似性や同質性への関心を高めていくことで、文化を媒体とする国家間の信頼醸成から信頼構築への方途を真剣に論ずることも重要に思われる。

勿論、このような発想には危険性をも伴う。かつて日本は植民地統治を実行する場合に、統治対象国と日本との共通性を殊更に強調することで被支配者の反発を回避したり、懐柔したりすることで、「文化の融合」を解いた歴史がある。それは、例えば朝鮮文化を抹殺することによる「文化の融合」であったことは歴史が語る通りである。

その意味で過去の克服も歴史の精算も未解決である現状からして、日本が率先して文化を媒体とする新たな関係性への着目といった視点を強調しても、直ちに理解と合意を得られるものではない。そこから信頼醸成から信頼構築のためにも、歴史和解という重い課題こそ、非常に重要なテーマであることが再認識される。共通の文化圏に存在することからくる親近感は、相互の人的交流の得難い礎であろう。今回のシンポジウムも、その意味において人的かつ学問的交流の一つとして明確に位置づけられているのではないか。

そして、こうした議論を重ねるなかで貫徹して欲しいと願うのは、本稿のタイトルに掲げた日本軍〝慰安婦〟問題の国際性と無時効性という共有認識が可能な用語であることである。将来、国際社会のなかで、この問題と同質の歴史が繰り返されないために、同問題を国際社会が常に注意と警戒を払い続けなければならない構造的暴力であること、そして国際社会を構成する全ての人々の精神と思想や身体が誰によっても拘束されないこと、そのために不可欠な用語であることを確認しておきたい。それは全ての人々が二度と被害者にも加害者にもならないことを事実上明示した日本国憲法の平和主義にも繋がっていく。日本軍〝慰安婦〟問題を繰り返し議論し続けることが私たちの責務であること、そのことは、取り分け日本人及び日本政府が戦争責任に向き合うことをも意味している。また、未来の世界を担う青年たちの未来責任として自覚されるべき課題ともなろう。

〈参考文献〉

（論文）

東郷和彦「日中韓の歴史認識問題を乗り越えて―七段階のロード・マップの提案」（立命館大学社会システム研究所編刊『社会システム研究』第三二号・二〇一六年三月）

和喜多裕一「今後の日韓関係と歴史認識問題―歴史認識の壁はなぜ生ずるのか」（参議院事務局企画調整室編集・発行『立法と調査』第三三七号・二〇一三年二月）

（著書）

VAWW-NET ジャパン編・西野留美子・金富子責任編集『裁かれた戦時性暴力―「日本軍性奴隷を裁く女性国際戦犯法廷」とは何であったか』（白澤社、二〇〇一年）

大沼保昭『「歴史認識」とは何か』（中央公論社・新書、二〇一五年）

大沼保昭『「慰安婦」問題とは何だたのか　メディア・NGO・政府の功罪』（同右、二〇〇七年）

林博史『日本軍「慰安婦」問題の核心』（花伝社、二〇一五年）

秦郁彦『慰安婦と戦場の性』（新潮社・選書、一九九九年）

朴裕河『帝国の慰安婦―植民地支配と記憶の闘い』（朝日新聞社、二〇一四年）

熊谷奈緒子『慰安婦問題』（筑摩書房・新書、二〇一四年）

鄭栄桓『忘却のための和解―『帝国の慰安婦』と日本の責任』（世織書房、二〇一六年）

吉見義明『従軍慰安婦』（岩波書店・新書、一九九五年）
吉見義明『日本軍「慰安婦」制度とは何か』（岩波書店・ブックレット、二〇〇一年）
朴裕河『和解のために―教科書・慰安婦・靖国・独島』（平凡社、二〇一一年）
黒沢文貴他編『歴史と和解』（東京大学出版会、二〇一一年）
東北アジア問題研究所編『日韓の歴史認識と和解』（新幹社、二〇一六年）
菅英輝編『東アジアの歴史摩擦と和解可能性―冷戦後の国際秩序と歴史認識をめぐる諸問題』（凱風社、二〇一一年）
木村幹『日韓歴史認識問題とは何か―歴史教科書・「慰安婦」・ポピュリズム』（ミネルヴァ書房、二〇一四年）
細谷雄一『戦後史の解放Ⅰ　歴史認識とは何か―日露戦争からアジア太平洋戦争』（新潮社、二〇一五年）
天児慧他編『東アジア和解への道―歴史問題から地域安全保障へ』（岩波書店、二〇一四年）
劉傑他編『１９４５年の歴史認識―〈終戦〉をめぐる日中対話の試み』（東京大学出版会、二〇〇九年）
三谷博他編『国境を超える歴史認識―日中対話の試み』（東京大学出版会、二〇〇六年）
鄭在貞『日韓〈歴史対立〉と〈歴史対話〉―「歴史認識問題」和解の道を考える』（新泉社、二〇一一年）
纐纈厚『私たちの戦争責任―昭和初期二〇年と平成期二〇年の歴史的考察』（凱風社、二〇〇九年。同書は『我們的戦争責任』楊孟哲監訳、台湾：人間出版社、二〇一四年、『我们的战争责任』申荷麗訳、中国：人民日報出版社、二〇一〇年、『우리들의 전쟁책임：쇼와초기 20년과 헤세기 20년의 역사적 고찰』金京玉訳、韓国：J&C、二〇一三年、として各国で翻訳出版されている）

▽第２章

「慰安婦」問題の超国家性と記憶の「グローカル」化[1]

申琪榮

金学順さんは毅然と語った。私はその日、語り手の語ろうとする意思を大勢の人びとの聞こうとする意思が鼓舞することをひしひしと感じた。…その日の集いは、在日韓国・朝鮮女性である若い主催者が、「慰安婦」被害を語らせない、そして、語れなかった状況を変えた歴史的な節目となった——川田文子（大森典子・川田文子　二〇一〇：六）。

はじめに

二〇一五年一二月二八日の日韓外相会談での合意は、日本軍「慰安婦」（以下、慰安婦）問題[2]が最終的に解決したと宣言するものだった。しかし、その内容は多くのサバイバーたちに受け入れられるものではなく、現在までも慰安婦問題をめぐる日韓政府間の争いは続いている。[3]日本政府は、合意で勝ち取った「最終的かつ不可逆的解決」を武器に、次世代への歴史教育や自由な議論を封じ、平和碑（通称「少女像」）の撤去および建立の阻止に全力を傾けている。(4) 慰安婦問題は解決も終結もしないまま、韓国では合意で生まれた「和解・癒し財団」が、反対世論に推し進められ、二〇一九年に解散した。

一方で、二〇一九年一月、日韓外相会談での合意に最も積極的に反対を表明した慰安婦被害サバイバーであり平和運動家だった金福童さんが亡くなった。今や存命のサバイバーはわずか数名。サバイバーの存在と生の証言を原動力にする運動は現実的に難しくなりつつある。慰安婦問題は、「どう記憶するべきか」の困難な課題に直面し、忘却されることへの抵抗という新たな局面を迎えている。こういった状況下韓国では、一九九二年に始まった水曜デモが、二〇一九年八月に一四〇〇回を迎え、世代を超えて若い世代までもが慰安婦問題に共感する場となった。韓国政府も二〇一七年、慰安婦被害者法を改定して、八月一四日を国家記念日「日本軍『慰安婦』被害者をたたえる日」に制定した。慰安婦問題は、韓国でも政治的、社会的承認を得ていく過程にあるのである。

サバイバーたちは、日本政府による心からの謝罪と法的責任の認定等、加害者の反省による「解決」を求めてきた。加害者による公式の加害認定や法的責任の明確化は、重大な人権問題の解決のために必要不可欠である。だが、一九五一年のサンフランシスコ平和条約、一九六五年の日韓協定、二〇一五年の日韓外相合意で見たように、「国益」を前面に押し出す国家間の合意は、サバイバーの視点に立つ解決とはかけ離れ、その限界が露呈された。今や我々は、過去の全ての問題は解決完了と主張する日本政府に振り回されるのを止め、慰安婦問題が切り開いた未来への可能性を熟慮すべき時を迎えたのではないか。

筆者はこれまで慰安婦問題を、性暴力と闘ってきたフェミニズムが成し遂げた、女性の人権規範の発展という世界史的な観点で理解する必要性を主張してきた（申琪榮　二〇一六）。なぜなら慰安婦被害者は植民地だった韓国（朝鮮）の女性だけでなく、日本が侵略したアジア各国の女性とインドネシア駐在のオランダ女性にまで及び、慰安婦問題への国際的な関心の広がりは、一九九〇年代に戦時性暴力を犯罪化するようになった国際女性人権規範の発展と軌を一にしてきたからである。この過程で慰安婦問題は二〇世紀に発生した国家による女性の人権侵害の代表的な事例として認識され、未来世代への教育や集団的記憶を通して再発を防止すべき人類の共同課題として位置付けられるようになった。これは一九九〇年代のポスト冷戦期を背景に、それまで周辺化していたアジアの女性たちが、その世界史の形成に主体として参加した成果とも言える。

したがって慰安婦問題は、国内の「市民社会」、「国家」、そして「グローバル社会」という重なり合うものの、水準の異なる三つの位層を含む超国家的（トランスナショナル）な問題として理解するべきであり、被害者を代弁してきた市民社会やグローバル社会の承認を欠く国家間のみの解決を志向しただけでは解決にならない。慰安婦問題を「日韓関係」および「歴史戦」という国家および国益中心の認識枠組みに押し込めることは、慰安婦問題が突きつけてきた家父長的国家主義の暴力に再び引き渡すことである。また、サバイバーたちと一緒に世界の人権規範を作ってきたアジアの女性たちを歴史の周辺に追い出し、不可視化することにほかならない。

本稿は、筆者が提示した上記の主張を再確認しつつ、慰安婦問題の持つ未来への可能性を「グローカル」化という観点で再証明しようとするものである。グローカル化とは、グローバル化（Globalization）と地域化（Localization）の合成語で、今日の政治、経済、社会体制で現れるグローバル化が地域化を同時に伴う現象を言う。筆者はグローバル化とは互いに異なる地域社会が地球的な標準化に向けて同質化されるものではなく、国際的に共有される価値や文化が各地域の社会文化や経済的な特性に遭遇し、新たな地域文化と価値体制を創造する過程として捉える。

その意味でグローカル化という視点は、国際的規範が地域（ローカル）の文化的、政治的相違と出会いお互いに変容していく過程を理解するのに役に立つ。本稿は、そうした立場から慰安婦問題が持つトランスナショナルな性格を論証し、それが世界各地域で新たに地域化されていくグローカル化に注目する。これを通して、慰安婦問題が日韓関係はもちろんのこと、政府やエリートが統制可能な認識枠の範疇を超え、様々な地域の主体によって専有される複数の実践的記憶の遺産として位置づけられていくことを提示したい。

1　慰安婦問題はアジア共通の戦争被害

慰安婦問題のトランスナショナルな性格は、日本軍慰安婦の被害状況から明らかである。（76〜77頁〈慰安所分布地図〉[5]参照）

〈慰安所分布地図〉が示すようにこれまで明らかになった慰安所だけでも、アジア・太平洋の各地で数百ヶ所に及ぶ。特に軍が駐屯した大都市や沖縄等には数十から百ヶ所以上の慰安所が密集していた[6]。このため、日本、朝鮮、台湾では主に軍の関与下で慰安婦が募集・運営されていた。他の地域では現地女性を募集したり、拉致や暴力で制圧し、監禁して強姦するようなことが起きていた。こうして数万から十数万と推定されるアジアの女性が、慰安所の慰安婦被害者となったり、戦場でのさまざまな形態の性暴力被害者になった（吉見　一九九五、二〇一〇）。つまり、慰安婦問題は、植民地だった韓国（朝鮮）

や台湾だけでなく、日本による太平洋戦争の戦場となったアジア・太平洋の広範囲な地域共通の戦争被害という性格を持つのである。(7) ほとんどの生存者たちは戦争が終わってからも被害を隠して生きてきたが、一九九一年八月の金学順の証言を契機に、その一部の女性たちが「慰安婦被害者」という名で世に出はじめたのである。

しかし、慰安婦問題はいまだにアジアの共通の未解決の課題として残っている。その最も大きな理由は、第二次大戦の終戦後、慰安婦問題が日本の戦争犯罪の一部分として扱われなかった点にある。また戦後、アジアの被害国は、中国、北朝鮮、ベトナムなどの社会主義国家と、韓国、台湾、フィリピン、マレーシア、インドネシアなどの反共主義国家の二つのブロックに別れて戦後冷戦体制に編入されながら国民国家を建設していった。その過程で、それぞれ日本との二国関係の枠組みで過去の清算を図った。慰安婦問題は日本からの経済支援と引き換えに、被害国の政府によっても黙殺され、清算されるべき不幸な過去になったのである。アジアに散在する被害者たちは、一方で女性の性的純潔を強調する自国の家父長制によって沈黙を強いられ、他方では各国が米ソブロック間の激しい軍事的、経済的競争に巻き込まれた冷戦構造の中で、日本政府に対して正義を求めるのは不可能に等しい状況に置かれた。

2　慰安婦問題と一九九〇年代のグローバル女性人権規範

一九九一年に金学順の証言で慰安婦問題が可視化されると、たちまち日本軍慰安婦問題は国際的な注目を浴びるイシューとなった。冷戦が終わって米ソの競争体制が崩れたことにより、国際社会にはこれまでなかった言説空間が開かれたことが幸いした。アジアのサバイバーたちによる証言と研究により露

ロシア連邦
パラムシル島（幌筵島）
釧路
日本
茂原
木更津
新島
父島
サイパン島
ガラパン
テニアン島
グアム島
ミクロネシア連邦
チューク諸島（トラック島）
ポンペイ島
パプアニューギニア独立国
カビエン
ラバウル
ココポ
ブーゲンビル島
ニューブリテン島
ニューギニア島
日本軍の最大侵攻ライン
＊国名・地名は2019年現在のもの。地名の変更があった
都市等には、当時の地名をカッコ内に付したものもある。
©アクティブ・ミュージアム「女たちの戦争と平和資料館」（wam）

慰安所分布地図（提供ｗａｍ）

海拉爾《ハイラル》
斉斉哈爾《チチハル》
佳木斯《ジャムス》
哈爾浜《ハルビン》
牡丹江
長春(新京)
延吉
安図
羅先
清津
撫順
瀋陽(奉天)
恵山
朝鮮民主主義人民共和国
石家荘
張家口
大同
北京
包頭
秦皇島
天津
大連
元山
太原
済南
仁川
大韓民国
中華人民共和国
陽泉
臨汾
青島
釜山
福岡
大分
洛陽
鄭州
徐州
済州島
鎮江
信陽
南京
上海
鹿児島
宜昌
武漢
杭州
安慶
岳陽
長沙
南昌
大陳島
徳之島
沖縄本島
渡嘉敷島
那覇
北大東島
南大東島
福州
桂林
廈門
新竹
基隆
宮古島
石垣島
花蓮
広州
澎湖島
高雄
屏東
台湾
香港
澳門
南寧
湛江
海口
海南島
三亜
ミャンマー連邦共和国
ミートキーナ
松山(拉孟)
ラシオ
龍陵
マンダレー
ピンウールウィン
(メイミョー)
メイクテーラ
ハイフォン
ラオス人民民主共和国
ピイ
(プローム)
チエンマイ
タイ王国
ベトナム
社会主義共和国
ヤンゴン
(ラングーン)
カンチャナブリ
バンコク
カンボジア
王国
アンダマン諸島
ポートブレア
プノンペン
ホー・チ・ミン(サイゴン)
インド共和国
チュムポン
ニコバル諸島
ソンクラー(シンゴラ)
ルソン島
バギオ
バヨンボン
フィリピン共和国
マニラ
ナガ
レガスピー
マスバテ島
レイテ島
パナイ島
タクロバン
イロイロ
ネグロス島
ミンダナオ島
カガヤン・デ・オロ
ダバオ
コタキナバル
クダッ
サンダカン
バンダ・アチェ
ペナン
マレーシア
イポー
ミリ
ブルネイ・ダルサラーム国
ムラボー
メダン
タラカン
クアラルンプール
シダマニク
ジョホールバル
クチン
シンガポール
共和国
カリマンタン(ボルネオ)島
マナド
ハルマヘラ島
ブキティンギ
サマリンダ
ポンティアナック
スラウェシ(セレベス)島
パダン
バリクパパン
西パプア
パレンバン
コタバル
ケンダリ
スマトラ島
バンジャルマシン
エンレカン
ブル島
アンボン
パレパレ
ジャカルタ
(バタビア)
スマラン
マカッサル
センカン
東ティモール
民主共和国
スカブミ
バンドン
スラバヤ
バリ島
マゲラン
フローレス島
ディリ
ジョグジャカルタ
マラン
ボボナロ
バギア
ジャワ島
ティモール島
インドネシア共和国
スンバ島
クパン
wam
アクティブ・ミュージアム
女たちの戦争と平和資料館

わになった慰安婦問題の実態は、一九九〇年代に飛躍的に発展した女性に対する暴力に関連する世界女性人権規範の形成に大きく貢献することになる。皮肉なことに慰安婦問題の「国際化」を押し進めたのは、サバイバーたちが求める正義に対する日本政府の否定的な反応であった。

慰安婦問題の研究に取り組んできた韓国の研究者尹貞玉《ユンジョンオク》が八〇年代末に研究成果をメディアに連載すると、韓国女性たちが一九九〇年の盧泰愚大統領の訪日を契機にこの問題を日本政府に正式に提起した。日本政府の最初の反応は国家関与の証拠がないという理由で国家責任を否認。これに怒りを覚えた女性団体が慰安婦問題を本格的に扱うために一一月に韓国挺身隊問題対策協議会（挺対協）を結成して活動を始めた（韓国挺身隊問題対策協議会　二〇一四）。挺対協は日本政府の誠意ある態度を引き出すため、国連をはじめとした国際世論を高める活動を展開していく。

挺対協は一九九二年に国連人権小委員会に慰安婦問題を提起し、日本の市民団体も同年の二月、国連人権委員会に、そして五月には現代型奴隷制実務会議で、強制連行労働者問題とともに慰安婦問題を提起した。そういった活動は、一二月には当時の人権小委員会の「重大な人権侵害被害者に対する賠償」問題の特別報告者であるテオ・ファン・ボーベンが日韓を訪問し、韓国の被害者たちの証言を聞く公聴会を開くという成果も得た。当時、国連に韓国側とともに慰安婦問題を提起した日本人弁護士の回顧によると、日本関連の他のいかなる人権問題もそれほどまでの注目を集めたことがなかったと言えるほど、慰安婦問題は国連機構で即刻重大な関心を集めたという(8)（戸塚　二〇一二、鄭　二〇〇四）。

女性に対する暴力問題に取り組むグローバルな女性人権ネットワークの反応も非常に積極的だった。とりわけ、一九九三年六月一四日から二五日にかけて開かれた国連のウィーン世界人権会議は、女性人権規範の発展の大きな分岐点だったが、韓国とアジアの慰安婦問題の解決運動が国際女性人権運動に出会うきっかけともなった。挺対協は北朝鮮、フィリピンと連帯して、アジア女性人権協議会とともに慰安婦問題を扱うアジア女性フォーラムを開催して、声名書を採択し、国連が慰安婦問題を性奴隷犯罪として調査することと日本に法的責任を認めさせることを要求した。慰安婦サバイバーたちもウィーンNGOフォーラムで直接証言する等、慰安婦問題の真実を広めるのに力を注いだ（韓国挺身隊問題対策協議会　一九九九）。

ウィーン世界人権会議は、冷戦終結後、主要なテーマに浮上した人権問題に既存の人権レジームがまともに対応できていないことを反省するために開催されたが、この会議で世界の女性団体は既存の人権レジームが男性中心的だと批判した。彼女らは「女性の権利は人権である」（Women's Rights are Human Rights）というスローガンを掲げて、女性に対する暴力問題を強く提起した(9)（Bunch 1990）。こういった動きは、その年の一二月の国連総会で「女性に対する暴力の撤廃に関する宣言（Declaration of the Elimination of Violence Against Women）」を採択することにつながる。

ウィーン世界人権会議の最終決議事項には、女性団体の主張を反映し、国連人権委員会（UNCHR）に女性に対する暴力の実態を調査する特別報告者制度（Special Rapporteur on Violence Against Women）を新設することが含まれた。一九九四年にラディカ・クマラスワミ（Radhika Coomaraswamy）が最初の特別報告者に任命されたが、クマラスワミは自身の任務として韓国、北朝鮮、日本で慰安婦問題を調査して、九六年に「戦時における軍事的性奴隷制問題に関する朝鮮民主主義人民共和国、大韓民国および日本への訪問調査に基づく報告書」を国連人権委員会に提出した。この報告書は慰安婦問題を扱う最初の国連機構の報告書で、このような過程で慰安婦問題は大きな国際的な関心を集め、グローバルな女性人権問題としてイッシュー化された。

女性人権レジームの発展においてまた一つ重要な分岐点は、一九九五年九月四日から五日にかけて北京で開催された第四次国連世界国際会議である。韓国からは挺対協と女性活動家五〇〇人以上が参加し、ウィーン人権会議で得た経験をもとに慰安婦問題に対する理解を深めるために積極的な活動を繰り広げた。北京会議でも女性に対する暴力の根絶が主要な課題として論議され、慰安婦問題はNGOレポートの「女性に対する暴力」の部門に記述される成果を得た。慰安婦問題は各国の女性運動と出会い、女性に対する暴力、とりわけ戦時性暴力問題として国際的に認知されるに至った。またそれと同時に、世界の女性人権運動に対しては、慰安婦被害の実体を通して、戦時中、女性たちが受けた性暴力や組織的な人権侵害に対する問題認識を高めるのに大きく貢献したのである。

一九九〇年代の初めには、ボスニア戦争およびルワンダ内戦等の民族紛争における集団強姦および強姦所等、反人倫的な犯罪が世界の注目を浴びていた。この二つの戦争は、一九九三年と一九九四年にそれぞれの事件を扱うための国際刑事裁判所が開かれ、戦争犯罪を裁くに至った。この裁判過程で、女性に対する集団強姦等の性暴力が、戦時下の軍事作戦として計画的に遂行されたものであることが明白になった。また、こういった種類の計画された性暴力は、「人道に対する犯罪」だという認識が形成された。以後、国際社会はついに国際常設刑事裁判所を設立するのに合意し、これにより一九九八年には国際常設刑事裁判所に関するローマ規程（略称：国際刑事裁判所ローマ規程）[10]が採決される。このローマ規程においては、強姦、性奴隷化、強制売春、強制妊娠や不妊、性暴力等、女性に対する性暴力は「人道に対する犯罪」に含まれている。これは国際法にジェンダー視点が反映されるようになったという点で、国際法史における女性の人権についての画期的な進展として評価された（Chappell 2015）。

このように一九九〇年代は女性の人権と戦時性暴力に関連した国際規範が大きく進化した時代であり、

その趣勢の中で慰安婦問題に関連した多くの報告書が作成されたのである。前述した一九九六年の国連人権委員会に提出されたクマラスワミ報告書、一九九八年の国連人権小委員会で採決されたマクドゥーガル報告書、ＩＬＯ報告書、人権高等弁務官の年次報告書等で慰安婦問題が重要な事案として扱われた。とりわけ、マクドゥーガル報告書は、重大な人権侵害を犯した加害者に対する不処罰の問題を扱っており、犯罪責任者の処罰を含む非常に包括的な内容が盛り込まれている。このマクドゥーガル報告書は慰安婦問題に関連した国際法的論点をまとめて、その後の論議に理論的根拠を提供したことで評価されている。これらの報告書に基づいて、今日まで多くの国際人権機構が日本政府に責任を問う勧告を採択しているのである。またこういった過程を経て、慰安婦問題は性奴隷（sex slave）に、慰安所は強姦所（rape center）として概念化された。

こうした動きを背景に、一九九〇年半ばまでは、日本政府も一定の努力を見せた。慰安婦問題に対する世界の関心が高まる中、国連を中心として国際的な立場を強化して行こうと模索していた日本政府は、自ら実施した二回の調査に基づく河野談話（一九九三年）を発表した。そこでは、慰安婦制度への軍と官憲の関与と、女性たちが本人の「意思に反して集められた」と「強制性」を認めた。「お詫びと反省の気持ち」も表明した[11]。続いて一九九五年には、村山首相が日本政府としては初めて、植民地支配に対するお詫びと反省を表明した。しかしながら、一九六五年の日韓協定により全ての法的問題は「解決済み」と主張し、法的な責任に基づく国家の「補償」は取らず、「補償」に変わる道義的「措置」を取ることで慰安婦問題の「解決」を模索した。それが一九九五年に設立された「女性のためのアジア平和国民基金」であったが、サバイバーたちは日本政府の都合に合わせた措置を解決として受け入れなかった[12]。

日本政府は、事実を認めても国家責任は果たさないという日本でしか通じない原則を被害国とサバイバーたちに突きつけてきたのである。

3　慰安婦問題を解決するためのトランスナショナル市民連帯「アジア連帯会議」

慰安婦問題の被害が、アジア・太平洋地域に広範囲にわたっているのと同様に、サバイバーたちを支援する女性・市民団体もアジア・太平洋地域のさまざまな国家の市民たちが中心になった。慰安婦問題が初めて浮上した時から中心的な役割を果たしたのは、韓国と日本の女性たちであったが、慰安婦問題解決運動の重要な特徴はトランスナショナルな連帯ネットワークの形成によって展開されてきたことである。

日本の市民たちは、韓国およびアジア各国で慰安婦問題に取り組む女性団体と各国のサバイバーたちをサポートし、早くから慰安婦問題の解決運動に真摯に取り組んだ。日本では、すでに性暴力や売買春問題に取り組んでいた女性団体と平和運動団体、日本の戦後責任を求める団体、そして労働団体が慰安婦問題解決を要求する運動をともに行い、さらに慰安婦問題のために草の根団体が新たに組織され、韓国との緊密な連携の中で運動を展開した。慰安婦問題の全貌が不明だった九〇年代の初めには、アジア各国の被害状況についての調査、被害者への直接的な支援、日本にサバイバーたちを招いての数百回にわたる証言会の開催などを実施していた。特に各国のサバイバーたちが日本の法廷で裁判を始めると、裁判支援のために市民が集い、支援団体を組織し、裁判の度に日本を訪れる原告団を物心両面から支援した[13]。

慰安婦問題のトランスナショナルな展開は、近代国家の境界に包摂しきれない主体も可視化した。特に、日本と韓国・北朝鮮の間に存在していた在日女性たちの主体化につながった。慰安婦問題が植民地女性に対する戦争性暴力問題として日本に突きつけられた最も早い段階から、在日朝鮮人女性たちは独自のネットワークを作り、講演会を開くなど活動を始めた（Seo 2018）。韓国とのつながりがあったメンバーらは日韓の団体の橋渡しの役割をし、慰安婦問題を日本国内で広く知らしめるために努めた。九〇年代に活動した「ウリ女性ネットワーク」をはじめとする在日朝鮮人サバイバーをサポートする団体、また多くの個人たちが慰安婦問題を解決するための運動を熱心に支えた。

その他のアジア各地でもサバイバー支援団体が結成され地域別に活動を始め、一九九二年には「日本軍「慰安婦」問題解決のためのアジア連帯会議」が生まれる。この会議は、サバイバー支援や各国の状況についての情報交換や問題解決に向けた国際的な協力を図るために、定期的に会合を持ち、日本政府の責任を求めるという共通の目的のもとで活動する母体となった。一九九二年にソウルで第一回会議が開催されて以来、二〇一八年三月の第一五回「アジア連帯会議」に至るまで、韓国、日本、北朝鮮、フィリピン、インドネシア、台湾、東ティモール、オランダ、香港、マレーシア、ベトナム、そして被害国ではないが、慰安婦問題関連運動を展開している国の人権・女性団体やサバイバーたちが参加している。毎回活動報告を行い、運動の方向を決めて、決議案を採択する。

「アジア連帯会議」の最も大きな成果は、二〇〇〇年、東京で開催された女性国際戦犯法廷であろう。日本政府が責任認定とサバイバー救済に対する要求を黙殺し続けるため、市民たちの手で正義を実現させるべく民衆法廷を開廷したのである。一九六七年にヨーロッパでベトナム戦犯を裁くために開かれた民衆法廷であるラッセル法廷をモデルとしたもので、一九九八年にソウルで開かれた第五回「アジア連帯会議」に招かれた日本のジャーナリスト出身の松井やよりが提案し実現された。この法廷の究極の目的は、第二次世界大戦終結後、東京裁判で扱われなかった慰安婦問題の犯罪性を明らかにし、その責任者を裁判にかけることであった。東京裁判で慰安婦問題に関する十分な情報があったにもかかわらず、女性に対する性暴力や強姦が全く起訴されなかった瑕疵を正すためのものだった。

しかし、加害者処罰は慰安婦問題解決のための連帯活動において、日本の女性たちと他国の女性たちとの間で意見の違いが最も際立った部分でもあった（松井　二〇〇三）。日本では戦争の究極の責任者である天皇が戦争責任を負ったことはなく、これを論ずること自体がタブー視されてきた。そのため、一九九三年に韓国の被害者たちが責任者を起訴するために東京を訪れた際、日本の女性たちは支援を躊躇した。日本の市民社会は責任者の処罰追及よりも賠償や謝罪を引き出すことにより重点を置いていた。しかし、重大な人権侵害が止まらず現代まで続いている理由は、性暴力への不処罰が原因であるという認識が次第に共有され、日本の支援団体も不処罰と再発の連鎖を断ち切る必要性に共感するようになった。

女性国際戦犯法廷は、二年半の準備の後、二〇〇〇年一二月、東京で開かれた。アジアの国々とオランダ等、九ヶ国から合計で六四人の被害者が原告として参加して、慰安婦被害事実を証言した。そして天皇をはじめとした日本軍の責任者たちが起訴された。この女性国際戦犯法廷には、九〇年代の初めに旧ユーゴおよびルワンダ内戦を裁いた国際刑事法廷で活躍した国際法や戦時暴力の専門家および裁判官たちが参加して、三日間にわたって裁判を行った。この裁判の過程を通して、アジア各国の被害者たちが受けたさまざまな被害状況が明らかになり、法廷はこういった証言を被害事実として認め、国際法によって起訴された責任者に有罪判決を下した。法廷の判決は、サバイバーの証言がパブリックな空間で認められ、責任者たちに有罪判決が下されたことで、サバイバーたちの名誉回復に大きく貢献したと言える（Chinkin 2001）。

東京女性国際戦犯法廷の判決は強制力を持たない民衆法廷（people's court）である。しかし民衆法廷は、国家が人権侵害の加害者であり、法廷に立たせられない場合、市民の力で不正義を裁くという象徴的な意味を持つ。加害者に対する不処罰が重大な人権侵害を断絶できない理由であるとの認識のもと、実際の裁判と同じ裁判過程と法理を適用して判決を下す。加害者の処罰は正義を実現する手段でもあるが、被害者の人権回復や真実を明らかにするためにも加害事実を確認し、これを裁判することが必要であると認識したからである。事実の認定、謝罪、賠償、真相究明、歴史教育、追悼事業、責任者の処罰といった韓国の挺身隊問題対策協議会およびアジアの支援団体が提示した解決条件は、そのような人権規範の蓄積に基づいた要求であった。東京女性国際戦犯法廷の判決は国際法の新たな理論を大幅に受容した画期的な判決で、国際法におけるジェンダー視点の確立に大きく寄与した。ところが、日本政府は裁判の招請に応じず、判決も無視した。ＮＨＫによる法廷の放送も政治関与により大きく歪曲されてしまった（Yoneyama 2016）。

二〇〇〇年以降も「アジア連帯会議」は国際連帯の中心的な役割を果たしており、アジア市民の名のもとで日本政府に解決策を持続的に要求した。グローバル世論が日本政府の問題解決を要求する一方、日本の国内では慰安婦問題に対する否認と政治家の暴言が、二〇一二年以降さらに加速された。日本の右翼政治家たちは、今まで日本政府が認めた河野談話さえも否定し、慰安婦問題を冒涜し続けた。それに危機感を覚えた市民たちは、二〇一四年にあえて東京で第十二回アジア連帯会議を開催し、慰安婦問題の解決のために具体的な提案を提示した。

連帯会議の参加者たちは、「被害者が望む解決において重要な要素になる謝罪は、誰がどのように加害行為を行ったかを加害国が正確に認識して責任を認め、これを曖昧にせず明確な表現で国内でも国際的にも表明して、そういった謝罪が真摯なものだと信じられる後続処置が伴う場合に、はじめてきちんとした謝罪として被害者たちは受け入れられる」ということに合意して、日本政府に次のような事実と責任認定および解決策を要求した。

日本軍「慰安婦」問題解決のために日本政府は

❶ 次のような事実とその責任を認めること

1. 日本政府および軍が軍の施設として「慰安所」を立案・設置し管理・統制したこと
2. 女性たちが本人たちの意に反して、「慰安婦・性奴隷」にされ、「慰安所」等において強制的な状況の下におかれたこと
3. 日本軍の性暴力に遭った植民地、占領地、日本の女性たちの被害にはそれぞれに異なる態様があり、かつ被害が甚大であったこと、そして現在もその被害が続いているということ
4. 当時の様々な国内法・国際法に違反する重大な人権侵害であったこと

❷ 次のような被害回復措置をとること

1. 翻すことのできない明確で公式な方法で謝罪すること
2. 謝罪の証として被害者に賠償すること
3. 真相究明
日本政府保有資料の全面公開
国内外でのさらなる資料調査

第 12 回アジア連帯会議（東京、梁澄子提供）

・国内外の被害者および関係者へのヒヤリング

4．再発防止措置

　義務教育課程の教科書への記述を含む学校教育・社会教育の実施

　追悼事業の実施

　誤った歴史認識に基づく公人の発言の禁止、および同様の発言への明確で公式な反駁等

「アジア連帯会議」はこの要求とともに、河野談話以降新たに発見された慰安婦関連の数百件の歴史資料を日本政府に提出した。しかし、日本政府はむしろ、第十二回「アジア連帯会議」が日本政府に対して要求した「覆すことのできない明確で公式な」謝罪の文言を逆利用して、二〇一五年の日韓外相会談での慰安婦問題の合意をもって、「最終的、不可逆的」な解決と宣言したのである。

4　国際的な承認の拡大

慰安婦問題はグローバル市民社会においてのみならず、国連機関および非当事者国の議会の決議案を通して、グローバルな女性人権問題として国際的な承認を得てきた。その代表的な例が、国連の人権機構が日本に対して繰り返し行った勧告である。

慰安婦問題には、個々のサバイバーたちの勇気ある告白に対し、グローバル社会が応答し既存の人権規範を改め、それを受けて被害者が自分たちの被害経験を再解釈して普遍化していくという相互作用があった。つまり、普遍的人権問題として新たに「発見」されたのである。前節で述べたように、戦争中の女性に対する性暴力問題は、一九九〇年代以降、トランスナショナルな人権ネットワークが最も活発に活動した領域であり、慰安婦問題のためのグローバル市民ネットワークの三十年にわたる活動は、慰安婦問題に対するグローバル社会の認識を形成するのに決定的な役割を果たした。

ただし、一九九〇年代の脱冷戦期の国連機構や人権規範に対するトランスナショナルな人権ネットワークの国際的な役割には限界があった。とりわけ、国連や国際法は、日本のようないわゆる先進国の加害責任を認めさせるほどの強制力や規範的正当性を持てなかった。また、「普遍的女性人権」概念は、女性の権利が保証されているはずの北の「先進国」の道徳的な優越性を正当化することで、植民地時代から続く北の「先進国」がもたらしたグローバルな不平等構造が、南の貧しい国の女性たちの人権を脅かしていることを隠ぺいすると指摘された（Grewal 1999、本山　二〇一九）。

しかし、慰安婦問題が「普遍的女性人権」問題とみなされるようになるにつれ、日本政府の慰安婦問題への責任否定は、女性の人権保護という「先進国」にとって共有すべき道徳的な優越性を担保する規範を否定するものと受け止められる。アメリカ、カナダ、ＥＵでは国内のアジア系市民から自国政府に普遍的人権保護への「意思表明」をするよう働きかける動きも始まった[14]（韓国挺身隊問題対策協議会二〇年史編纂委員会　二〇一四）。その結果、二〇〇七年には、韓国、台湾のような被害国以外にも、カナダ、アメリカおよびＥＵ議会等で慰安婦問題の解決を促す決議案が採択されるようになった。国連の各条約委員会も、二〇〇〇年代から、日本政府の審査でより一層強力な勧告を打ち出すようになった。

日本は一九八五年に女性差別撤廃条約に加入して締約国になり、これにしたがって、締約国の義務である条約履行に対しての長期報告書を提出して審査を受けてきた。女性差別撤廃条約以外にも人種差別撤廃条約、自由権規約、社会権規約、拷問等禁止条約、児童の権利に関する条約、障害者権利条約、強制失踪防止条約を批准した。慰安婦問題が台頭してから、アジアの女性団体はこれらの人権条約委員会に慰安婦問題を改進した。各条約委員会は日本に対する審査報告書で慰安婦問題に関連した勧告を含めてきた。これに対して日本政府は、慰安婦問題は条約が批准される前に発生した事件なので条約委員会の審査対象に当たらないという立場をとり、その立場に立った答弁を繰り返してきた。

この中でも女性差別撤廃委員会は日本および韓国の団体が最も集中的に活動した委員会で、一九九四年一月の日本に対する第二回、三回統合審査の所見で国際条約委員会の中で真っ先に慰安婦問題に言及した。この女性差別撤廃委員会の勧告内容の変遷を見ると、慰安婦問題が国際社会で承認を得ていく過程が見えてくる[15]。

一九九四年、女性差別撤廃委員会の第二回、三回日本審査委員会が開かれたのは、慰安婦問題が初めて国際社会に知られるようになり大きな反響を呼んだ時だった。日本国内では韓国の被害者による裁判が進行していた。委員会は対政府質問で慰安婦問題について質問し、当時、日本国内で進行中であった慰安婦被害者の訴訟当事者以外にもすべてのサバイバー個々に包括的な賠償（overall compensation）をするよう勧告した。また賠償と被害者たちを記憶する事業を行う財団を設立することを勧告した。

日本政府はこれに対しての答弁で、慰安婦問題に対する政府調査を実施・公表（一九九一年に始めて、一九九三年結果発表）し被害者たちに謝罪した点（河野談話）と、サバイバーたちに対する謝罪の心（remorse）を表現する最善の方法を検討中であることを報告した。この時は慰安婦問題が「女性に対する暴力」という大きな項目内で、日本国内の他の女性に対する暴力問題とともに言及されていた。日本政府の審査を終えて発表した委員会の要約報告書（Summary Report）は、慰安婦を、強制的に動員された女性たち（forcibly recruited comfort women）と表現している。[16]

一九九八年八月に提出された日本政府の第四回実行報告書では、一九九五年に設立された「女性のためのアジア平和国民基金（アジア女性基金）」とその事業内容について報告している。[17]「アジア女性基金」を通じて慰安婦被害者に対して可能な限りの最大の支援を行っていると述べて、慰安婦問題に対する対策を七つの項目に分けて具体的に報告した。[18] この時、日本政府は道徳的責任論を公式に主張（fulfilling moral responsibility）した。その後、「アジア女性基金」を通じて慰安婦問題を解決したという立場を固持し、法的責任を一貫して否認する。

二〇〇三年の第四回、五回統合審査で、日本政府は「アジア女性基金」の活動をさらに強調していく中、高校の教科書に慰安婦問題を記述したと報告した。この時はこれまで以上に日本から多くのＮＧＯがロビー活動を行ったが、同時に日本政府も委員会の委員たちに個別に接触し慰安婦問題を取り扱わないように説得していた（Shin 2011）。これに対して、女性差別撤廃委員会は、「アジア女性基金」は被害者に対しての救済策としては不十分で、「持続性のある解決策」（a lasting solution for the matter of "wartime comfort women"）を提示するよう勧告する。すでに一九九六年のクマラスワミ報告書および一九九八年のマクドゥーガル報告書、そしてマクドゥーガルの二次報告書まで提出されている状況で、一九九〇年代末には慰安婦問題が深刻な戦時性暴力で性奴隷に値するとの見解が国際的な認識として定着していた。国連の人権機構は、そのような認識のもと、官民財団である「アジア女性基金」の事業は慰安婦被害のような重大な人権侵害に対しては十分な補償措置だとは見なさなかった。

二〇〇九年の第六回統合審査は、日本国内で右翼勢力による慰安婦問題を否認する動きが次第に強まっていく中で行われた。高校の教科書の慰安婦に関する記述が縮小および削除され始めたため、教科書問題が重要な関心事として浮かび上がった。慰安婦問題に対しての右翼勢力の否認がグローバルイシューとして注目を集めて、日本に慰安婦問題解決を促すアメリカの下院決議案通過をはじめとして、国際社会の日本政府に対する圧力も大きくなっていった。これを反映したように、この時から女性差別撤廃委員会では慰安婦問題を「女性に対する暴力」項目の小項目として扱った以前の勧告と異なり、別途の独立した大主題として分離して勧告内容も非常に具体化した。第六回審査の所見を見ると、慰安婦問題は明白な犯罪（crime）として称されており、女性団体が続けて主張してきた賠償を勧告している[19]。

しかし、二〇一四年九月二五日に日本政府が提出した第七回、八回報告書でも、慰安婦問題は相変わらず「アジア女性基金」で解決済みだという立場を繰り返している。二〇一〇年代の日本政府のこういった立場は、国際人権機構の認識とは次第にかけ離れていった。さらに、第二次安倍政権以降、内閣官僚たちが慰安婦問題を否認する歴史修正主義的な発言を続けると、女性差別撤廃委員会だけでなく、他の条約委員会もさらに強力で具体的な内容で勧告文を提出しはじめた。

このようにグローバル世論や国連人権機構は慰安婦問題が重大な人権侵害であり、これを解決するために日本政府に非常に具体的で強い論調の勧告案を提示してきた。すなわち、日韓外相合意に至る直前まで、国連をはじめとしたグローバル社会ではすでに慰安婦問題の解決に対するコンセンサスが形成され、日本政府は「アジア女性基金」を超える解決策を提出しなければならない立場にあったと言える。

しかし、この過程で日本政府は一貫して慰安婦問題が人権条約採決以前の過去の歴史であることを強調しつつ、グローバルな女性人権規範と慰安婦問題のつながりを否定した。そして日本政府の立場を受け入れないグローバル世論を転換すべく働きかけを強めていく。このような動きは、日韓外相合意の内容に平和碑の撤去と日韓政府は国際社会で相互に非難することを中止するように要求したことにも現れている[20]。しかし、女性差別撤廃条約委員会は、二〇一五年の外相合意直後の二〇一六年の春にも、日本政府に対して慰安婦問題の解決と賠償措置を求める勧告を出した。これに日本政府の官僚は、質疑応答で「強制連行は朝日新聞の捏造」、「慰安婦の数値の裏付けはない」、「性奴隷の表現は事実に反する」など、歴史修正主義者たちの主張をそのまま日本政府の見解として応答し、これまで以上に強く抗議した[21]。

慰安婦関連資料をユネスコ記憶遺産に登録しようとする韓国を中心とする国際市民団体の動きに対しても、日本政府はユネスコへの負担金支給停止を武器に反対している。それでも、二〇一八年一一月一九日の強制失踪委員会の日本審査報告書でも、慰安婦問題に対する勧告案は外されなかった。二〇一五年を最後に、永久解決を宣言した日本政府の主張とは異なり、国際人権機構はこの問題をいまだに解決されたと見なしていないのである。

5　グローカル化する「慰安婦」問題の記憶

慰安婦問題はサバイバーを支援する女性団体と日本政府を対決の軸として展開されてきたが、多くのサバイバーたちが亡くなったことによって、運動の中心が「解決」から「記憶」に移りつつある。重大な人権侵害の再発防止のために最も重要なのが次世代の教育を通じて記憶していくことであるならば、記念碑や博物館は教育や記憶のための核心的な役割を果たす。慰安婦問題の運動がこういった新たな局面に広がったきっかけは、少女像と呼ばれる平和碑を設置したことからだと思われる。

水曜デモ一〇〇〇回を契機にソウルの日本大使館の向かい側に設置された平和碑は、慰安婦をめぐる「記憶のポリティクス」を生み出したという意味で画期的であり、まさに記念碑的出来事であった。平和碑は水曜デモ一〇〇〇回という象徴的な数字とともに一躍世界世論の大きな関心を集めた。さらに慰安婦問題は過去の歴史だとして身近に感じ得なかった若い世代に、平和碑は女性への性暴力問題として具体的に想像するビジョンを与え、若い世代の関心と参加を引き出す役割を果たした。やがて慰安婦サバイバーたちが世を去った後も、平和碑はその場に残り、見る人の記憶を蘇らせ続ける。市民たちは、歴史的不正義に対する自身の感情を投影できる平和碑という対象が得られたのである。

このような動きに危機感を覚えた安倍政権は少女像撤去を度々強圧的に要求して、世界を驚かせた。しかし、こういった政治的局面がかえって韓国の市民たちの危機感を高め、慰安婦問題に対する関心や平和碑を守る運動、または建立運動が拡がるきっかけになった（岡本・金 二〇一六）。韓国の大学生たちは全国大学生連合サークル「平和の蝶」を作り、積極的に慰安婦問題を広めるための活動を展開している。全国各地で今まで数十体の平和碑が設置されたほか、机の上に置ける小さな少女像をはじめとして、大小の平和碑が各地で製作された。これを通じて慰安婦問題は、市民が日常的に意識する現代的なテーマとして拡散された。さらに平和碑は慰安婦問題が、「水曜デモ」という時間と地域の制約を超越して無限に拡大すると同時に地域化していくことを可能にした。平和碑はこれを見る各個人が慰安婦問題を記憶する媒体になり、世界各国の韓国人たちを中心に海外でも記念碑建設運動が広がっていった。大きさも形態もさまざまな、地域や設立者によって地域化された記念碑が建立されている。

そもそも慰安婦記念碑は韓国より先に、沖縄の宮古島とアメリカのニュージャージー州に建てられた。アメリカの慰安婦運動は、二〇〇七年に下院で慰安婦問題解決を促す決議案を通過させた後、記念碑を設立することに注力していった。その一番目が韓国系アメリカ人団体であるニューヨーク有権者センターが地方自治体に建議して二〇一〇年にニュージャージーのパリセイズ・パーク（Palisades Park）に立てた慰安婦記念碑である[22]。その後二〇一七年までに一一ヶ所で記念碑を建てる地域運動が行われ、韓国に次いで多くの記念碑が設置されている[23]（McCarthy and Hasunuma 2018）。サンフランシスコのように韓国系住民がアジア系住民の多数ではない地域でも、中国系、日系、在日、フィリピン系等、アジア系住民たちが力を合わせ、日本政府や右翼団体の執拗な反対運動を退け、独自の記念碑設置を貫徹したケースもある。またグレンデールで、過去の歴史的悲劇を体験したことがあるアルメニア系住民たちの協力と理解が得られたことは特筆に値する（小山　二〇一六）。

韓国系住民にとってアメリカにおける慰安婦問題をめぐる運動は、アメリカ社会で韓国系住民たちの政治的な立ち位置を確立させ、公に故国の歴史について承認を受けるディアスポラ政治の意味を持つ。アメリカでの慰安婦運動は、アメリカで侵害することができない重要な価値として認識される普遍的な人権問題と慰安婦問題を結びつけて提起することで、理解が広がった。カリフォルニアではさらに一歩進んで、二〇一九年の秋から教科書に慰安婦問題が記載され、学校で教えることになったのも、こういった運動の結果でもある。

（上）ニュージャージー州ポートリ憲法公園（Linda Hasunuma 提供）
（左）米国バージニア州フェアファクスカウンティの慰安婦記念平和ガーデン（Mary McCarthy 提供）

他にも、ドイツ、カナダ、オーストラリア、中国、台湾の各地域で慰安婦記念碑を設置したり、設置しようとする動きがある。記念碑が立てられたところでは、慰安婦問題を日韓の歴史問題ではなく、女性人権と世界歴史教育の問題として地域自治体と住民の承認を得ていく過程があった。

こうした世界各地の慰安婦記念碑は、写真で見られるように、蝶の姿や様々な女性の姿などをしている。これは、慰安婦問題についての記憶が世界各地で地域化された結果である（ソウルの平和碑が「少女」の姿であることについては、慰安婦問題を特定イメージに固定するものだという懸念がないわけではない）。戦時性暴力というつながりで、韓国の国内ではベトナム戦争中に韓国軍が起こした性暴力に関する反省を表す記念碑も建てられた。

「普遍的な人権」や「慰安婦問題」は、そのいかなるものもそれ自体として地域性や時間性を超越する単一な意味を持つものではない。世界各地の市民たちは、各自の歴史や具体的な経験の中で慰安婦問題に共鳴して、その意味を再思惟していく。韓国の若者世代だけでなく、慰安婦問題に接した海外の韓国系三世、四世、日本の在日韓国人の若い世代、アジアや世界の若い世代も自分の立場で慰安婦問題に接し、自分なりのかたちで問題を共有している。時にはサークル活動で、時にはデモで、さらに多くの場合は、芸術や文化活動でサバイバーへの苦しみと勇気への共感を投影している。慰安婦問題は、記憶する主体、記憶する方法、その記憶の内容のすべてが無限の可能性に向かって開かれているのである。

終わりに　グローバル #MeToo 時代に再考する慰安婦問題

二〇一七年末から世界の女性たちが日常的に蔓延していた性暴力を告発する #MeToo 運動が広がっ

た。その文脈の中で、慰安婦問題とサバイバーたちが再注目された。第二次大戦の終結後数十年間、慰安婦問題を歪曲し、サバイバーたちを沈黙させてきた家父長的な社会構造は、#MeToo運動を通じて再び明らかになった。女性の性に対する歪曲された認識や被害者非難、そして、性を権力行使の道具として使用する我々社会のジェンダー化された権力構造とまさに同一である。慰安婦サバイバーたちこそ最初の#MeToo運動家であったと評されるのは決して偶然ではない。慰安婦サバイバーたちの人生や闘争は、MeTooを叫ぶ二一世紀のサバイバーたちに勇気と連帯を与えてくれた。(24)

慰安婦問題は、ある一国の政府が「終結」を宣言できる問題ではない。慰安婦問題は一九九〇年代の女性人権の世界史的な発展とともに、当初から国際的なイシューとして浮き彫りにされながら、彼らを支援するアジア女性たちの連帯によってグローバル化された。今やサバイバーたちは世を去って、彼らを数十年間支援してきた市民たちは記憶と教育のために、さらなる運動の旅路を歩き始めている。こういった努力にはユネスコ人類記憶遺産制定のための国際連帯や、次世代への教育活動、(25)韓国で遅ればせながら発足した政府支援の研究所等が含まれる。しかし、それ以上に意味のあるのは、世界市民たちが自分たちの地域で繰り広げている創造的でグローカル化された記憶や教育活動である。慰安婦問題はそういった自発的な地域活動の世界的な拡散により、次の世代に創造的に継承されるであろう。

〈註〉

1　本稿は『思想』（第一一五二号・二〇二〇年四月号）に出版されたものを転載した。また、本稿の要約は同様のタイトルの韓国語のウェブ記事（http://www.kyeol.kr/node/156, 157（二〇一九年三月一九日掲載）として出版された。

2　先行研究では、「慰安婦」は女性の性を軍人の慰安の道具として見なす視点に基づく用語であるため「」をつけて使用している。筆者もその視点に立っているが、本論文ではすでに固有名詞として使用されている慣行に従って「」なしで使う。

3　二〇一五年の政府間「合意」の評価については筆者の論文も含めて賛否両論の論考が多数出版された。サバイバーの視点に立った反論としては、中野敏男他編（二〇一七）が代表的である。

4　例えば、文化庁は、二〇一九年の夏に、平和碑などが展示されていたあいちトリエンナーレの「表現の不自由展」をめぐる主催側の対称を理由に、補助金全額の不交付を決めた。https://www.bunka.go.jp/koho_hodo_oshirase/hodohappyo/1421672.html（二〇二〇年一月五日検索）。

5　〈慰安所分布地図〉は、二〇〇〇年に日本で開催された女性国際戦犯法廷の為に初めて作成されたもので、初版は当時までに知られていた慰安所の位置を地図に表示したものであった。以後、インドネシア、中国で得られた新たな証言と、日本研究チームによる第三次国会図書館調査の結果を反映して、ｗａｍ（アクティブ・ミュージアム：女たちの戦争と平和資料館）で一〇年にわたり更新され、二〇一九年一二月に公開されたものである。https://wam-peace.org/ianjo/（二〇一九年一二月一二日検索）。

6　各地域の慰安婦についての詳しい情報と根拠は、Fight for Justice のオンライン資料館にも要約されている。Fight for Justice は、日本の戦争責任資料センター、「戦争と女性への暴力」リサーチ・アクションセンター（VAWW RAC／VAWW-NET ジャパンの後続団体）が中心となり二〇一三年八月立ち上げた。「慰安婦」問題に特化した資料や情報を掲載している。http://fightforjustice.info（二〇一九年一二月一九日検索）。

7　植民地からの組織的な動員と戦場の戦争性暴力はそれぞれ異なる性質を持つこと、被害は民族、階級、ジェンダー、年齢、出身地などによって複雑に構成されることには十分な注意を払う必要がある。

8 日本の市民団体は独自に一九九二年二月に人権委員会、そして五月には現代型奴隷制実務会議に強制連行労働者問題と慰安婦問題を提議した。

9 バンチが提唱したもので、その後国連などに大きな影響を与えるようになる。フェミニストの中ではこの考え方が「普遍的」人権を強調するがローカルの女性たちに役立つものとして機能してこなかったと批判もある。

10 規定については、外務省ウェブサイトを参照。https://www.mofa.go.jp/mofaj/gaiko/treaty/treaty166_1.html（二〇二〇年一月五日検索）。

11 全文は、外務省のＨＰを参照。https://www.mofa.go.jp/mofaj/area/taisen/kono.html（二〇二〇年一月一〇日検索）。

12 サバイバーの全員が基金を拒否したわけではない。様々な理由で基金からの支援を受け取ったサバイバーも多くいた（土野　二〇一六）。

13 日韓女性たちの連帯活動のもっとも大きな成果は一九九八年四月二七日に判決が下された下関裁判である。これまで日本国内で日本政府の法的責任を認めた唯一の裁判である。この裁判過程で日本市民は釜山と下関を行き来しながら裁判を支援した。筆者インタビュー（二〇一六年四月）。

14 アメリカでは、九〇年代半ばから決議案採択の運動が始まり、一九九七年から類似の決議案が七回も失敗した末、二〇〇七年に実現された。サバイバーたちが世界を回りながら証言を行い慰安婦問題の実態を知らせる活動を行なった結果とも言える。

15 条約委員会の国家別審査はまず審査対象国が報告書を提出して、委員会がこれを検討した後、提出された報告書に対する質問を審査対象の政府に送る。該当政府はこれを検討して答弁書をもう一度提出する。これをもとに本審査は、政府関係者が参席して行われ、提出された報告書と意見を総合して委員会が最終意見を出すことになる。

16 CEDAW/C/SR.248（1994/03/10）p.14.（二〇一六年六月五日検索）

17 正式名称は「財団法人女性のためのアジア平和国民基金」。日本では「国民基金」と呼ばれる。基金は「戦争の時代に慰安婦とされた人々に対する国民的な償いの事業をおこなう」ために日本政府が一九九五年七月に設立し一部国で償い事業を行い、二〇〇七年に正式に活動を終了した。基金のＨＰは「デジタル記念館　慰安婦問題とアジア助成基金」に名称変更し、慰安婦問題に関する資料と基金の活動の記録を公開している。基金に関する評価は様々だが、ここでは省略する。http://www.awf.or.jp（二〇一九年一二月一九日検索）。

18 CEDAW/C/JPN/4（1998/08/28）pp. 16-17.（二〇一六年六月五日検索）

19 CEDAW/C/JPN/CO/6（2009/08/07）, p.8.（二〇一六年六月五日検索）

20 日韓合意検証報告書。二〇一六年一二月に韓国で発表された。

21 女子差別撤廃条約第七回及び第八回政府報告審査（二〇一六年二月一六日、ジュネーブ、質疑応答部分の杉山外務審議官発言概要）https://www.mofa.go.jp/mofaj/a_o/rp/page24_000733.html（二〇二〇年一月五日検索）。

22 これらは銅像の形ではない。パリセイズ・パークの記念碑は二〇一二年に自民党所属の衆議院四名が訪ね慰安婦は民間業者が運営したと主張したり、在ニューヨーク日本国総領事が撤回を求めて断れたりした。

23 そのうち八ヶ所は公有地に記念碑を設置することに成功し、残り三ヶ所は日系住民の反対に遭って建設を諦めたり、私有地に立てることを余儀なくされた。

24　例えば、日本の #MeToo 運動のシンボル的な存在である伊藤詩織（フリージャーナリスト）は、二〇一八年、韓国を訪問して慰安婦サバイバーたちと面会した。

25　慰安婦問題に関わってきた研究者や支援者たちがデジタル・ミュージアムを開設したり、日韓の若者の交流と記憶継承事業を目的とする「キボタネ」がその事例である。https://www.kibotane.org/about-us（二〇一九年一二月一七日検索）。

〈参考文献〉

岡本有佳・金富子責任編集『〈平和の少女像〉はなぜ座り続けるのか』（増補改訂版、世織書房、二〇一六年）

大森典子・川田文子『「慰安婦」問題がとうてきたこと』（岩波ブックレット七七八、岩波書店、二〇一〇年）

小山エミ「アメリカ「慰安婦」碑設置への攻撃」（山口智美他著『海を渡る「慰安婦」問題―右派の「歴史戦」を問う』岩波書店、二〇一六年）

韓国挺身隊問題対策協議会編刊『日本軍慰安婦問題解決運動の過去と現在、そして未来』（一九九九年）〔韓国語〕

韓国挺身隊問題対策協議会二〇年史編纂委員会編刊『韓国挺身隊問題対策協議会20年史』（ハンウルアカデミー、二〇一四年）〔韓国語〕

申琪榮「グローバル視点からみた「慰安婦」問題：韓日関係の二者的枠組みを超えて」（『日本批評』一五・二〇一六年、二五〇～二七九頁）〔韓国語論文〕

土野瑞穂「被害女性たちの生きから見た「慰安婦」問題―「女性のためのアジア平和国民基金」を軸に」（『平

和研究』第四七号・二〇一六年、八七～一〇三頁）
戸塚悦朗「和解の条件：真実とプロセス」（志水紀代子・山下英愛編『シンポジウム記録「慰安婦」問題の解決に向けて―開かれた議論のために』白澤社、二〇一二年）
鄭鎭星『日本軍性奴隷制』（ソウル大学出版部・二〇〇四年）〔韓国語〕
松井やより「戦争と女性への暴力」（『愛と怒り 戦う勇気―女性ジャーナリストいのちの記録』岩波書店、二〇〇三年）
本山央子「武力紛争化の〈女性〉とは誰か―女性・平和・安全保障アジェンダにおける主体の生産と主権権力」（『ジェンダー研究』二二号・二〇一九年、二七～四六頁）
中野敏男他編『「慰安婦」問題と未来への責任―日韓「合意」に抗して』（大月書店、二〇一七年）
吉見義明『従軍慰安婦』（岩波書店・新書、一九九五年）
吉見義明『日本軍「慰安婦」制度とは何か』（岩波ブックレット七八四、岩波書店、二〇一〇年）

Bunch, Charlotte, 1990, "*Women's rights as human rights: toward a re-vision of human rights.*" Human Rights Quarterly 12: 486–498.
Chappell, Louise, 2015, "*The Politics of Gender Justice at the International Criminal Court: Legacies and Legitimacy*", Oxford University Press.
Chinkin, Christine M., 2001, "*Women's International Tribunal on Japanese Military Sexual Slavery*", American Journal of International Law 95(2): 335-341.
Grewal, Inderpal, 1999, "'*Women's rights as human rights': feminist practices, global feminism and human rights regimes in*

transnationality." Citizenship Studies 3: 337–354.

McCarthy, Mary M. and Linda Hasunuma, 2018, *"Coalition Building and Mobilization: Case Studies of the Comfort Women Memorials in the United States,"* Politics, Groups, and Identities 6(3): 411-434.

Seo, Awki, 2018, *"Toward Postcolonial Feminist Subjectivity: Korean Women's Redress Movement for "Comfort Women,"* in Julia C. Bullock, Ayako Kano, and James Welker eds. Rethinking Japanese Feminisms, University of Hawaii Press.

Shin, Heisoo, 2011, *"Seeking Justice, Honor and Dignity: Movement for the Victims of Japanese Military Sexual Slavery"*, in Martin Albrow and Hakan Seckinelqin, eds., Global Civil Society 2011: Globality and the Absence of Justice, Palgrave Macmillan, pp. 14-29.

Yoneyama, Lisa, 2016, *"Cold War Ruins: Transpacific Critique of American Justice and Japanese War Crimes"*, Duke University Press.

▽第３章
日本軍「慰安婦」問題をめぐる「歴史戦」とグレンデール市の「平和の少女像」

李芝英

はじめに

日本軍「慰安婦」（以下、「慰安婦」）問題が社会的イッシューになって二五年以上が経過した現在、この問題は韓日両国の歴史問題の次元を越え、二度と繰り返してはならない戦時下の女性に対する暴力の問題、女性人権の問題として、国際社会の普遍的イッシューの一つに位置づけられることになった。(1)

しかし、こういった基調とは異なり、日本国内では第四次に及ぶ安倍内閣の長期政権下で、歴史修正主義の登場や強化、日本社会の保守右傾化が進行するなか、「慰安婦」問題は、「性奴隷制」よりは「商行為」、「法的責任」よりは「道義的責任」、「戦争犯罪」よりは「戦場の性」として主張され、認識されるようになった。(2)

今や日本では「慰安婦」問題について性奴隷制や法的責任、戦争犯罪を論ずれば、日本の名誉を毀損して国益を阻害する「反日」あるいは「売国」、さらには「共産主義者」とのレッテル張りが横行する事態となり、右派の格好の攻撃の対象となっている。日本の右派の「慰安婦」否定論は、二〇一四年の「慰安婦」問題に関する朝日新聞の誤報事件、二〇一五年の韓日「慰安婦」合意とその後の破局を経て、一段と勢いを増し、ついには日本国内の言説闘争において優位を占める状況下にある。

日本の右派の次なる目標は、日本国内に留まらず、国際社会の「慰安婦」問題に対する歪曲された認識を改めることにある。そして、戦後七〇年以上にわたり、失われた日本の正しい歴史を取り戻すという、いわゆる「歴史戦」に勝利することである。したがって、「歴史戦」の主戦場は、一九九八年に「慰安婦」を性奴隷、慰安所を「強姦所」と規定し、日本政府に法的責任の受け入れと被害補償等、六つの項目の勧告を提示した「クマラスワミ報告書」[3]を採択した国連人権委員会と、二〇〇七年に「慰安婦」問題を二〇世紀最大の人身売買として規定し、日本政府にその解決を促す決議案を採択したアメリカである。

主戦場のアメリカで日本右派の最初の「歴史戦」が戦われたのが、カリフォルニア州の小さな都市、グレンデールである。世界で初めて議会で「慰安婦」決議案を採択したアメリカの各地では、この決議案を形骸化しないための努力の一貫として、「慰安婦キリム碑」（以下、キリム碑）[4]が建てられている。二〇一〇年一〇月二三日、アメリカ東部のニュージャージー州のパリセイズ・パークの公共図書館の敷地に最初のキリム碑が建立されてから現在にいたるまで、一三ヶ所に様々なキリム碑が建てられた。

グレンデール市は二〇一三年にアメリカで四番目のキリム碑が建立された所である。ならば、どうしてこのグレンデール市が「歴史戦」の最初の戦場になったのだろうか。グレンデール市のキリム碑は海外では初めて設置された平和の少女像（以下、少女像）だからである。日本政府が韓日「慰安婦」合意に少女像撤去を条件に提示するほど、日本政府をはじめとして右派は、少女像に強い拒否感を抱いており、少女像が拡散され、「慰安婦」表象の公共性を獲得することを警戒しているのである。(5)

日本の右派はグレンデール市に少女像が建立されるや否や撤去を求める訴訟を起こす行動に出て、この訴訟を日本国の名誉を回復させるための闘争として正当化した。日本国内の右派と在米日系人の「新一世」(6)が連帯し、右派マスコミの産経新聞社が広報して訴訟費用の募金や世論の支持を訴える一方、異例に日本政府までもが全面に介入したこのグレンデール訴訟は、原告の敗訴に終わった。(7)

本稿は、グレンデール市の少女像建立とその後の撤去訴訟の過程を分析することで、「慰安婦」問題の国際化に見られる日本の右派の「歴史戦」の一端を明らかにするものである。キリム碑が韓国を越え、アメリカだけでなく、カナダ、オーストラリア、ドイツ、中国、台湾、香港、フィリピン等でも建立され、最近ではキリム碑に関する研究が活発に行われている。

金富子《キムプジャ》は、少女像や少女イメージをめぐり展開された韓日の女性研究者や韓日社会の政治をナショナリズムと植民主義の視角から分析した。(8)尹ジファンは、アメリカのキリム碑を事例に、「慰安婦」記憶のトランスナショナルな移動とアメリカ内での「慰安婦」記憶の移植が、アメリカ内の韓国系移民者集団の役割や民族を越えた連帯にどう介入したのかを考察する一方、(9)少女像を通じて「慰安婦」記憶が景観として再現される際、抵抗の凝集力や道徳的共感の輪が如何にして形成されたかを説明した。(10)金ドンヨプはフィリピンの「慰安婦」銅像を中心に、地域ごとに異なって表象される「慰安婦」記憶に込められた地域性を論じている。(11)文ギョンヒは、オーストラリアの少女像を事例に、道徳性と共感を基盤とした「コスモポリタン」記憶の政治やオーストラリアの韓国系住民たちのトランスナショナルな民族主義の多面性や複合性について分析した。(12)

しかし、こういった先行研究では、共通して日本に対する分析において限界性を指摘しなければならない。「慰安婦」問題が国際社会のイッシューとなり、キリム碑が拡散されながら、日本の右派は海外で「慰安婦」否定論とキリム碑建立反対運動を積極的に展開しているものの、それについての研究は多くない。本稿は、グレンデール市の少女像建立をめぐる推進運動だけでなく、日本の右派の主張と反対運動を綿密に分析することで、先行研究を補いたい。

本稿は、文献考証とインタビューの方法を用いて論述した。インタビューは、二〇一九年七月八日から一一日まで実施した。インタビューイの対象者は、少女像建立当時のグレンデール市長、クィンテロ（Frank Quintero）議員、李チャンヨプ・グレンデール市都市計画委員会委員長、〈韓米連合会〉前事務局長の柳ウンギョン弁護士、金ヒョンジョン〈加州韓米フォーラム〉[13]共同代表である。グレンデール市を相手に少女像撤去訴訟を起こし、少女像建立反対運動を主導した目良浩一〈歴史の真実を求める世界連合会〉（GAHT）共同代表にインタビューを依頼したが、全く反応がなかった。しかし、最近、訴訟の過程や詳しい内容が盛り込まれた著書が出版され、本稿の訴訟部分は、氏の著書とグレンデール市の内部資料を土台に論じている。

1　日本の右派の日本軍「慰安婦」問題をめぐる「歴史戦」

朝日新聞の日本軍「慰安婦」誤報事件

日本の右派の「慰安婦」否定論が日本国内の言説闘争で成功を収め、日本の右派が世界に向けた「歴史戦」に踊り出た契機は、二〇一四年八月五日と六日に朝日新聞が、「慰安婦」問題に関する報道の検証特集〈「慰安婦」問題を考える〉を掲載したことである。[14]「女性を狩り出した」等の吉田清治の証言は「虚偽」であり、一九八〇年三月から一九九四年一月までの吉田清治関連の記事一六件を取り消すという内容である。[15]

これに対して、同年九月一一日、朝日新聞社の木村伊量社長が記者会見を開き、謝罪した。吉田清治は一九四二年から敗戦までの三年間、山口県労務報国会の動員部長を務め、朝鮮人の徴用に当たった人物である。彼は光州で男性労務者を動員し、済州島で女性を狩り出して慰安婦として連行したと証言したことがあり、彼の著書でも明らかにしている。[16]朝日新聞による誤報の認定と記事の訂正で、〈「慰安婦」強制連行〉、〈被害者二十万人〉説は、すべて朝日新聞が吉田清治の嘘の証言を土台に捏造したものであると、右派団体とマスコミは一斉に朝日新聞への批判や攻撃に乗り出した。

その中でも最も代表的なのが、産経新聞である。産経新聞は「慰安婦」問題に異義を提起して、「慰安婦」問題の真相究明に先駆的な役割を果たしてきたと自負している。[17]同社は、以来一貫して「慰安婦」否定論を再生産し、拡散させてきたが、二〇一四年四月から「歴史戦」を企画して連載を始めた。同連載から「慰安婦」問題の特集第一部から第六部までを再構成し、一〇月二〇日には、『「歴史戦」朝日新聞が世界にまいた「慰安婦」の嘘を討つ』を刊行した。

この著書で産経新聞は「歴史戦」と銘々したのは、『「慰安婦」問題は単なる歴史認識をめぐる見解の違いではなく、『戦い』」だからであり、この「歴史戦」に自ら積極的に立ち向かわなければならない理由を「濡れ衣を着せられた父祖の名誉と今を生きる私たち自身の利益のため、将来を担う子供たちや子々孫々の安寧のため」であると主張する。[18]そして、そこでは日本の本来の歴史を取り戻すための戦いに自発的に参加するよう促した、と結論づけている。それこそ「慰安婦」問題が日本の名誉、ひいては歴史を専有しているといっても過言ではない。

ここで注目しなければならないのは、「歴史戦」において新たな主体が登場し始めたことである。これらは主流の右派団体を母体としてさまざまな保守運動に参加してきたが、「慰安婦」の単一イッシューに集中するために組織され、主流の右派団体よりも若年層を積極的に動員しながら集会やデモ、訴訟等の活動を国内外で展開している。[19]

新右派団体と「愛国女性」の登場

主流の右派団体といえば、一九八四年に政策提言を目的に成立した〈日本政策研究センター〉、一九九六年末に組織された〈新しい歴史教科書を作る会〉（以下、〈作る会〉）、一九九七年五月に〈日本を守る国民会議〉と〈日本を守る会〉を統合して結成された〈日本会議〉を挙げることができる。これらの団体は歴史認識、「慰安婦」問題から夫婦別姓反対、ジェンダーフリー反対、女性天皇反対、愛国教育、改憲に至るまで、日本社会の保守的価値を堅持すると同時に拡散していくために保守運動を繰り広げてきた。[20]

そして、二〇〇〇年代には排外主義を基調とする団体が発足したが、二〇〇六年の〈在日の特権を許さない市民の会〉（以下、〈在特会〉）や、〈主権回復を目指す会〉等がそれである。排外主義とは距離を置く団体も設立されたが、保守系テレビ番組の製作プロダクション〈日本文化チャンネル桜〉の水島総代表理事が中心となった二〇一〇年の〈頑張れ日本！　全国行動委員会〉がある。排外的であろうが、そうでなかろうが、これらの団体の特徴は、自覚した国民たちが立ち上がる草の根運動を強調し、自らを愛国市民団体と規定する。

二〇一〇年代に入ってからは、こうした右派団体から派生する形で「慰安婦」問題に特化した団体が新たに組織され始めたのだが、これら諸団体が「歴史戦」に乗り出している。二〇一四年一月三〇日から二月二日にかけて開催されたフランスのアングレーム国際漫画フェスティバル（Festival international de la bande dessinée d'Angoulême）に韓国が「慰安婦」企画展「散ることのない花」に五〇点の作品を出展するようになったのをきっかけに、二〇一三年八月一四日に、藤井実彦氏を代表として作られたのが〈論破プロジェクト〉である。

〈論破プロジェクト〉は韓国に反発し、同フェスティバルに〈史実に基づいた正しい慰安婦漫画〉を出品するためにホームページで、特に若者たちに、（1）「いいね」を押したり、リツイートしてSNS上で論破プロジェクトの企画を拡散させること。（2）漫画やイラストを応募すること。（3）論文や記事を投稿して論破プロジェクトを支持すること。（4）ウェブ広告を購入したり、募金で論破プロジェクトを支援すること。（5）英語等の外国語翻訳作業にボランティアで協力することを訴えた[21]。〈論破プロジェクト〉はアングレームで「慰安婦」を否定する内容の展示をしたが、結局は中断された。以後、〈論破プロジェクト〉は、「慰安婦」問題に対応するための海外活動にさらに力を注いでいる。

二〇一三年七月二九日には「慰安婦」問題に対応する運動団体〈「慰安婦の真実」国民運動〉が発足した。〈「慰安婦の真実」国民運動〉は、団体加入が原則で、海外でキリム碑反対運動を展開することが主要目的である。外交評論家で、〈作る会〉顧問兼〈日本会議〉代表委員でもある加藤英明氏が新しい組織の代表を務めている[22]。

こうした新右派団体のなかで注目を集めているのが、女性団体の存在である。〈在特会〉が二〇〇九年に東京三鷹市で開催した集会〈慰安婦フェスティバル二〇〇九—虚構に満ちた慰安婦〉を契機に、〈日本女性の会そよ風〉（以下、〈そよ風〉）が結成されたが、「慰安婦」問題に対して女性が全面に立って活動する先駆となった。

〈そよ風〉はホームページで、そよ風の趣旨を次のように明らかにしている。「マスコミの偏向報道、教育の場での自虐史観授業等に日本の危機を感じています。もう男性だけには任せておけない！。日本を護る為に我たち女性は立ち上がります。先人達が命をかけて築きあげてきたこの素晴らしい国、日本を失わないために今、私達が頑張らないといけないのではないでしょうか。語るだけでは何も変わらない、私達は行動します。そよ風は日本を愛する女性の会です」[23]。〈そよ風〉は、女性が主体的に「慰安婦」問題で行動を起こしてこそ日本を護るのであり、頑張って立ち上がる女性こそが、「愛国女性」であると喝破している。

〈そよ風〉とともに海外のキリム碑建立反対運動をはじめ、「慰安婦」問題で最も活発な活動を展開しているのが、〈なでしこアクション　正しい歴史を次世代に繋ぐネットワーク〉（以下、〈なでしこアクション〉）である。

〈なでしこアクション〉が発足された直接的な契機は、二〇一一年一二月一四日に、韓国で催される一千回目の水曜デモと連帯して日本で開催された〈日本軍「慰安婦」問題に正義を！　韓国の水曜デモ一〇〇〇回アクション〉に抗議するためであった。代々守ってきた父祖と日本軍の名誉が慰安婦の偽りで毀損されてはならないと、日本女性が立ち上がって行動することを決議したのが、〈なでしこアクション〉である。山本優美子代表は、なでしこアクションを作る前は外国人参政権反対運動を企画したり、〈在特会〉の会員として活動していた[24]。

山本優美子代表が強調するのは、「慰安婦」＝性奴隷を主張して日本政府の謝罪と賠償を要求する「慰安婦」被害者と〈韓国挺身隊問題対策協議会〉、それと連帯する日本の女性団体に対抗できるのは、男性ではない同じ女性、日本の女性であるという。慰安婦の女性が辛い経験をしたことには同情するが、間違った日本の歴史が世界に広まっていることに対して声を上げなければならない。その際、男性が言うよりも女性が声を上げた方がいい。男性が言うと慰安婦被害者いじめに映りかねない。男性が起こした慰安婦問題を解決するのは女性であるというのである。(25)

二〇一三年には社会人や主婦が中心になって〈捏造慰安婦問題を糺す日本有志の会〉(以下、〈日本有志の会〉)が発足した。〈日本有志の会〉の主力活動は、捏造された慰安婦問題を修正するため、全国的に慰安婦パネル展示会を開くことである。すでに、第一部〈歴史を偽造したものは誰か〉、第二部〈ミャンマーの慰安婦〉、第三部〈「従軍」慰安婦、彼女たちはともに戦った戦友だった〉等、合わせて三部にわたって展示会が行われた。

この展示会を主催した山崎はるかは、「日本は奴隷制がなかった国だ。ところが、初めて奴隷として取り上げられたのが性奴隷なんて、屈辱だ。どうにかしてでもこの恥辱を晴したい。日本を再生させるために歪曲された歴史の修正に全力を尽くす」としながら、歴史の真実をより多くの人に伝えたいと展示会の意義を強調した。この展示会には民間業者が掲載した当時の慰安婦募集広告、朝鮮女性を慰安婦として強制募集した朝鮮人について日本の官憲が厳しく取り締った内容の新聞記事、慰安婦の月給が現在の貨幣価値で四〇〇万円だった、等々が「慰安婦」問題関連の正しい歴史の資料とされ、展示された。(26)

誰が男性の作った慰安婦問題を解決し、「危機に陥った国家」を救出する「歴史戦」に立ち向かうべきなのか。まさに、日本を愛する平凡でありながら、決然と立ち上がって主張し、行動する主体的な「愛国女性」である。こうした「愛国女性」団体と「愛国女性」言説が形成された空間が、インターネットオンラインの世界である。インターネットこそ「学校では教えてくれない救出すべき日本の歴史の真実」を発信する場で、若年層に及ぼす影響力と情報の波及力は絶大である。

日本の「愛国女性」言説は、日本の右派団体曰く、「歴史認識の情報革命」を通じて登場したものである。(27) 日本の新右派団体は、ユーチューブやブログで行動する「愛国女性」の映像や記事を発信しており、ツイッターやフェイスブックで「慰安婦」問題に若い女性たちの参加を呼びかけている。多くの日本の若い女性たちが「愛国女性」となって街頭で抗議デモを開き、署名や募金運動を繰り広げる一方、海外のキリム碑建立に自分たちの反対主張を盛り込んだ書簡やメッセージを送りつけている。〈そよ風〉と〈なでしこアクション〉は、こうした「愛国女性」のリーダーとして直接、海を渡り、アメリカと国連でさまざまな活動を積極的に展開しているのである。

「主戦場」はアメリカと国連

日本の右派がいう「歴史戦」の主戦場はどこなのか。日本の右派によると、「慰安婦」をめぐる「強制連行」、「被害者二〇万人」、「性奴隷」という誤った認識が最も広まっているアメリカと国連である。この誤った認識を正さないと、アメリカではずっとキリム碑が立て続けられ、国連人権委員会は日本を非難する勧告を採択し、ユネスコは事実と異なる歴史や偽りを人類の遺産として登録し、日本は名誉と正しい歴史を取り戻すことができないと言うのである。

したがって、日本の右派は積極的にアメリカで、または国連を相手に日本の名誉を回復し、正しい歴史を取り戻すという闘争を繰り広げている。こうした日本の右派の「歴史戦」により、「慰安婦」問題は日本国内を越えて国際化し、再び国際社会に「慰安婦」問題を浮彫りにさせた。

「慰安婦」問題に関して、日本の右派の対国連活動が活発になったのは、二〇一四年ジュネーヴで開かれた自由権規約委員会に〈「慰安婦の真実」国民運動〉が代表団を派遣してからである。この代表団には〈なでしこアクション〉、〈作る会〉、〈論破プロジェクト〉、〈そよ風〉、〈日本会議〉が参加したが、団長は〈なでしこアクション〉の山本優美子代表が担った。

この団体らは二〇一五年七月と二〇一六年二月に、国連女性差別撤廃委員会が開催されたジュネーヴに、同年三月には国連女性地位委員会が開かれたニューヨークに行き、各委員会に意見書を提出したり、慰安婦企画展や集会の開催等の活動を繰り広げた。〈なでしこアクション〉は独自に二〇一五年六月、女性差別撤廃委員会にNGO報告書〈慰安婦問題―戦時中、日本軍に性を売るため商業的に雇用された韓国民族を含む女性たち〉を提出した。(28)

二〇一六年二月、ジュネーヴ国連本部の女性差別撤廃委員会政府報告審査で杉山晋輔外務審議官は、「日本政府が発見した資料の中には、軍や官憲による、いわゆる強制連行を確認できるものはなかった」とし、吉田清治の証言に関しては、「当時、朝日新聞により、事実として大きく報道され、日本、韓国の世論だけでなく、国際社会にも大きな影響を与えた」と発言した。日本の右派のこれまでの主張が国連で日本政府の公式見解として発表されたのである。(29)

日本の右派が対国連活動の成果の一つに挙げるのが、ユネスコ〈世界の記憶遺産〉に中国、韓国、日本等、八ヶ国・地域が共同で登録を申請した〈日本軍「慰安婦」の声〉を保留させたことである。〈なでしこアクション〉、目良浩一代表が率いる〈日本再生研究会〉、〈「慰安婦の真実」国民運動〉、〈メディア報道研究政策センター〉の四つの団体は〈日本軍「慰安婦」の声〉に対応するため、「慰安婦」を「日本軍の公娼制度に従事した女性」と定義して、決して「性奴隷」でないという〈慰安婦と日本軍の規律に関する文書〉を申請した。日本政府は審査の透明性を主張し、意見が異なる複数の申請がある場合は、両者の対話を促すよう主張した。結局この主張が受け入れられ、いずれの申請も保留となったのである。(30)

日本の右派の「歴史戦」のもう一つの対象はキリム碑である。その中でも日本の右派が警戒するのが、韓国の日本大使館前に設置された少女像である。少女像には見る人がそれぞれに持っている「慰安婦」観が投影され、共感、批判、嫌悪等、様々な感情を呼び起こしている。(31)少女像は私たちが接することのできない、「慰安婦」になるしかなかった被害者の当時の姿を「少女」として記号化する。それによって会ったことも、見たこともない当時の「慰安婦」被害者と時空を超越し対面させて、「少女」の記号を「慰安婦」テキストとして理解し、記憶させる力を持っている。少女像は「慰安婦」被害者を記念する造形物以上の、敢えて言えば「歴史の再現」としての意味を保持しているのである。

二〇一五年の韓日「慰安婦」合意で少女像撤去が言及されてから、むしろ少女像は爆発的に増えて、二〇一九年八月現在、さまざまな姿の少女像が韓国内だけでも約八〇体以上、海外でも相次いで立てられている。海外で最も多くのキリム碑と最初の少女像が立てられた所がアメリカである。キリム碑設置反対、少女像反対が日本の右派が力を傾注している「歴史戦」の一軸ならば、その主戦場はアメリカであろう。

2 グレンデール市の平和の少女像建立

建立運動

アメリカ西部カルフォルニア州の小さな都市グレンデールは、平和の少女像建立が始まってから、日本右派の最初の「歴史戦」が戦われた戦場となった。

グレンデール市の人口は、二〇一〇年のセンサス調査によると一九万一七一九人で、住民全体に占める外国人比率は五四%、その中ではアルメニア人の比率が最も高い。グレンデールはアメリカ全体でアルメニア人が最も多く居住する所でもある。

グレンデール市で少女像の建立案が浮上したのは、二〇一二年である。二〇〇七年米下院で「慰安婦」決議案が通るまで積極的に草の根運動を繰り広げた〈韓国人有権者センター〉等、韓国系コミュニティーは決議案が通過されても日本政府がいかなる行動も採らず、むしろ決議案を「日本非難決議」だと批判し、反動を強化していくと、このまま終わらせるわけにはいかないという問題意識を持つようになった。二〇一〇年にニュージャージー州パリセイズ・パークにキリム碑が設立されたのをきっかけに、キリム碑建立に向けて二〇一二年、〈加州韓米フォーラム〉(以下、〈韓米フォーラム〉)が発足した。[32]

尹ソクウォン前会長は、まず公共の場所で「慰安婦」関連展示会から開催することを企画したが、場所の確保に困難をきたしていた。尹ソクウォン会長は知人の李チャンヨプグレンデール市都市計画委員会委員長に助けを求め、李チャンヨプ委員長の協力を得て、グレンデール市立図書館で展示会を開いたのがその始まりである。この展示会に〈韓米フォーラム〉の招きで金福童「慰安婦」被害者が出席し、証言を行ったことでグレンデール市の多くの市民が「慰安婦」問題や米下院の決議案について認知するようになった。[33] 金福童さんが、キリム碑が建てられたら、除幕式の際に再来すると約束し、キリム碑の設置は現実的な案として浮上した。[34]

一方、金福童さんに出会った李チャンヨプ委員長は、米下院で決議案が採択された七月三〇日を「慰安婦」記念日に宣言することをグレンデール市に要請し、クィンテロ市長がこの要請を受け入れた。

二〇一二年に「慰安婦」記念日を指定したグレンデール市は、毎年七月三〇日に記念行事を開催している。(35)

グレンデール市は、二〇〇九年に韓国慶尚南道の固城郡《コソン》（고성군）と姉妹都市関係を結んだのを筆頭に二つの都市と姉妹都市、そして二つの都市と友好都市提携を結んでから、市長が韓国を訪れるようになった。クィンテロ市長は二〇一二年に初めて訪韓した。訪韓の際、キリム碑を視察したクィンテロ市長は、どこか公園の一角に建ててあるだろうと思っていたが、キリム碑が日本大使館の前にあったので驚き、一〇代の少女の姿と少女の隣の空いた椅子がとても印象的だったという。日本大使館前の少女像を見た瞬間、クィンテロ市長は、グレンデール市にもこの少女像を建てたいと思い、帰国後、計画して一年でグレンデール市立図書館前の中央公園に少女像が設置されることになった。(36)

少女像がグレンデール市の公共の場所に設置できたのは、固城との姉妹都市提携で発足したグレンデール市姉妹都市委員会が姉妹都市の美術品を展示する等の交流事業に備えて前もって敷地を購入しておいたのが大きかった。少女像設置のため〈韓米フォーラム〉は募金運動に取り組んで、尹ソクウォン会長が韓国系コミュニティーに支持を訴えた。(37)

グレンデール市と韓国系コミュニティーは、さほど困難なく少女像が建立されるだろうと思っていた。住民の多数を占めるアルメニア人の支持を動員することができたからである。トルコによる虐殺の苦痛を経験したアルメニア人たちは、「慰安婦」の苦痛に共感して少女像建立運動に賛同した。(38)また、言語問題や人種問題においてアルメニア人と韓国系住民は、連帯してグレンデール市の政策を改善してきた共通の経験がある。アルメニア系コミュニティーとの苦痛の感情と連帯経験の共有が少女像設置に大きな役割を果たした。(39)

在米日系人団体も少女像設置に賛成して支持を表明した。〈市民権と名誉回復を求める日系アメリカ人の会（NCRR）〉と〈日系アメリカ人市民連合（JACL）〉は、〈韓米フォーラム〉と連帯した。両団体は、一八六八年にハワイのサトウキビ農場に労働移住した一世の子孫たちが結成した。

とりわけ、NCRRは第二次世界大戦の際、アメリカが実施した日本人収容政策に関して米政府の謝罪と補償を求めて、一九八〇年に組織された。一九四五年一二月八日の日本の真珠湾攻撃以降、米政府は移住日本人を敵と見なして大規模な収容所を建設して強制収容した。しかし、収容された二世たちはアメリカへの忠誠心を証明するため参戦して、母国日本を相手に戦争をしなければならなかった。NCRRの謝罪要求と補償運動が実を結び、一九八八年にロナルド・レーガン米大統領は「市民の自由法」（日系アメリカ人補償法）に署名し、現存者に限って一人当たり二万ドルの損害賠償を行い謝罪した。[40]

その後、NCRRはマイノリティーの権利や人権侵害の是正を推進する活動を行っている。「慰安婦」被害者と人権侵害の経験を共有しているNCRRは、「慰安婦」の痛みに共感し、謝罪が名誉回復の前提条件だということを誰よりも理解していた。

JACLの一人の女性会員は、日本の右派の「もし慰安婦制度が大規模な人権侵害だったならば、一九九〇年代になって突然国際問題として浮上したのは不自然である」という主張に対して、収容所に拘束されていた自分の両親も何十年も沈黙しなければならなかった、ましてや性暴力被害者である「慰安婦」が長い間沈黙していたのは、少しもおかしなことではないと反発した。[41]

建立反対運動

少女像建立反対が激しくなりはじめたのは、グレンデール市が少女像設置に向け、二〇一三年七月九日に特別公聴会を開催すると告示してからである。迅速に進められてきた少女像設置案の具体的な内容が、この時、初めて公開されたためである。韓国の日本大使館前の少女像がグレンデール市の公共の場所に建立されることが公開されると、日本の右派は反対運動を組織した。

この反対運動の特徴は、在米日本人「新一世」が中心になって、日本国内の右派と連帯するということである。「新一世」はアメリカで「歴史戦」の拠点という役割を果たして、しかし、アメリカ社会で支持者が少数であるため、足りない「新一世」の人的、物的運動資源を日本国内の右派が動員する構造である。したがって、対国連活動であれ、アメリカ国内のキリム碑反対運動であれ、同じ面々がいつも一緒に参加しながら、「新一世」はアメリカ市民社会の自発的決起という名分を提供し、この名分を日本の右派が日本国内で再生産して右派の結束や連帯を強化するのである。主戦場アメリカで「歴史戦」が進行すればするほど、日本国内で「新一世」の位相が高くなり、日本の右派団体間の愛国競争はさらに深化する。

グレンデール市少女像反対運動を主導したのは、二〇一九年一二月一七日に死去した目良浩一氏（南カルフォルニア大学名誉教授）である。一九三三年に朝鮮の京城（現在のソウル）で出生した氏は、戦後、アメリカに移住した「新一世」で、ロサンゼルスに居住している。日本を戦犯国として裁いた極東国際軍事裁判に異義を申し立て、日本人を対象に、戦勝国の論理をそのまま受け入れる自虐史観から脱却するために正しい歴史を学ぶという〈日本再生研究会〉を二〇〇六年に発足させた。〈日本再生研究会〉には、主に一九八〇年代後半から一九九〇年代初めのバブル経済崩壊以降、アメリカに移住した日本人たちが参加している。(42)

特別公聴会を前に少女像建立に抗議する手紙やメールが「新一世」と日本国内から殺到し、ロサンゼルス・タイムズ（LA Times）に慰安婦は性奴隷ではない、日本は慰安婦問題に対して日韓請求権協定とアジア女性基金を通じてあらゆる措置を採ってきたという内容の寄稿文が載せられた。一方、日本国内の反対運動を促したのは、〈なでしこアクション〉だった。[43] 日本総領事は、グレンデール市議員や市長への働きかけを試みた。しかし、市長と市議員は応じなかった。[44]

特別公聴会には〈日本再生研究会〉がロサンゼルスとカリフォルニア州全域、そして、日本国内で動員した日本人一〇〇余人が出席した。公聴会では賛成意見と反対意見が提示されてから、市議会議員の発言が続いた。賛成意見を述べた人は七人に過ぎなかったが、反対意見の方は二五人に達した。少女像建立に対する意見開陳後、発言を続けた市議会議員四名は、アルメニア系議員二名、前市長のクィンテロ議員と白人の女性議員であった。アルメニア系議員は、「少女像は歴史を、被害者を記憶しようとするもので、少女像が日本人を苦しめるとか、人種差別犯罪を誘発するというのは話にならない」、「金福童さんの話に深い共感を覚えた。それが嘘であるはずがない」と述べ、女性議員は、『慰安婦』が主張通り売春婦であるとしても、一四才の自発的な売春婦はありえない」といった。クィンテロ議員は、「日本の教育システムは『慰安婦』についてまったく教えていない。あなたたちが歴史を知らないからといって、その事実がないものなのか」と厳しく問いただした。[45]

すべての意見が提示されて、市議員四名と市長が採決に入り、当時のウィーバー（Dave Weaver）市長を除いた議員四名が賛成したことで、少女像建立案は承認された。ウィーバー市長が反対した理由は、「グレンデール市が国際問題に巻き込まれる理由はない」というものだった。[46]

3　グレンデール市の平和の少女像撤去訴訟

連邦政府の独占的外交権限 VS グレンデール市の言論の自由

グレンデール市中央公園の市立図書館前に少女像は設置された。少女像が設置されてまもなく、少女像の為に日本人やその子供たちが虐めや差別にあったりしている、という主張が日本系コミュニティーと日本国内で拡散した。目良浩一氏はすぐにグレンデール市を相手とって訴訟を起こした。訴訟に備えるため、二〇一四年二月にGAHTが設立され、同時に募金のために日本GAHTが二〇一五年三月に発足した。(47)

日本国内での活動は〈「慰安婦の真実」国民運動〉の加瀬英明代表が中心になり推進したが、この訴訟で〈なでしこアクション〉をはじめとして「歴史戦」の汎右派連帯が形成された。「歴史戦」への世論形成は産経新聞が、集会や募金を通じた草の根の参加は〈「慰安婦の真実」国民運動〉と〈なでしこアクション〉が、政治力の動員は自民党と〈日本維新の会〉の右派政治家が担当した。この「歴史戦」はそれこそ、総力戦と言える様相を呈することになった。

GAHTが勝訴に向けて戦略を立てながら最も労を費やしたのが、原告団の構成と有力法律事務所の弁護士との契約だった。グレンデール市を相手に提訴しようとすれば、原告はグレンデール市の住民でなければならないのだが、グレンデール市には日本人住民が少数である上、少女像により被った被害の救済を求める原告に名乗り出る人はいなかった。結局、目良浩一氏自身がグレンデール市に住所を移して、グレンデール居住の高齢の「新一世」女性を中心に原告団を構成、憲法の専門家まで雇いながら、二〇一四年にグレンデール市を相手取って少女像撤去を求める訴訟を起こした。

提訴の理由は、「慰安婦」性奴隷の主張が歴史的事実と異なるためでも、「慰安婦」の証言が嘘であるためでも、グレンデール市の少女像が日本人に対する差別犯罪を誘発して、日本人やその子供たちが虐めを受けているためでもない、グレンデール市の少女像建立行為が、憲法が保障する連邦政府の独占的外交権限を侵害するということであった。

「慰安婦」問題は外交問題であり、少女像の設置は日米同盟に亀裂をもたらしかねず、グレンデール市の少女像設置は、連邦政府に外交権限を独占的に付与した米国の憲法に違反するという主張である。[48]だとすると、どうして「慰安婦」問題をめぐるこれまでの日本右派の主張とは異なる、こうした理由で訴訟に踏み切ったのか。「慰安婦」否定論はあくまで言説の一つであり、歴史的見解の一つでしかなく、法によりその是々非々を裁くことはできないからである。

訴訟提起に韓国系コミュニティーは驚き、無謀だと思われた。グレンデール市と金ヒョンジョン共同代表を中心に〈韓米フォーラム〉は即刻対応した。できる限りの法律事務所にグレンデール市の状況を説明して支援を求める書簡を送り、有力法律事務所が無料で訴訟を引き受けると名乗り出た。

そして、勝訴した場合、裁判費用を原告に支払わせるスラップ（SLAPP：strategic lawsuit against public participation）として対応するということであった。当の法律事務所は、グレンデール市の少女像設置に対するGAHTの提訴は被告の言論、集会、結社の自由と基本権を制限し、報復的な目的で起こすスラップに該当すると判断した。このスラップは、アメリカ社会が最も重んじる価値、憲法修正条項第一条にうたってある言論の自由、表現の自由を抑圧するもので、グレンデール市の少女像設置は同市の言論の自由に当たるというのである。[49]

ＧＡＨＴ側の法律事務所に対して、営利だけを追求して倫理に反するような裁判まで引き受けたと批判する新聞記事が掲載され、ＧＡＨＴが労を惜しまず契約にこぎつけた当初の法律事務所は裁判から下りることを決め、新たな法律事務所が裁判を引き受けることになった。

結局、連邦裁判所とカリフォルニア州裁判所に分かれて行われた訴訟は、ＧＡＨＴの敗訴と控訴が続いたが、異例の早さで結審が下された。二〇一七年三月二七日に連邦裁判所で、さらに同年五月四日にカルフォルニア州裁判所で、グレンデール市の少女像設置は市の表現の自由に該当し、これは連邦政府の外交権限を侵害するものでないという判決と、裁判費用三〇万ドルの支給をＧＡＨＴ側に命ずる判決が最終的に言い渡された。(50)

日本政府の対応

日本政府はグレンデール市の少女像設置と撤去訴訟に異例と思われるほど全面介入していた。二〇一三年七月三一日、菅義偉官房長官は定例の記者会見で少女像が設置されたことについて、「グレンデール市長と市議会に対して少女像設置を見直すよう求めてきた」と述べ、「少女像設置は日本政府の立場と相いれないことで極めて残念だ」と強調した。

さらに二〇一七年二月、外務省はＧＡＨＴが連邦裁判所に控訴すると、意見書をワシントンの法律事務所に依頼して作成した。その内容は、日本政府は目良浩一氏とＧＡＨＴを支援すること、今までのアメリカの判例に照らしてみると、グレンデール市の行為は憲法に違反すると判断すべきで、慰安婦に対しては杉山晋輔審議官が国連で表明したとおり、強制連行はなかったし、慰安婦は性奴隷でなく、その数も二〇万人でないという日本政府の立場を明確にしたものであった。

しかし、日本政府まで介入した裁判は、敗訴に終わった。これについて菅義偉官房長官は、二〇一七年三月二七日、定例の記者会見で「慰安婦像設置の動きは日本政府の立場と相いれない、極めて残念だ」と明らかにし、「さまざまな関係者に対して慰安婦問題に関する日本政府の基本的立場や取り組みについて適切に説明し、明確な見解を求めている」と言及した。そして、引き続きこうした取り組みを続けていきたい、と付け加えた。[51]

まとめ

本稿は、グレンデール市の平和の少女像建立とその後の撤去訴訟の過程を分析することで、「慰安婦」問題の国際化に現れた日本の右派の「歴史戦」の一端と限界を論じてきた。朝日新聞の誤報事件で日本国内の言説闘争で勝利した日本の右派は国連やアメリカで「慰安婦」問題をめぐる虚偽を知らしめ、正しい事実を発信することで、失われた日本の名誉と歴史を取り戻すという「歴史戦」を展開している。この「歴史戦」には、新たな闘争の主体として登場した行動する「愛国女性」をはじめ、全国的な草の根運動を組織し、若年層を動員する右派団体と政治家、日本政府が一体となった動きが具体化している。

しかし、日本が「歴史戦」に力を傾注するほど、国際社会で再び「慰安婦」問題は浮上し、その結果として日本社会の保守右翼化が一段と深まっていく現実もある。グレンデール市の少女像撤去訴訟とともに日本国内でも大規模な訴訟が相次いで起こされたが、まさに朝日新聞を相手とった訴訟である。

グレンデール市に少女像が建立されると、グレンデール市に少女像が設置されたのは、慰安婦に関した性奴隷、強制連行等、朝日新聞の誤報によって誤った情報が海外に発信され、影響を与えたためで、その結果、日本の名誉が毀損されたとして「新一世」と日本の右派が提訴したのである。日本国内外で二五五七人が原告団を構成して、一審敗訴後、その中の六二人が控訴したが、二〇一八年二月八日、東京高等裁判所は控訴を棄却した。

国会議員や大学教授等が主軸となり、同様の訴訟を起こしたが、二〇一五年一月に原告団二万五七二二名が、朝日新聞の虚偽の記事で日本及び日本国民の国際的評価が低下して、国民的人格権、名誉権が著しく傷つけられたと主張した。また、他の訴訟も集団訴訟だったが、朝日新聞の誤報で読者の知る権利が侵害されたとして、四八二人が一人当たり一万円の損害賠償を請求した。以上の三件の裁判ですべて原告敗訴が確定した。(52)

いまや日本の右派諸団体は、国内での言論闘争では優位を占めながら、国外での「歴史戦」に勝利し得ないのは、なぜか、大きな課題に直面している。右派諸団体に所属するメンバーたちは、日本の古き良き伝統と文化を踏まえれば、「慰安婦」の存在を否定することは可能であり、持続的で反復的な動員を重ねていけば、必ず目的は達成できるという自負心を抱いている。

しかし、今回の小論を通して、筆者は決して楽観視するものではないが、日本国内と国外との歴史認識ギャップをあらためて痛感する。そのギャップを今後、どのようにして埋めていくのかが問われている。そこに日本社会における慰安婦像の問題をも含め、歴史認識の深まりを期待したい。

〈註〉

1　李芝英「日本軍『慰安婦』問題をめぐる韓日葛藤の解決の模索―女性人権とグローバルガバナンス」（『日

本学』第四四号・二〇一七年、七七～一〇三頁)。

2 その詳細な過程と原因については、李芝英「日本社会の日本軍『慰安婦』問題をめぐる言説についての考察」(『韓国政治学会報』第四七巻第五号・二〇一三年、四〇七～四二九頁)。

3 国連人権委員会の女性に対する暴力に関する特別報告官クマラスワミ(R.Coomaraswamy)によりまとめられた報告書で、原題は「Report of the Special Rapporteur on violence against women, its causes and consequences」である。

4 キリム碑の形態は、二〇一一年、一千回を迎えた水曜集会を記念するためソウルの日本大使館前に設置された平和の少女像をはじめ、多様である。アメリカの各州は公共の敷地に造形物を建てる場合、州議会の承認を得なければならず、また、造形物のデザインは公募することが多く、キリム碑は様々な形で制作されている。

5 金富子「韓国の〈平和の少女像〉と脱真実(post-truth)の政治学—日本の植民主義/男性中心的なナショナリズムとジェンダーを検討する」(『韓国女性学』第三三巻第三号・二〇一六年、二七九～三一二頁)。

6 在米日系人は移住時期によって一八〇〇年代末から第二次世界大戦前にアメリカに移住した移住民を在米日系人一世、その子供を二世とし、現在四世まで続く。一方、一九四五年敗戦後アメリカに渡り、永住権やアメリカ国籍を取得した移住民を「新一世」と称す。

7 目良浩一『アメリカに正義はあるのか—グレンデール「慰安婦像」撤去裁判からの報告』(ハート出版、二〇一八年)。

8 金富子、前掲論文。

9 尹ジファン「記憶のトランスナショナルな移動と移民者集団の政治:アメリカの慰安婦少女像を事例に」(『韓

国経済地理学会誌』第二一巻第四号・二〇一八年、三九三～四〇八頁）。

10 尹ジファン「平和の少女像を通じて形成された慰安婦記憶の景観と象徴性に関する研究」（『大韓地理学会誌』第五三巻第一号・二〇一九年、五一～六九頁）。

11 金ドンヨプ「記憶の表象に込められた地域性研究―フィリピン慰安婦の銅像を中心に」（『東南アジア研究』第二八巻第三号・二〇一八年、七五～一一〇頁）。

12 文ギョンヒ「オーストラリアの韓国系住民たちの「少女像」建立と日本軍「慰安婦」運動―「コスモポリタン」記憶の形成と韓国系住民のトランスナショナルな民族主義の発現」（『フェミニズム研究』第十八巻第一号・二〇一八年、四七～九二頁）。

13 〈加州韓米フォーラム〉は二〇一九年、七月二七日、米下院の「慰安婦」決議案採択一二周年とグレンデール市の少女像建立六周年を迎え、団体の名称を「賠償と教育のための行動（ＣＡＲＥ）」に改めて新しく出発した。

14 能川元一「『歴史戦』の誕生と展開」（山口智美他『海を渡る「慰安婦」問題』岩波書店、二〇一六年、三〇頁）。

15 朝日新聞「記事を訂正、おわびしご説明します　朝日新聞社慰安婦報道、第三者委報告書」https://www.asahi.com/shimbun/3rd/2014122337.html（検索日：二〇一九年七月二五日）。

16 吉田清治『朝鮮人慰安婦と日本人―元下関労報動員部長の手記』（新人物往来社、一九七七年）、吉田清治『私の戦争犯罪―朝鮮人強制連行』（三一書房、一九八三年）。前掲書は、韓国で一九八六年に清渓研究所現代史研究室から翻訳本として『私は朝鮮人をこう捕まえていった―私の戦争犯罪告白』が出版された。

17 産経新聞社『歴史戦　朝日新聞が世界にまいた「慰安婦」の嘘を討つ』（産経新聞出版、二〇一四年、四頁）。

18 産経新聞社、前掲書、一四〜二四頁。
19 山口智美「官民一体の『歴史戦』のゆくえ」（山口智美他『海を渡る「慰安婦」問題』岩波書店、二〇一六年、一〇一〜一〇九頁）。
20 鄭ミエ「日本の保守・右翼化と市民社会の構図」（『日本研究』第三七号・二〇〇八年、一三〜一五頁）。
21 論破プロジェクト「慰安婦の漫画、フランスの漫画祭に出品し、国際社会へ広く展開」http://rom-pa.com/project01/（検索日：二〇一九年七月二五日）。
22 山口智美、前掲書、一一一〜一一三頁。
23 日本女性の会そよ風 http://www.soyokaze2009.com/soyokaze.php（検索日：二〇一九年七月二五日）。
24 佐波優子『女子と愛国』（祥伝社、二〇一三年、一四一〜一四五頁）。
25 杉田水脈・山本優美子『女性だからこそ解決できる慰安婦問題』（自由社、二〇一七年、一六〜一九頁、三三頁）。
26 佐波優子、前掲書、一四六〜一四七頁。
27 佐波優子、前掲書、一四八頁。
28 杉田水脈・山本優美子、前掲書、五〇頁。
29 山口智美、前掲書、一二九〜一三一頁。
30 産経ニュース「『慰安婦性奴隷』登録阻止へ激闘！ ユネスコ、第2R突入でこれからが勝負」https://www.sankei.com/world/news/171201/wor1712010002-n1.html（検索日：二〇一九年七月二三日）。
31 金富子、前掲論文、二〇二頁。
32 金ヒョンジョン〈韓米フォーラム〉共同代表、インタビュー内容（二〇一九年七月一一日、午前一一時からロスアンゼルス・リトルトーキョーのカフェでインタビュー実施）。

33　李チャンヨプグレンデール市都市計画委員会委員長、インタビュー内容（二〇一九年七月一〇日、午後三時からグレンデール市立図書館でインタビュー実施）。
34　金ヒョンジョン共同代表、インタビュー内容。
35　グレンデール市の内部資料。
36　クィンテロ前グレンデール市長、インタビュー内容（二〇一九年七月一〇日、午後三時半からグレンデール市立図書館でインタビュー実施）。
37　李チャンヨプ委員長、インタビュー内容。
38　金ヒョンジョン共同代表、インタビュー内容。
39　柳ウンギョン弁護士、インタビュー内容（二〇一九年七月八日、午前一一時からロスアンゼルス・コリアタウンの事務所でインタビュー実施）。
40　堀山明子「現地報告 慰安婦像をめぐる日系アメリカ人社会の役割と葛藤」（『日本空間』第一四号・二〇一三年、二〇二～二〇三頁）。
41　小山エミ「アメリカ『慰安婦』碑設置への攻撃」（山口智美、前掲書、四四～四五頁）。
42　小山エミ、前掲書、四三～四四頁。
43　目良浩一、前掲書、四三～四四頁。
44　金ヒョンジョン共同代表、インタビュー内容。
45　金ヒョンジョン共同代表、インタビュー内容。
46　目良浩一、前掲書、二一～二六頁。
47　目良浩一、前掲書、五三～五四頁。

48　目良浩一、前掲書、四七～五三頁。
49　金ヒョンジョン共同代表、インタビュー内容。
50　金ヒョンジョン共同代表、インタビュー内容。
51　目良浩一、前掲書。
52　朝日新聞デジタル「慰安婦めぐる訴訟、二審も朝日新聞勝訴、東京高裁」http://www.digital.asahi.com/articles/ASL1Q5FSDL1QUTIL05K.html（検索日：二〇一九年八月一日）。

〈参考文献〉

金ドンヨプ「記憶の表象に込められた地域性研究　フィリピン慰安婦の銅像を中心に」（『東南アジア研究』第二八巻第三号・二〇一八年）
金富子「韓国の〈平和の少女像〉と脱真実（post-truth）の政治学日本の植民主義／男性中心的なナショナリズムとジェンダーを検討する」（『韓国女性学』第三三巻第三号・二〇一七年）
文ギョンヒ「オーストラリアの韓国系住民たちの『少女像』建立と日本軍『慰安婦』運動―『コスモポリタン』記憶の形成と韓国系住民のトランスナショナルな民族主義の発現」（『フェミニズム研究』第一八巻第一号・二〇一八年）
尹ジファン「記憶の超国的移動と移民者集団の政治―アメリカの慰安負少女像を事例に」（『韓国経済地理学会誌』第二一巻第四号・二〇一八年）
尹ジファン「平和の少女像を通じて形成された慰安婦記憶の景観と象徴性に関する研究」（『大韓地理学会誌』第五三巻第一号・二〇一九年）

李芝英「日本軍『慰安婦』問題をめぐる言説についての考察」（『韓国政治学会報』第四七巻第五号・二〇一三年）
李芝英「日本軍『慰安婦』問題をめぐる韓日葛藤の解決の模索—女性人権とグローバル・ガバナンス」（『日本学』第四四号・二〇一七年）
鄭ミエ「日本の保守・右翼化と市民社会の構図」（『日本研究』第三七号・二〇〇七年）
堀山明子「現地報告 慰安婦像をめぐる日系アメリカ人社会の役割と葛藤」（『日本空間』第一四号・二〇一三年）
小山エミ「アメリカ『慰安婦』碑設置への攻撃」（山口智美他『海を渡る「慰安婦」問題』岩波書店、二〇一六年）
佐波優子『女子と愛国』（祥伝社、二〇一三年）
産経新聞社『歴史戦 朝日新聞が世界にまいた「慰安婦」の嘘を討つ』（産経新聞出版、二〇一四年）
杉田水脈・山本優美子『女性だからこそ解決できる慰安婦問題』（自由社、二〇一七年）
能川元一「『歴史戦』の誕生と展開」（山口智美他『海を渡る「慰安婦」問題』（岩波書店、二〇一六年）
目良浩一『アメリカに正義はあるのか グレンデール「慰安婦像」撤去裁判からの報告』（ハート出版、二〇一八年）
山口智美「官民一体の『歴史戦』のゆくえ」（山口智美他『海を渡る「慰安婦」問題』（岩波書店、二〇一六年）
吉田清治『朝鮮人慰安婦と日本人—元下関労報動員部長の手記』（新人物往来社、一九七七年）
吉田清治『私の戦争犯罪—朝鮮人強制連行』（三一書房、一九八三年）
現代史研究室訳『私は朝鮮人をこうして捕まえていった—私の戦争犯罪告白』（清渓研究所、一九八六年）
『朝日新聞』「記事を訂正、おわびしご説明します 朝日新聞社慰安婦報道、第三者委報告書」https://www.asahi.com/shimbun/3rd/2014122337.html（検索日：二〇一九年七月二五日）
朝日新聞デジタル「慰安婦めぐる訴訟、二審も朝日新聞勝訴、東京高裁」http://www.digital.asahi.com/articles/ASL1Q5FSDL1QUTIL05K.html（検索日：二〇一九年八月一日）

産経ニュース「慰安婦性奴隷」登録阻止へ激闘！　ユネスコ、第2R突入でこれからが勝負」https://www.sankei.com/world/news/171201/wor1712010002-n1.html（検索日：二〇一九年七月二三日）
日本女性の会そよ風 http://www.soyokaze2009.com/soyokaze.php（検索日：二〇一九年七月二五日）
論破プロジェクト「慰安婦の漫画、フランスの漫画祭に出品し、国際社会へ広く展開」http://rom-pa.com/project01/（検索日：二〇一九年七月二五日）

第Ⅱ部

日本軍「慰安婦」問題のローカリティ

▽第4章

固着の「歴史」、進行する「被害」

二つの国の日本軍「慰安婦」の歴史を扱う方法(1)

韓惠仁

はじめに

日本政府は「慰安婦」等、歴史問題に関する「国の立場」を談話および閣議決定するやり方で公式化してきた。日本軍「慰安婦」に関しては、一九九三年八月四日の河野談話を通して、日本軍「慰安婦」制度の日本軍官憲の包括的な介入と強制性を認める立場を採り、それを継承してきた。しかし、二〇〇七年三月一六日に安倍首相は、一九九三年の政府調査の一次史料の中に、「軍と官憲によって強制連行されたことを直接的に記述した資料はない」ということを理由として、「慰安婦」動員における の強制性を否認した。

安倍首相は一次資料、すなわち、日本軍官憲が作成した公文書という最も狭い範囲の記録を前面に押し出し、日本軍「慰安婦」の実体を封じ込めつつ、その存在を否定する動きに出た。すなわち、日本は「慰安婦」被害者の問題を史料という過去に封じ込め、帝国の法と認識で判断しつつ、国家の不法行為はなかったと主張している。

日本帝国の公的秩序は、「慰安婦」被害を記録してない。ただし、権力の視角から認めるべき事実だけを認めてきた。韓国の政府、国家もやはり同様である。多少複雑だが、戦後、韓国の植民地の記憶は、帝国への協力の事実を隠蔽したため、「民族の受難」という被害の歴史を強調して「民族愛」を呼び起こし、「反日」を公共化していったのは事実である。韓国は、被害者を「民族の受難者」とする枠組みのなかで一括して「国民」を作る。それゆえ、被害者と認定された「国民」は、自らを民族の受難者として規定し、記憶する行為に協力していくようになった。

こういった方式で日本軍「慰安婦」問題は、日本でも韓国でも国家が守ろうとする公共記憶に「寄与」することになる。すなわち、韓国は「慰安婦」問題に関して、日本に抵抗する要因として使用するが、そのなかで女性の問題として浮彫りにされる場合は、国家＝既得権＝男性性を維持しているという点で、日本と韓国は同一線上にある。ここでは韓国と日本で日本軍「慰安婦」の歴史をどのように扱っているのかについて、さまざまな側面から探ってみることにする。

1　韓国政府——公共歴史での問題

いつから日本軍「慰安婦」の存在が認識されたのだろうか。一般的に一九九一年八月一四日、被害者である金学順の公開証言を契機に、日本軍「慰安婦」問題が提起されたと知られている。しかし、かなり以前から、韓国や日本社会では日本軍「慰安婦」の存在や実態に言及されてきた。韓国の場合は、戦後直後から新聞等のメディアにおいて、三・一節や光復節の前後に日本の植民地被害のなか、戦争に動員された軍人・軍属・労働者・挺身隊の被害が言及されていた。そのなかでも挺身隊については、日本軍隊に強制連行され、過酷な運命に翻弄され続けた慰安婦の実態について俎上に挙げられていた。[2]

一例を示すならば、一九六三年八月一四日付けの『京郷新聞』に載せられた「光復前日、日帝のあがき。八・一五に思い出す言葉」という記事では、挺身隊を「俗称、女子供出」、「年ごろの乙女たちを前線に連行して慰安婦にした。日帝の兵士に人身を供養したものである」との記事にそのことが説明されている。

図１　日帝は乙女供出までしていた
『京郷新聞』1963 年 8 月 14 日

この記事の挿絵が、〈図1〉である。日本軍人に攫《さら》われるようにして連れて行かれた「乙女」、無気力に泣いている父親が表現されている。挿絵は軍人、軍属の被害でない「乙女供出」に象徴されるように、「民族」の被害を極端的に表現した。一九八二年、韓日間で初めて歴史教科書問題が取りざたされた際、やはり「慰安婦」問題は挺身隊という名前で提起された。[3]

韓国では公式的に民族の受難、植民地被害という観点からの「慰安婦」被害は軍人、軍属、労働者および挺身隊と区別しない、可視化された被害、公共の記憶で認知された。それに比べ、日本で「慰安婦」の存在は、公共の記録で表面化されなかった。史籍記録で「噂《うわさ》」のように拡散された。

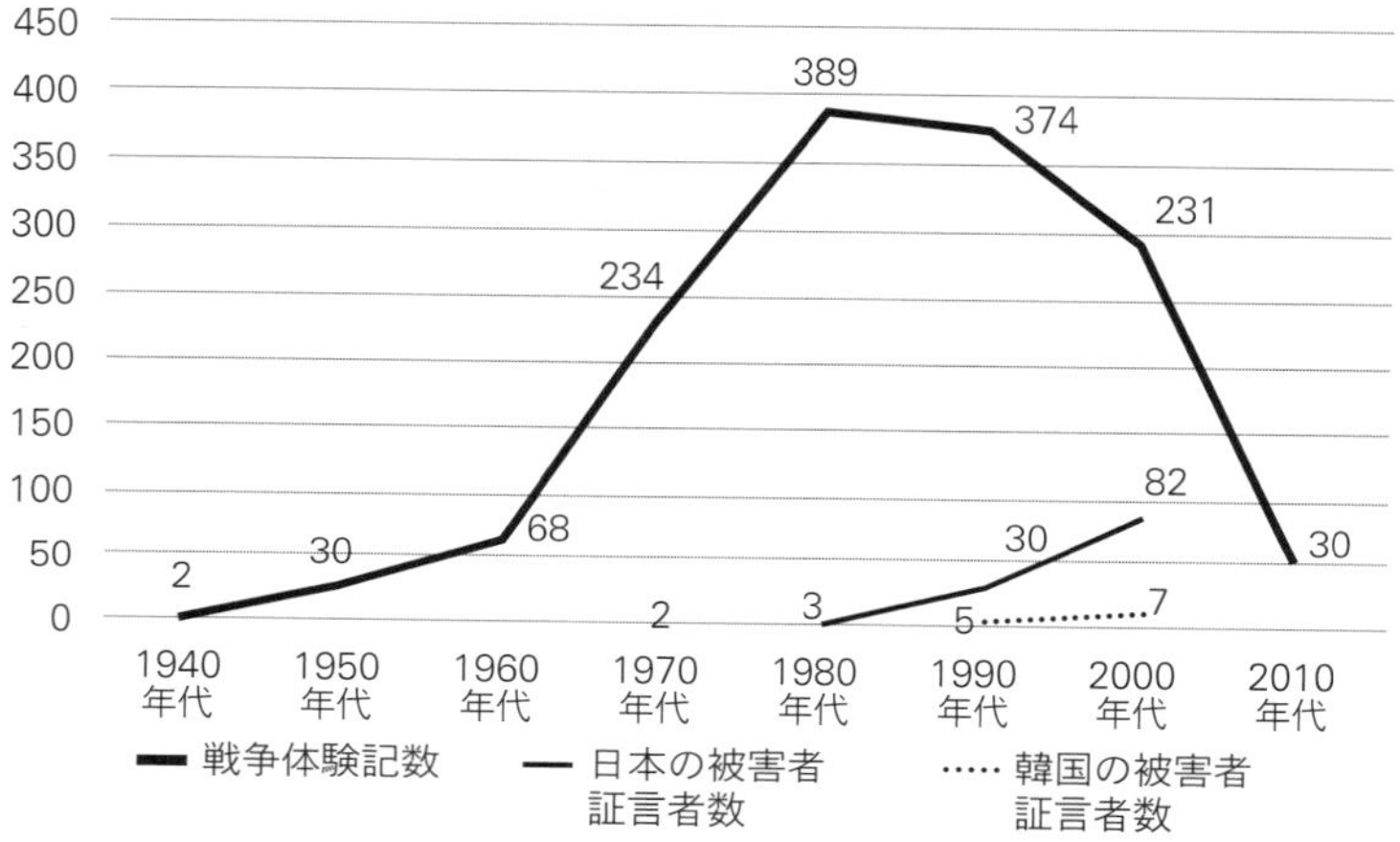

日本では兵士の戦争体験記が一九四〇年代後半から一九八〇年代を経て二〇〇〇年代の中盤まで多く生産された。この体験記のなかには、兵士自身が経験した戦争の残酷さとともに、「慰安婦」が回顧されてはいる。そこでは、肉体的、精神的に男性を「慰労」する対象として描かれている。

この体験談を根拠に創作された再現物では、さらにもっと露骨的に性が強調された。最初の作品は、一九六五年に発表された田村泰次郎の「春婦伝」である。原作（一九五〇年）では「慰安婦」が朝鮮人だったが、ＧＨＱの検閲で日本人慰安婦に代えられた。日本の認識のなかには民族的差別まで存在していたのである。

日本で「慰安婦」被害当事者が証言したのは、一九七〇年代から現われたりしたが、絶対的少数だった。聞こえない「声」だったのである。したがって、日本では日本軍「慰安婦」についての情報は、男性たちの戦争体験記で男性の視線で描かれた姿で刻印、固着化されていった。韓国でも「慰安婦」は非公式的な大衆のイメージでは、日本と似たような現象を見せた。「春婦伝」の影響を受け、一九七四年と一九八五年に「女子挺身隊」という題名で性が浮彫りにされるストーリーで再現された(4)〈図2〉。

図2　スカラ劇場での上映宣伝ポスター

韓国では「慰安婦」被害者を三・一節と光復節等、歴史の公的記憶を作っていく場合、軍人、軍属等とともに男性の被害とともに可視化された被害者で、植民地被害を具体化するが、韓国社会の 非制度的な非公式の記憶では植民地被害という歴史性が消去され、男性の性の対象として享有される存在として描かれている。したがって、韓国人にとって「慰安婦」の存在は、公的記憶では植民地被害の具体化された表象として認識され、大衆の認識では「性」の問題が含まれた問題として隠蔽されタブー視されつつ、沈黙させる二重的な構造を持っている。

これは日本帝国が社会的認識のなかでは、臣民の身分を得られなかった日本の醜業女性に、「皇軍のための臣民」という「愛国」を「慰安婦」での犠牲を強要したのと同じ構造だという点に注目する必要がある。

一九八〇代、韓国は国家的には「慰安婦」被害を「民族の受難」ということで、男性の被害とともに扱うが、女性の被害という側面では、個別化して隠蔽した。一九八二年、日本の歴史教科書問題が発生した際、韓国の慰安婦被害者自身が被害を告発する記事が登場した。同年九月、『女性東亜《ヨソンドンア》』で「独占手記―私は日本軍の挺身隊だった/日本軍は私の若さをこのように踏にじった」という題目で、女性の「私」が直接被害を告発したものである。続いて、一九八四年には裵《ペ》オクス、盧寿福《ノシュボック》が公開証言をした(5)。

しかし、これらの公開証言は公共化されなかった。すべての女性誌に紹介されて社会問題に認識されるまでには力不足だった。もちろん、盧寿福の場合、戦後になっても帰国できず、タイで暮しながら家族を探しているという理由で新聞やメディアで報道された。それは「女性の被害」としてでなく、「民族の受難」として描写されたのである。

このように一九八〇年代に「慰安婦」被害者が証言するようになった契機は、日本の歴史教科書挑発による公共歴史の怒りから始まったのだが、消費される方式は女性誌で取り扱う性の問題を含めた私的なゴシップのように扱われた。

このように韓国では公共歴史を作る場合、「慰安婦」被害者を男性（権力）の視点から、日本に対抗するために「民族愛」を呼び起こすことで可視化した。しかし、そこで女性の被害には日本と同様に性の道具ゆえに、隠蔽されるべきものとして取り扱った。

このような問題のある視点がある程度是正されることになったのは、一九九一年八月一四日、金学順の公開証言からである。この公開証言が李ナムニム、盧寿福等と違っていたのは、一九九〇年代の女性人権意識の成長がそのパターンにあるのだが、公開証言の場所が女性誌でなく新聞やメディアだったということと、個人の被害事実に留まらず、国家責任の次元で語ったという点である。そして、金学順が自ら日本を相手に「裁判」を起こしたいと語った点である。法廷で日本政府の責任を問うというものであった(6)。

すなわち、その間、男性の視点で議論された私的な女性の記憶を、被害を自覚した金学順の声で公共の記憶に引っ張りあげ、それを記録しはじめたのだ。その点で金学順の証言には意義がある。

金学順をはじめ被害者たちの証言は、大衆の認識も変えた。歴史のなかだけで存在していた「売春婦」のイメージが、実体化された「被害者」のイメージに変わりはじめた。被害者が堂々と自分の被害を語って社会の前面に立ち現れるや、性的対象としての「慰安婦」が告発者「慰安婦」に実体化され始めた。一九九〇年代はドキュメンタリー、ルポルタージュ等を通じて、その歴史的事実が究明されるところとなり、被害者たちの証言も続々と出てき始めた。

これによって韓国と日本の「慰安婦」問題において、性的要素が除去され、女性や人権回復の視角、そして、戦争被害者の視覚から日本軍「慰安婦」問題が論議されることになったのである。(7)

しかし、一方で、韓国の一部では「慰安婦」を取り巻く誤った視角が相変わらず強固でもある。そのことは、二〇〇八年リニューアル予定だった西大門刑務所における慰安婦博物館の設立計画が、独立運動家団体の反対により立ち消えになる過程で如実に示されることになった。その反対の理由は、民族の独立運動をやった人と「慰安婦」被害者をともに記念することができないということである。これは、一九九〇年代以前、「慰安婦」に関する韓国のなかにある二つの視線、つまり「民族の受難者」でありながらも「性の被害、恥」とみていたことに起因する。

2　日本の公的事実の発見

金学順の公開証言以降、日本政府は「慰安婦」の外交問題を韓日間の問題に公共化した。一九九三年八月四日、いわゆる河野談話（慰安婦関係調査結果発表に関する河野内閣官房長官談話）が発表されるまで日本は二度（実質的には三度）にわたって史料調査を行った。一番初めは一九九一年一二月から一九九二年六月まで調査し、〈内閣官房内閣外政審議室〉「朝鮮半島出身のいわゆる従軍慰安婦問題について」という題目で、これは一九九二年七月六日に公表した。

調査対象機関は、警察庁、防衛庁、外務省、文部省、厚生省、労働省等の六つの機関で、防衛庁七〇件、外務省五二件、文部省一件、厚生省四件、合わせて一二七件が発見された。[8]

この調査結果で得られた結論は、軍当局が慰安施設を必要としていたという点、慰安婦の募集取締りに関して慰安婦募集に当たる者の人選は徹底にすべきであるという文献が軍内部から出てきたという点、証拠に関して軍人が協力すべきであるという趣旨の命令が出てきたという点、慰安所の経営・監督に関して部隊で慰安所規定を作成したという点、慰安所・慰安婦の衛生管理に軍医が関与していたという点、慰安所関係者に対しては渡航時に軍の証明書により渡航させる必要があったとする文書が発見された点、それ以外にも、船舶輸送等に関して軍および外務省が情報等を発出した点を挙げ、「いわゆる従軍慰安婦問題に政府の関与があったことが認められた」と発表した。[9]

日本政府は韓国政府および日本の議会から調査が不十分だという指摘を受け、一九九三年にも二度にわたって調査を行った。一次調査機関である警察庁、防衛庁、法務省、外務省、厚生省、労働省をはじめとして、国立国会図書館、米国国立公文書館をはじめとした機関や関係者からの聞き取り調査、国内外の文書および出版物(韓国政府作成の調査報告書、韓国挺身隊問題対策協議会、太平洋戦争犠牲者遺族会等の関係団体が作成した慰安婦証言集)等を渉猟して、アメリカにも担当者を派遣して、米国公文書の調査、沖縄での現地調査等をした後、内閣官房内閣外政審議室で、「いわゆる従軍慰安婦問題について」を発表した。[10]

この調査結果で発掘された資料は、防衛庁四八件、法務省二件、外務省四三件、文部省一件、国立公文書館三〇件、国立国会図書館一七件、米国国立公文書館一九件等、合計一六〇件が発表された。このうち国立公文書館の資料は、軍関連資料、警察月報、朝鮮総督府関連資料、厚生省関連資料等だった。

国立国会図書館の資料は、ATIS、すなわち、連合軍審門調書、調査報告・文献等で、米国国立公文書館の資料も審文調書、戦争情報局の関連文書等だった。

一次調査対象だった機関で追加として発掘された資料としては、警察庁二件、防衛庁四七件、国立公文書館で二件、この国立公文書館で発掘された二件は、閣議決定された会議文献である。国立国会図書館で一件、厚生省で一件だった。その後、英国国立公文書館では四件が発掘され、二次調査で合計五七件が添加された。

国立国会図書館の発掘資料は、一次の時と同様にATIS文献、すなわち、連合軍の文献だった。英国国立公文書館で発掘された資料は、連合軍の虜獲文書で、その内容は、日本軍の駐屯軍司令部、輸送司令部関連の資料である。合計五二一件に及ぶ。日本政府の調査で発掘した史料を史料内容と年度別にもう一度分類してみると、次の通りである。（次頁より　表「日本政府の調査、慰安婦・慰安所関連資料の現況」参照）

この資料を通して、一九九三年八月四日、次の通りに結論を導出したと日本の内閣官房、内閣外政審議室は発表した。要約してみると、次の通りである。

（1）慰安所設置の経緯：慰安所の開設は軍当局の要請、（2）慰安所が設置された時期：一九三二年、上海事変の勃発時、慰安婦設置資料の存在、その後、拡散、（3）慰安所が存在した地域：日本、中国、フィリピン、インドネシア、マレーシア、タイ、ミャンマー、ニューギニア、香港、マカオ、および、不明インドネシア、（4）慰安所の総数：資料で確定することはできないが、広範囲な地域に慰安所が設立され、数多くの慰安婦が存在したことを認定、（5）慰安婦の出身地：日本、朝鮮半島、中国、台湾、フィリピン、インドネシア、および、オランダ。日本人を除けば、朝鮮半島出身者が多い。（6）慰安所の

〈表1〉日本政府の調査、慰安婦・慰安所関連資料の現況⑪

＊出所：内閣官房室、「内閣官房慰安婦調査」官房庁所蔵資料、小林久公提供。
＊①：第一次調査、②－1：第二調査、一番目の発掘資料、②－2：二次調査、二番目の調査。
＊分類は一次調査報告書の日本政府側の分類に従った。ただし、二次調査では分類なく保護されている。二次調査の結果は史料の性格に合わせ、一次報告書の方式でまとめた。ただし、慰安所関係者の身分証明書等の発給に関する件は渡航関連、統計関連の資料も含まれている。名簿調査と慰安所関連事件の項目は付け加えた分類方式である。

分類（資料の内容）	機関	1932	1933	1934	1935	1936	1937	1938	1939	1940	1941	1942	1943	1944	1945	1946	1947	その他（年度）
慰安所設置に関する件	防衛庁①							2	1	1								
慰安婦募集に関した取締の件	防衛庁①							1										
	外務省①							1	2									
	警察庁②－2							2										
慰安施設の建築拡大に関する件	防衛庁①													4	5			
慰安所経営・監督に関する件	防衛庁①							4	2		15	7	4	14				
	防衛庁②－1							4	2	1	1	19	2	4	1			
	外務省①						1	3										
	文部省①													8				1（1984）
	厚生省①															1		
慰安所・慰安婦の衛生管理に関する件	防衛庁①							3	1	3		10	2	3				
	外務省①					1		2										
	文部省①													8				1（1984）

分類（資料の内容）	慰安所関係者の身分証明書等の発給に関する件／統計表／渡航				それ以外の慰安所・慰安婦に関する記述										名簿調査	慰安所関連の事件			合計
機関	防衛庁①	外務省①	外務省②-1	国立公文書館②-1	防衛庁①	防衛庁②-1	防衛庁②-2	厚生省①	文部省②-1	国立公文書館②-1	国立公文書館②-2	国立国会図書館②-1	国立国会図書館②-2	英国国立公文書館②-2	厚生省②-2	法務省②-1	国立国会図書館②-1	米国国立国会図書館②-1	
1932										1									1
1933										9									9
1934										2									2
1935					1					1									2
1936					1					1									3
1937		1		1	2					1									6
1938		5	1	1	7	1													37
1939		44	29		7	2	2			2									94
1940		10	6		1	1													23
1941		2	4		11	1	2			1									37
1942	2	2	2		12	7	7			2									70
1943		2			1	1	14			2			1	3			13	5	50
1944					2	2	14		1	2	2						1	5	70
1945					2	1	8	1		1		2		1				5	27
1946					1			1								1			4
1947								1								1			2
その他（年度）		不明4	不明1							不明2					1992		不明1	不明3	14

経営および管理：旧日本軍が直接慰安所を経営したケースもある。民間業者が経営した場合も日本軍が開設許可、慰安所の施設整備、慰安所規定等、旧日本軍は慰安所の設置や管理に直接関与。（7）慰安婦の募集：軍当局の要請を受け、経営者の依頼で斡旋業者が担当。業者が甘言等、本人の意向に反し募集したケースが多く、官憲等が直接加担したケースも見られる。（8）慰安所の輸送：日本軍が特別に軍属に準じた扱いで渡航申請を許可、日本政府は身分証明書等の発給、軍の船舶や車両の利用、敗戦後、帰還させなかった場合も多い。

上述の通り、内閣官房、内閣外政審議室の結果報告書は、慰安所制度および慰安婦動員について各々の事項にしたがい直接的な史料を通して軍の関与と動員の強制性を認めた。しかし、日本政府は上の結果報告書をパターンに八月四日、河野談話を発表することになった。

しかし、河野談話は内閣官房、内閣外政審議室の結果報告書の慰安婦の募集に、「軍官憲が直接介したケースもあった」という具体的な内容を除いて、包括的な慰安所制度に軍官憲の介入があったとは発表した。究極的に河野談話では事実を縮小するにはしたが、この政府調査を通して発掘された史料として発表したことで、日本軍「慰安婦」関連の歴史的な事実の大部分が明らかになったことがわかる。

3　日本の公的事実の「意図的無視」

政府調査以降も資料発掘は絶えず行われてきた。しかし、ほとんどが新たに発掘された資料ではあるが、新たな事実を直視はしないのがほとんどである。

ただし、二〇〇五年に発掘された永井和の〈野戦酒保規程改正（一九三七年九月二九日制定の陸達第四十八号「野戦酒保規程改正」〉は、新たな重要な事実を示す新発掘資料である。永井和はこの史料を通して、慰安所自体が「軍隊に属している軍施設」という点を挙げ、日本軍官憲の介入は当然な事実であり、現在、行われている強制連行に軍官憲の直間接介入の有無論争は無意味だと主張した。(12)

最近、中国で発掘されたという資料は、大きく分けると、占領地政府（上海特別市、南京特別市、天津特別市等）資料と、日本関東軍の資料に分けられる。吉林省檔案館、黒竜江省檔案館、内モンゴル檔案館、秦皇島檔案館、遼寧省檔案館で発掘された資料は、関東軍（憲兵隊を含む）資料が主で、これは日本で発掘された資料と内容的には重複する資料がほとんどである。

中国の吉林省檔案館で発掘された関東軍憲兵隊資料群は、日本政府の発掘資料の中に含まれている『陣中日誌』や『通信文書』等のような資料群で内容は少し異なるが、今まで明らかにされてない事実を示す内容はない。日本政府の調査以降に新たに発掘された資料として被害者の裁判関連資料にまで含まれ、ワーム（アクティブ・ミュージアム 女たちの戦争と平和資料館）で目録化されている資料は、四六六件に及ぶ。(13)

ワームの目録に入っていない資料としては、韓国の国家記録院で保管されている一一件の史料のうち五件、南京市檔案館所蔵三四件、上海市檔案館四〇件、南京第二歴史檔案館所蔵四件(14)、そして二〇一六年五月、日本軍「慰安婦」関連記録物のユネスコ世界記録遺産の共同登録のための国際連帯委員会が搭載申請した「日本軍「慰安婦」の声」に含まれている中国歴史檔案館、吉林省檔案館、黒竜江省檔案館、内モンゴル檔案館、秦皇島檔案館、遼寧省檔案館で、四九件の公文書は含まれていない。これらをすべて合わせれば、日本政府の調査以降の公文書は五百九十八件に達する。

これらの公文書のうち、日本政府の調査資料とは異なる新たな資料としては、台湾総督府の文書群、戦犯裁判群（オランダNIOD、アメリカNARA、中国中央歴史檔案館）、上海、南京、等、中国の占領政府が生産した資料等がある。台湾総督府の文書群は、「慰安婦」動員および慰安所改築に植民地機関が介入されていたという事実を示している。(15) 戦犯裁判群の史料には、日本軍の強制連行介入、「慰安婦」の過酷行為等を示す史料が含まれている。

上海市檔案館や南京檔案館で発掘された資料は、主に戦時期の上海市や南京市政府の文書で、中国語の文献である。上海市檔案館で発掘された 資料は、上海特別市政府と警察局の文書で、慰安婦設置、慰安所組合、等の慰安所管理、慰安婦（芸娼妓）に関する資料が核心資料である。とりわけ、慰安婦設置に関する資料は、日本軍が慰安所開設に上海特別市政府をどう利用していたか、そして、どんなやり方で制度を作っていったかをよく表わしている。

また、上海、すなわち、占領地（租界地を含む）で中国人または日本人が慰安所を開設するためにはどんな過程を経なければならなかったのか、何が必要だったかを生々しく表わしている。これは占領地だけで発掘できる資料で、日本側の資料が語らない重要な事実を示している。すなわち、日本軍は占領直後、公娼制がなかった上海で私娼制度を利用した事実が確認された。私娼制度の枠の中で中国人が日本軍の慰安所を開設するためにはまず日本軍の許可を得なければならなかった。日本軍の許可を得た中国人業者はその許可書と妓女名簿、慰安所の略図等を持って上海特別市の警察と市役所に提出し、もう一度許可を受けた。

この史料のなかには一五才にしかなってない女性を「慰安婦」として雇用した事実も確認された。慰安所を開設する過程で日本人が中国人女性を強制連行したものと解釈できる資料も発見された。(16)

日本政府の調査を含め、現在まで発掘された公文書も日本の軍官憲、総督府等の占領地の行政機関が

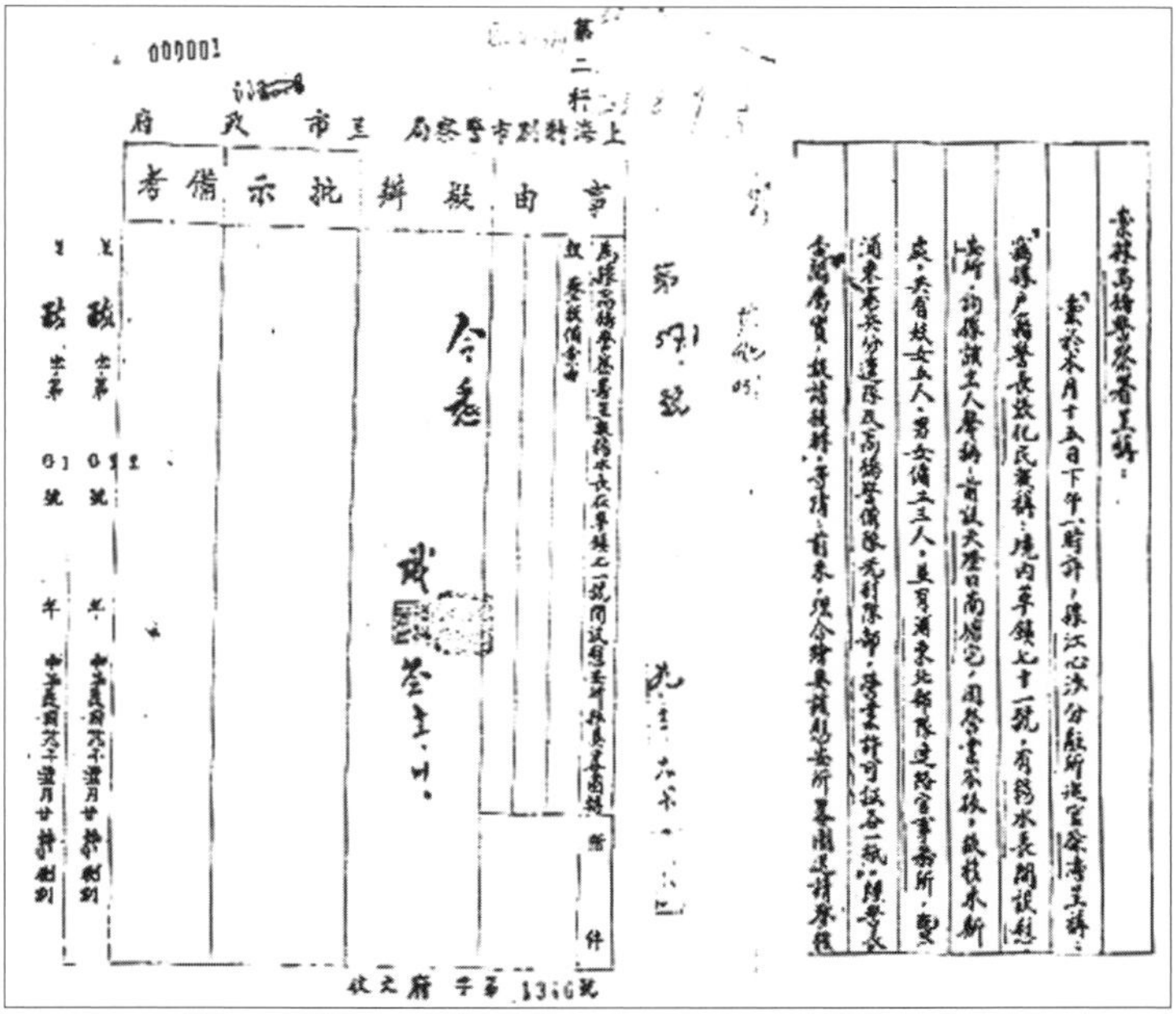

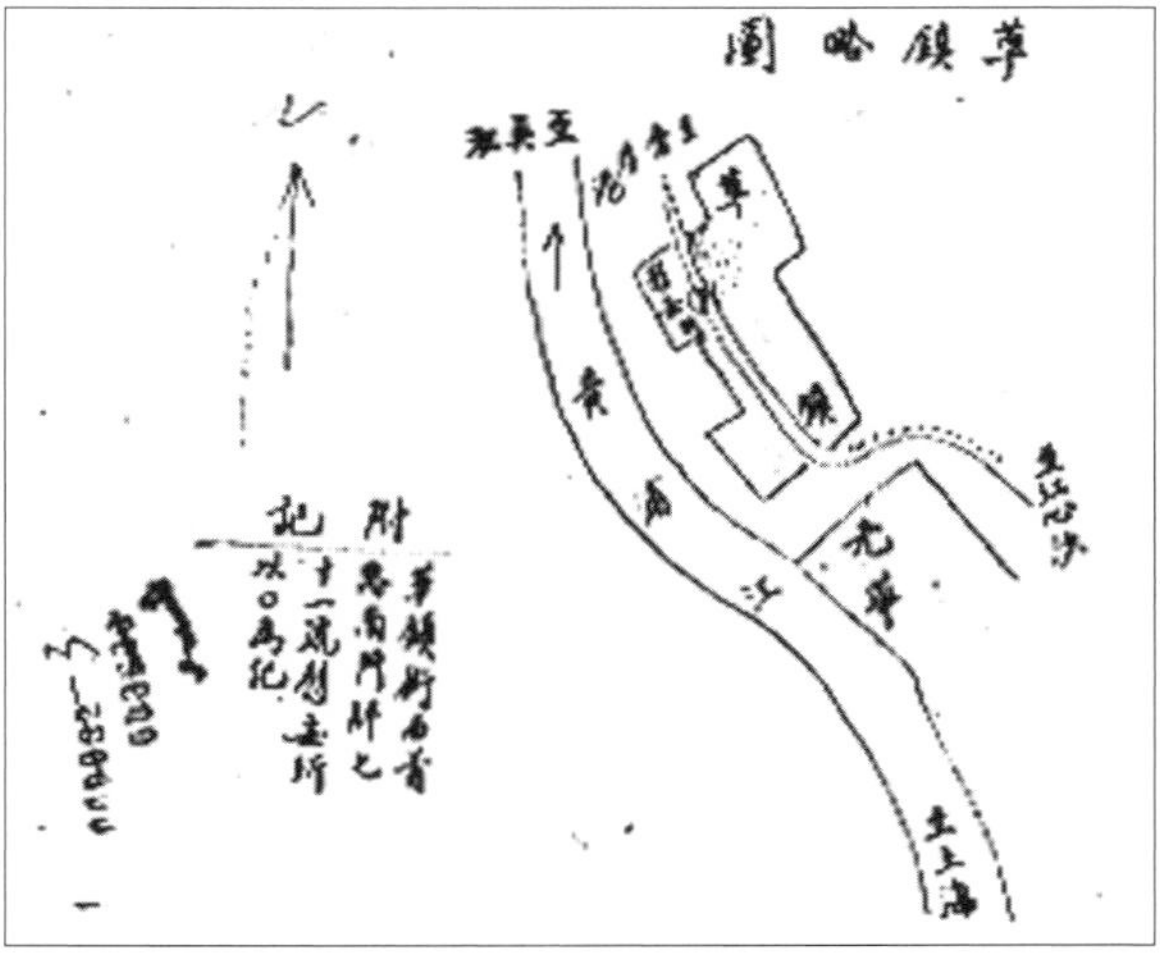

（図ともに）上海市檔案館保管の慰安婦関連の史料

すべて関与して、制度的に、または暴力的に女性を強制連行して、植民地の戦場地で慰安婦にしたという歴史的事実はすべて証明されている。ただし、日本の一部勢力がこの事実を認めてないだけである。

4　隠蔽の技術：日本の公共談論の構造

日本で「慰安婦」についての公共談論がどう構成されていったかは、研究性との談論形成の傾向を見れば、よくわかる。日本で「慰安婦」問題が公共の談論の場に上がったのは、やはり一九九一年、金学順被害者の公開証言以降である。

筆者の調査では、日本軍「慰安婦」関連の文献が一九九〇年以降、二〇一四年まで一五五二件、それ以降も単行本では四四六件（資料集を含む）が出版された[17]。他の似たような歴史的事項に照らし合わせてみた場合、単一主題では短期間に多くの成果を出したと見られる。「慰安婦」関連の文献一五五二件を、（1）保守的な主張、（2）進歩的な主張、（3）歴史的な史料を利用して新たな歴史的な事実を発掘した論文および雑誌で分類して調べた。

進歩的な主張と保守的な主張で分けた基準は、始めに、それぞれの文献の論調が日本軍「慰安婦」問題で、①日本軍「慰安婦」の存在についての真偽論争、②強制性についての認識、③証言についての真偽論争、④公娼制との関連性（とりわけ、自発的な売春行為と解釈）を基準に区分した。ただし、公娼制に関するものは、公娼制と連結したというその事実だけで判断したのではなく、強調しつつ自発的な売春だと強調するものを保守的な見解と見なした。このような基準で、一五五二件を分類すれば、次のようなグラフが描ける。（次頁表参照）

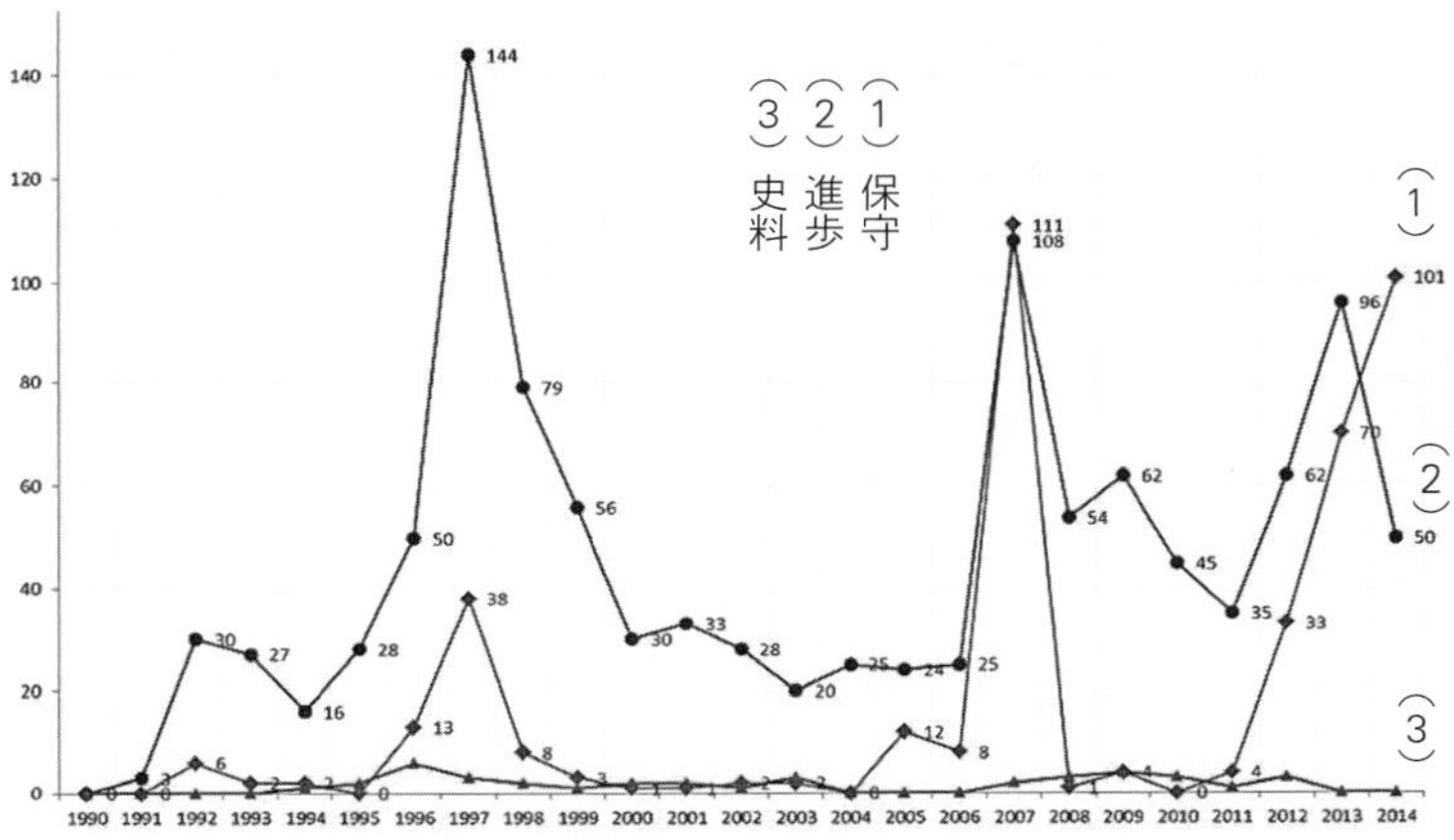

1990 年代以降の日本軍「慰安婦」の談論形成の推移

このグラフをよく観察すると、（3）歴史的な史料を利用して、新たな歴史的な事実を発掘した論文に該当するが、これは一九九〇年以降、さほど変化がないという事実が見られる。すなわち、日本政府が調査の際に発掘した史料で、発掘されて以来、日本軍「慰安婦」の歴史的な事実についてはこれ以上新たな事実は発掘されなかったということを意味する。

それならば、上の数多くの日本での談論は、なにを主張しているのだろうか。前述したように、慰安婦関連の文献は、一九九一年、金学順の公開証言以降、その年の一一月、金学順等が日本政府を相手に損害賠償請求訴訟を起こした以後に生産された。それで、公共の場での談論の構図は、裁判の構図、すなわち、被告と原告の立場で、「犯罪事実がなにか」、「だれの責任か」、「被害の範囲と程度」をそれぞれの立場で主張する方法で構築された。初期研究が『月刊社会党』と『法学セミナー』が主導したこともそういった理由からである。

原告、すなわち、被害者の立場では、「慰安婦」被害の実態と程度、加害の主体、責任の範囲、補償と賠償問題が問題意識で占めており、究極的にその被害の全的責任が「国家」にあるということを証明しだす研究と談論がメインであると言える。一九九〇年代初期から日本の進歩的立場の研究は、日本軍「慰安婦」問題を日本の「戦争責任」、「戦後責任」と定義して、その犯罪事実を明らかにする研究を始めた。[18]この研究の系譜は、戦争犯罪の「人道に反した罪」を念頭に置いており[19]、システム的な犯罪よりは、個別的に「どれだけ過酷な行為」に遭ったのか、不法的要素が何なのかが主な証明対象になった。[20]その結果、植民地の制度的強制が矮小化された。

一九九六年のクマラスワミ報告書の発表とともに、一九九七年の自民党議員の教科書慰安婦記述問題の提起、石原信雄官房副長官が河野談話の強制性は史料があるのではなく、慰安婦被害者の聞き取り調査を通して認めたものだと発表して、保守と進歩の間で大きな論争になり、多くのが論評が溢れでた。

こういった進歩的な立場に反し、保守派はその対抗論理で、「慰安婦」制度は「悪いが、合法」という主張と、日本軍慰安婦問題を「強制連行」の有無問題、「軍官憲の介入」問題、「証言の真偽」問題で引っ張っていった。[21]被告、すなわち、日本帝国の制度的国家責任を回避する立場で、不法行為を「慰安婦制度」全体でない動員時の「強制連行」に縮小していった。こういった動きは、一九九四年以降、本格的に日本の主流史学を自虐史観だと批判しつつ、小林よしのりや藤岡信勝等の歴史修正主義者たちにより具体化された。彼らは被害者証言を「虚偽」だとけなしつつ、強制連行をした「実証的な証拠」を要求した。[22]

前掲グラフで二〇一四年を起点に保守的談論が多く生産された理由は、朝日新聞が日本の軍官憲が強制連行に加担したと証言した吉田清治証言の報道と挺身隊用語の使用についての誤報を認めたからである。

結局、談論構造の中では、進歩的主張では日本国家責任の原因である過酷行為の一つの軸から「強制売春および強制連行」を主張してきたので、保守陣営の「強制連行」否認に対して積極的な論理で対抗した。[23]

そうする間に日本軍「慰安婦」問題は、動員からの「強制連行」の有無を証明する方式で展開された。これに便乗して二〇〇七年、安倍政権に入って、「慰安婦強制連行」をしたという文献は存在しないと発表して、保守と進歩はふたたび「慰安婦についての強制連行」有無を証明する論争に陥った。この論争は史料を通して明らかになった日本軍官憲の直接的関与というとても大きな犯罪事実を「直接的強制連行」犯罪に縮小して、その事実を証明する史料がないことを全面に押し出し、実体を否定することになる結果を生んだ。

5　記憶から記録へ――女性が復元する記録

金学順の公開証言を契機に、オランダ、台湾、フィリピン、インドネシア、東ティモール、中国、北朝鮮、そして被害者たちが公開証言をするようになった。被害者たちは公開証言とともに、市民社会と一緒に真実究明等の活動をしていきながら傷を癒し、その間、隠蔽されてきた事実を「記憶」しだし、証拠を探しだしながら記録化していった。韓国の被害者の場合、韓国政府に登録されている被害者二四〇人、そして登録されてない三人の中で、証言集、証言録、証言調査紙のうち、一つでもある被害者は一〇二人程度である。

この証言の資料は日本帝国の公式史料が記録しだしてないものを記憶して記録していった資料である。植民地の被支配者、被害者の歴史を研究する場合は帝国の言語で作られた「公式史料」と体現的に作られた植民支配の記憶、証言、口述というまた異なる史料が完全な歴史を作りだす。しかし、日本帝国は自分たちが作った公式記録の中にない「事実」については絶えず否定して否認している。

具体的に日本の右翼は、軍人に連れて行かれたという日本軍「慰安婦」の証言を「嘘」だと言っている。一九三〇年代末の植民地朝鮮では日本軍人が民間人を直接的に連れて行けないという「公文書」を根拠にしている。しかし、植民地朝鮮では軍に連れて行かれる「処女供出」という言葉が広く知られていた。植民地朝鮮では「処女供出」は実際にあり、その実体は帝国の記録でなく、植民地の記憶で続いてきた。被害者たちの記憶はそれを如実に表わしている。ここでは一例で盧清子《ノチョンザ》を通して、彼女の記憶がどう復元され記憶されるか、「実体」を証明するかについて述べることにする。[24]

盧清子の口述は、一九三七年に日中戦争が勃発した頃、初期の「慰安婦」をどう動員したかがわかる。結論から述べると、朝鮮駐屯軍が戦場に参戦して前進する途中、軍人と憲兵が直接トラックに朝鮮人女性を強制に乗せて連れて行ったという実体をよく証明している。

盧清子は金学順の公開証言以降に提訴された一九九一年の〈アジア太平洋戦争韓国人犠牲者の補償請求訴訟〉[25]の第二次原告として参加し、一九九二年四月に提出した①「訴状」に自分の日本軍「慰安婦」経験を残した。二度目の口述記録は、一九九二年に日本の写真記者、伊藤孝司が調査した②〈証言〉従軍慰安婦・女子勤労挺身隊（一九九二年年八月月刊行）に収録されているものである。[26]

三度目の口述記録は、一九九二年八月二一日に韓国挺身隊研究所の③李サンファと奥山洋子が調査した録音記録がある。[27] 四度目の口述記録では、〈韓国挺身隊問題対策協議会付設戦争と女性人権センター研究チーム〉の研究員、金銀慶《キムウンギョン》・朴貞愛《パクジョンエ》が新たに調査した「研究報告二〇〇二―一六、あの言葉をすべてどこに言うの（그 말을 어디다 다 할꼬）―日本軍「慰安婦証言資料集」」に載っている。

この調査を基盤にして、また前の研究チームが「歴史を作る話」（二〇〇四年、女性と人権）を編纂した。被害者、盧清子が七三歳の時である一九九二年に口述した①②③の内容は、一九九二年、盧清子が七二歳の時に行われたもので、④は一〇年後の八二歳の時に行われたものである。④を調査した調査者は、当時の盧清子は認知症初期状態であったと記述した。①②③の内容と④の内容のうち、最も異なっているのは、前の①②③の口述内容は、地名、当時の周辺状況等が比較的詳しく口述されており、④の内容は慰安婦の生活面の口述が詳しい。

盧清子は大田《テジョン》で生まれ育ち、一九三七年に軍人によって強制動員され、「慰安婦」被害に遭った。盧清子の連れて行かれた所が証言④では、「日本のやつらの土地」だと口実しているが、①では、タイチンカ、②では、タイカチン③では、韓国語ではテウォン（太原）、日本語でタイカチンと口述している。盧清子はすべての口述で、連れて行かれた所は「城で囲まれている所」と述べている。そして「城の中に入ったのだが、部隊はあっちにいて、慰安所はここにいったのよ。（中略）覗いてみると、馬、馬小屋」、「馬々が縛れらていた」と馬が一緒にいたことを口述した。

盧清子が太原までは軍人と一緒に「蓋のない汽車」に乗っていったと述べている。汽車から降りトラックに乗って三、四時間行ったら、五台山という所についたと述べた。盧清子の③の口述内容をみると、太原へ移動中に戦闘に遭い、汽車の車両の下に身を隠したと生々しく話をしている。

太原《タイユエン》は中国、山西省の都市で山岳都市である。太原と五台山は一九三七年九月から一一月まで日本の北支方面軍と関東軍部隊が太原作戦を起こした地域である。太原作戦に派兵された朝鮮軍第二十師団の作戦日誌と第二十師団の機密作戦日誌を見ると、一九三七年七月に騎兵を出戦して、一九三八年には四百頭の馬を輸送する計画もしている。(29) 盧清子の記憶と公式史料が語るものが一致している。(28)

太原作戦には、朝鮮駐屯軍第二十師団が参戦した。(30) 朝鮮に駐屯していた第二十師団が太原地域に進軍した。第二十師団司令部は京城《ソウル》にあり、第二十歩兵団司令部、歩兵第七十八連隊、七十九連隊は京城に駐屯していた。歩兵第八十連隊の場合、本体は大邱にあるが、第三大隊は大田に駐屯していた。[31] したがって、第三大隊が太原作戦に参戦するためには、一九三七年に大田を出発することになる。盧清子はこの時期に大田の同じ村にいた女性と一緒に軍人たちが乗っていたトラックに乗せられ、三八人が一緒に太原に連れて行かれることになる。

盧清子が連れて行かれた時の時期および状況についての口述が具体的なものは、③である。盧清子が連れて行かれた時期は、一七才の遅い三月の種を蒔く頃だった。畑仕事をしていた母親が家にご飯をとりに行った際、③「軍人たちが娘を連れて行く」と言うので、山の中の伯母の家へ身を隠しながら息をせき切らして逃げた。盧清子の伯母の家に逃げる際に軍人一〇人、憲兵一人に捕まり、およそ五里ほど行くと、包みが垂れ下がったトラックが三台あった。トラックの中からは泣く声がして、トラック二台は軍人たちがいて、憲兵もいた。同じ村から来たほかの人とトラックに乗せられ、数えてみると三八人が捕まえられていたと述べた。これは、公式史料では記録されてない「事実」である。

盧清子は慰安所についてもよく記憶していた。この太原の慰安所については独立混成第四旅団の兵士も口述した。将校用の慰安所には、日本人女性、下級兵士用には朝鮮人、中国人がいる慰安所が二ヵ所あったと述べている。[32] 兵士の記憶と盧清子の記憶が一致している。

盧清子の口述を分析してみると、事実関係が違ってくるという日本の右翼の批判とは異なり、四つの口述が補完しあっている。裁判や被害者判定のために口述した①②③は、質問に合った具体的な被害事実を明確な地名、状況説明等で陳述して、④の場合は、その時、当時の感じ、印象を口述した。一〇年という歳月が与えるものでもあり、調査者の専攻および調査態度によるものでもある。

例えば、初期の被害事実を強調する時は、券番経験や慰問団経験のようなことは消去していたが、④では口述している。したがって、韓国語の①③では地名および単語の他には日本語は駆使していないが、④では当時の軍人から聞いた話やその時軍人たちと交わした話等、日常的に使用した日本語の文章、感性的な表現等がより一層駆使されている。このように慰安婦被害者は口述活動を通して自分の苦痛の歴史を記憶しだして、その記憶しだした口述を公式的な史料、男性の記憶とともに「歴史的事実」として記録されている。

おわりに

日本軍「慰安婦」の歴史は、一九三〇年代末に起きた戦時女性暴力事件が男性権力に支配されていた時期に隠蔽されてきたが、一九九〇年代の民主化による人権意識に目覚めた被害者が自分の被害を国家責任と感じて公開証言して、それに共感した世界市民社会が女性人権を回復して、「正義にかなって」解決するために戦ってきた歴史である。

しかし、既存の権力＝日本政府＝韓国の公共記憶＝男性＝加害者は、まだ「慰安婦」の問題を自分たちの好きなように記憶して背馳しようとしている。自分たちの強固な権力が必要とする場合は、「皇軍を慰安する臣民」と、「民族の受難」として呼び出し視覚化して、実際に被害者（女性）の声を公共化することには消極的だった。いや、地峡的問題を引っ張りだし、国家介入は公式史料として証明できないという理由で持続的に隠蔽を図ってきた。

前述したように、河野談話が発表される前に、金学順という被害者の実体が証明されて、関連の公式文書を通して、日本軍「慰安婦」の歴史、日本軍「慰安婦」を動員したり、慰安処制度を創るのに日本の軍官憲が介入したというのが明白に明らかになった。しかし、日本は日本政府の不法行為で集約される「日本軍官憲の直接強制連行」の事実を巧妙に隠蔽した。

日本の歴史修正主義者と安倍によるその隠蔽は、帝国が生産した「史料」の不在というフレームを作り、慰安婦被害者の実体を暗黙的に否定するのに至った。

このフレームは韓国では逆に作用して、自分たち望む公式史料を発掘しなければならないとう脅迫にとらわれ、史料を探し出すことがとても大きなニュースになっている。既存に発掘されている史料を新たな発掘史料だと大々的に報道したり、挙げ句には、現在でも「慰安婦」被害者が生存し、その実体を知らせているにもかかわらず、当時の実際の慰安婦の動画を発掘したというのがとても大きなニュースになるというアイロニーも起った。

こういった現象は、日本を攻撃することのように見えるが、「公的史料」だけが真実を語るというフレームをさらに強固にするだけである。これは韓国が公的記憶を作っていくのに、やはり「慰安婦」を「民族の受難」という観点から、国家＝民族＝男性＝権力の目で視覚化することに慣れていることを意味する。

しかし、安倍が言う「強制連行を直接示した史料」は発掘できない。なぜなら、彼らが認めざるをえない公的記録は作らなかったからである。今まで発掘された「慰安婦」の強制連行を証明するオランダの戦犯裁判の資料、上海特別市政府の警察課報資料、視空間を異にする「慰安婦」たちの共通した証言等、いくら関連史料を提示しても、彼らは否定する。

「史料」がないのではなく、彼らの秩序内では国家の不法行為は認められないからである。韓日間の対立になっている面の日本軍「慰安婦」の歴史のうち、さらに明らかにさせるべき事実はない。すでにすべてのことが明らかになっている。ただし、日本が、権力がその事実を認めていないだけである。被害者たちはこのような国家＝民族＝男性＝権力の欲望に立ち向かって闘いながら、自分たちの抑圧されてきた記憶を復元して記録していった。その記憶の復元は、権力の公式記録や男性の記憶と一致させて公式化していきつつ、彼らが絶えず隠蔽しようとする暴力の「事実」を証明していった。この過程を経ながら、「慰安婦」の歴史は第二次世界大戦時に起きた日本軍「慰安婦」問題だけに限らず、普遍的な女性人権問題に拡散された。

この過程を現わす日本軍「慰安婦」関連の記録物は、日本帝国が作り上げた公文書だけでなく、被害者個人の記憶や証言、彼らが自分の被害に気づいて克服していく過程で生産されたすべての関連史料、被害者たちを支援して連帯した市民たちの活動資料、また不完全ではあるが、問題解決のために努力した各国の政府、国際機構等が作り上げたすべての記録が歴史を成す構成要素である。

〈註〉

1　本文は国家記録院『記録人』（二〇一八年一一月）に投稿した原稿を一部修正した文である。

2　これについての根拠史料、事例を挙げて説明した論文は、次を参考されたい。韓ヘイン「日本軍『慰安婦』の証言研究」（韓国女性政策研究院編刊『日本軍慰安婦被害者問題の総合的研究』二〇一五年）。

3　韓恵仁「私たちが忘れたハルモニたち：国内初カミングアウト、イナムニム、タイで家族を探した盧寿福」（『ハンギョレ21』二〇一五年八月七日付）。

4　韓恵仁「日本軍「慰安婦」関連の文化コンテンツの解題」（成均館大学東アジア研究・ソウル市立大学『日

5　本軍「慰安婦」問題関連の国内外の事例調査および今後の課題の総合報告書5』（女性家族部）二〇一七年）。

6　韓恵仁「私たちが忘れたハルモニたち―国内初カミングアウト李ナムニム、タイで家族を探す盧寿福」（『ハンギョレ21』二〇一五年八月七日付）。

7　「今も「日章旗」を見るだけで、悔しくて胸が苦しいです。最近でも日本がテレビや新聞で従軍慰安婦を連行した事実はないと言っているのを聞くと、非常に悲しくて胸が詰まります。日本を相手に裁判でも起こしたい心情です。」（「従軍慰安軍の惨状を知らせたい／国家居住者中、初過去暴露で、金学順氏」（『ハンギョレ21』一九九一年八月一五日付）。

8　韓恵仁、前報告書、二〇一七年。

9、10　「いわゆる従軍慰安婦問題の調査結果について」（一九九二年七月六日　内閣官房室「内閣官房慰安婦調査」官房庁所蔵資料、小林久公提供）。
「いわゆる従軍慰安婦問題について」（一九九三年八月四日」（内閣官房室「内閣官房慰安婦調査」官房庁所蔵資料、小林久公提供）。

11　本表はShincheol, Lee, Hyein, Han, *"Comfort Women: A Focus on Recent Findings from Korea and China"*, Asian Journal of Women, s Studies Volume 21, 2015 - Issue 1 に載ったものを再引用した。

12　永井和「陸軍慰安所の創設と慰安婦募集に関する一考察」（二十世紀研究編集委員会編『二十世紀研究』1、京都大学学術出版会、二〇〇〇年）。この論文は上の〈野戦酒保規程改正に関する件〉が発見されてから加筆して、二〇〇五年にまたインターネット上に発表された。

13　関連目録は、ｗａｍ（女たちの戦争と平和博物館）で公開されている。https://wam-peace.org/ianfu-koubunsho/

14　植民と内戦研究会・成均館大学東アジア研究所（李信澈、尹明淑、尹ギョンスン、韓恵仁）、〈韓中研究者ネットワークの構築と上海、南京地域の慰安婦関連資料調査のための出張報告書한〉、二〇一三年八月七日〜一四日。

15　崔ジョンギル「台湾拓殖株式会社資料を通して見た日本軍慰安婦所の設置と運営」（高麗大学　グローバル日本研究院『日本研究』二〇一七年）。

16　韓恵仁「中日戦争期、上海地域の慰安所設立および管理制度の変化」（「韓中日学術会の日本軍「慰安婦」問題解決のための共有と連帯」二〇一四年二月八日〜九日、中国上海師範大学）。

17　CiNii Articles (http://ci.nii.ac.jp/) と日本の国立国会図書館 (http://www.ndl.go.jp/) から「慰安婦」「慰安所」で検索して重複を除いた文献および単行本の総数（二〇一四年現在）。

18　竹村泰子「日本の戦後責任と従軍慰安婦問題に関する私たちの提案」一九九一年一一月一六日開催（「日本の戦後責任と従軍慰安婦問題」シンポジウム〔東京〕）（『月刊社会党』第四三五号・一九九一年一二月、八五〜八九頁）、『文化評論』（特集「従軍慰安婦問題と戦争責任」第六五五巻第一〇二号・一九九二年四月）、福島瑞穂「従軍慰安婦訴訟（「特集　いま、問われる日本の戦後補償—補償を求める人びと—）」（日本評論社編刊『法学セミナー』第四五二号・一九九二年八月、六五〜六七頁）。

19　福島瑞穂「国際的に裁かれる「人道に対する罪」—「従軍慰安婦裁判」の現状と課題—」（『月刊社会党』「特集・戦後補償—来年こそ実現の一歩を」第四四八号・一九九二年一二月、五一〜五六頁）、阿部浩己「「慰安婦」問題と国際法」（『専修大学社会科学研究所月報』第三七一号・一九九四年五月、二七〜四一頁）。

20　佐藤健生「ドイツの戦後補償に学ぶ—〔過去の克服〕⑧日独の「慰安婦」問題をめぐって　①ドイツの「強制売春」問題と日本の「従軍慰安婦」問題」（『法学セミナー』第四六三号・一九九三年七月、一二一〜一二五頁）。

21　加藤正夫「事実無根の慰安婦狩証言」（『現代コリア』第三二五号・一九九二年一〇月、四五～五五頁）、上杉千年「総括・従軍慰安婦奴隷狩りの「作り話」（自由社編刊『自由』第三四巻第九号・一九九二年九月、一〇～三〇頁）、秦郁彦「「慰安婦狩り」証言 検証 第3弾―ドイツの従軍慰安婦問題」（『諸君』第二四巻第九号・一九九二年九月、一三二～一四一頁）。

22　韓恵仁「〝皇国の臣民から自虐〟の国民に―自由主義史観の根源」（文化社会学会学術会・学術大会発表文、二〇一四年八月一九日）。

23　佐藤前掲論文「ドイツの戦後補償に学ぶ―〔過去の克服〕⑧日独の「慰安婦」問題をめぐって ①ドイツ「強制売春」問題と日本の「従軍慰安婦」問題」。

24　韓ヘイン「日本軍〝慰安婦〟証言の発掘と解題事業」（韓国女性政策研究院編刊『日本軍〝慰安婦〟関連資料の発掘および解題事業』女性家族部・非公開資料、二〇一七年）。ここに載せられた盧清子の解題全体引用する。

25　金学順をはじめとした被害者九人と軍人・軍属被害者と一緒にした訴訟。一九九一年一二月六日、東京地方裁判所に提訴し、二〇〇一年三月二六日に東京裁判で請求棄却。二〇〇三年七月二二日に東京高等裁判所に請求棄却され、二〇〇四年一一月二九日に最高裁判所に上告棄却判決、地方裁判所の判決は事実認定をしたが、法的主張は認めず、請求を棄却した。高等裁判所では強制労働条約違反の醜業条約違反等の国際法違反を指摘して、日本政府の安全配慮義務違反を認めた。国家無答責の法理に関しても「現行合法下では正当性、合理性を認められない」と高等裁判所では初めて否定したが、請求は棄却された。

26　盧清子「結婚式の直前「慰安婦」に」（伊藤孝司『〈証言〉従軍慰安婦・女性勤労挺身隊』風媒社、一九九二年八月、九一～九八頁）。

27　この調査の録音記録は、二〇一五年女性家族部の「二〇一五年日本軍慰安婦被害者関連史料および体系的分類管理事業」の結果物『Ⅲ　二〇一五年日本軍慰安婦の証言録音記録―被害者九人の証言資料（2）』に載っているが、まだ非公開状態である。

28　「第二十師団参謀部　第二十師団機密作戦日誌　昭和一二年七月一二日〜一二年一二月三一日　1／2部中」（陸軍省『第二〇師団機密作戦日誌』防衛省防衛研究所戦史部図書館蔵、アジア歴史資料センター〔JCA〕　レファレンスコード C11111040000）。

29　運輸通信長官渡邊右文「第二十師団整備支那馬輸送に関する件　昭和一三年八月一〇日」（出典『陸支受大日記（密）』其四一　七三冊の内　昭和一三年八月一二日至八月一七日、JCAレファレンスコード C04120494300）。

30　戸部良一「朝鮮駐屯日本軍の実像―治安・防衛・帝国」（日韓歴史共同研究委員会編刊『日韓歴史共同研究報告書』第三分科篇・下巻、二〇〇五年）。

31　「朝鮮駐箚軍参謀長市川堅太郎　大田歩兵第八十連隊第三大隊に文庫設置の件　大正七年」〔一九一八年一月一日〜一九一八年一二月三一日〕（出典『陸軍省　大日記乙輯』対象七年四月一九日付、所蔵館：防衛省防衛研究所戦史部図書館、JCAレファレンスコード C03011032200）。

32　『特集「慰安婦」―一〇〇人の証言』（デイズジャパン社、二〇〇七年六月号、一六頁）。

▽第５章

日本軍慰安婦問題に関する政治的言説

李相薫

１　何故、政治的言説なのか

一九九一年八月一四日、金学順の「日本軍慰安婦」実状に関する最初の公開証言から始まった慰安婦問題は、基本的に戦時女性の性暴力という普遍的人権問題である。そのため、これは韓国だけではなく、戦時アジア女性のすべてに該当する国際的性格を持つ問題として提起された[1]。そして、このような動きは一九九三年の「河野談話」、一九九四年の「村山談話」、一九九五年の「女性のためのアジア平和国民基金」の設立に繋がった。

ただ、韓日の間には日本軍慰安婦に対する認識の差は埋まらなかった。韓国政府は、日本軍慰安婦問題は反人道的不法行為であり、両国間で財政的・民事的債権・債務関係を扱った一九九五年の韓日請求権協定によっても解決されていない問題だと捉えていた。二〇〇五年に韓国で韓日会談の資料が公開された後、総理室傘下の「韓日会談文書公開後続対策関連民官共同委員会」も報道資料を通じて「日本軍慰安婦問題のような日本政府・軍など国家権力が関与した反人道的不法行為に関しては、請求権協定によって解決されたと見ることはできず、日本政府の法的責任が残っている」と発表した。これに対して、日本政府は韓日請求権協定によって慰安婦問題は完全に終結したという立場を固守してきた。[2]

しかし、二〇一一年八月三〇日に韓国の憲法裁判所は、日本軍慰安婦の賠償請求権が韓日請求権協定で消滅したか否かについて、韓日間に解釈上の「紛争」があると判断した。そして、この問題の解決に向けて日本政府に具体的な行動を採らない韓国政府の不作為を、国民の基本的人権などを定めた韓国憲法に照らして、「違憲」としたのである。すなわち、韓日請求権協定第三条一項に「この協定の解釈及び実施に関する両締約国の紛争は、まず、外交上の経路を通じて解決するものとする」となっていたからである。

もし、「六五年体制[3]」が動揺しはじめた九〇年代に入り顕在化した日本軍慰安婦問題に関する韓日間の解釈の違いが協定上の紛争に当たるとしたら、日本政府の「請求権問題は解決済み。紛争は存在しない」という主張は成り立たないとされる。協定締結後、外務省がまとめた文書「解説・日韓条約[4]」には、「何が『紛争』に当たるか」について、一方の当事国が「ある問題について明らかに対立する見解を持するという事態が生じたとき」と明記されている。

また、紛争の発生時期については「何らの制限も付されていない」とし、「今後、生じることのあるすべての紛争が対象になるべき」だと説明している。そのうえで、韓日間で紛争が生じた場合は、「まず外交上の経路を通じて解決するため、可能なすべての努力を試みなければならないことはいうまでもない」と指摘しているのである。[5] こうした認識を勘案すれば、日本の法的な責任は別途としても、被害部分に対する故意的な漏れや回避などに対する道義的な責任は避けて通ることはできないと考えられるのである。

以上のように、韓日会談の文書公開と韓国の憲法裁判所の判決によって触発された日本軍慰安婦問題は、李明博《イミョンバク》大統領（当時）の問題提起と朴槿恵《パククネ》政権（当時）の強硬路線、急旋回、政治的妥協による「合意」[6]、現在の文在寅政権の「再交渉」論難、「和解・癒し財団」の解散発表に繋がった。「合意」はできたが、両国に肯定的・否定的評価が共存する過程の中で、「最終的かつ不可逆的解決」とは懸け離れた未完の課題として残されたのである。

ところで、未完の課題として残されている日本軍慰安婦問題に関しては、様々なアプローチが存在する。それは、日本軍慰安婦問題が内包している複合性に起因する。つまり、日本軍慰安婦問題は、国家責任の問題、強制性の問題、歴史に対する認識論の問題、人権問題、植民主義の問題、ジェンダーの問題などが複雑に絡み合っている問題なのである。[7] このように複合的な問題であるがために、日本軍慰安婦に関する先行研究は多くの学問分野から数多く存在する。それらを大きく分類すれば、歴史的観点（認識と事実関係）、国際法的観点（条約と実定法）、人道的観点（人権と倫理）などになるかも知れない。[8]

ただ、ここでは、日本の政治指導者の言説を中心に分析したい。その理由は、まず、日本軍慰安婦問題が未完の課題として残されているのは、日本の政治家による言説が与えた影響が大きいと考えているからである。もう一つの理由は、筆者が政治学者として、日本軍慰安婦に関する文献の調査よりは、政治家の言説の検討により関心があるからである。言説とは、何かを語るものであり、書かれたものや発話により、対象を意味付ける。多くの人が同様の形式で語るという特徴があり、同時に、語らないこと、言説とならないものがあることを意味する、とされる。[9]

ここで日本軍慰安婦問題に関する政治的言説を検討する意味も、そこにある。つまり、何故日本軍慰安婦問題に関する言説の分析が必要なのかというと、言説がどのような形で語られ、変化していたのか、そして、語られなかったものにはどういうものがあるのかについての分析を試みることによって、そのような分析から得られる含意とは何かを知ることができるからである。さらに、九〇年代以降現在においては、日本軍慰安婦問題と日本の政治状況や国家権力との間に深い関係があることも明確にすることができるからである。

2 「河野談話」に関する政治的言説の展開

日本軍慰安婦と関連した政治的言説の中で最も多く語られたのは、「河野談話」に関する政治的言説であった。ここでも冷戦体制の崩壊以後において語られた「河野談話」に関する政治的言説の展開を整理する。

「河野談話」をめぐる政治的言説

日本政府は、最初、日本軍慰安婦への国家・軍の関与を認めようとしなかった。日本軍慰安婦の問題で韓国の反発が強まった契機になったのは、一九九〇年六月六日の参議院予算委員会において、労働省職業安定局長の清水傳雄が政府委員として発した次のような答弁だった。[10]すなわち、「従軍慰安婦なるものにつきまして……やはり民間の業者がそうした方々を軍とともに連れて歩いているとか、そういうふうな状況のようでございまして、こうした実態について、わたしどもとして調査して結果を出すことは、率直に申しましてできかねると思っております[11]」という内容である。日本政府が、敗戦に際して、組織的に公文書を破棄・湮滅したことはよく知られているが、そのため国家が関与した証拠がないとして、このような発言が可能だったのである。

しかし、一九九二年一月一一日、「朝日新聞」は吉見義明による防衛研究所戦史部図書館での慰安婦資料発見をトップで報じた。これは宮沢喜一首相の訪韓の数日前であったために、宮沢首相は訪韓中に八回謝罪することになった[12]。そして帰国後、宮沢首相は政府に慰安婦問題の調査を命じた。その指示による二回の調査を経て、一九九三年八月四日に出された「慰安婦関係調査結果発表に関する河野内閣官房長官談話」がいわゆる「河野談話」である。

これは、政府が公式に慰安婦・慰安所の存在と軍当局・官憲の関与を認め、「おわびと反省」を表明したものである。河野談話のポイントは、まず一つ目に、「当時の軍の関与の下に、多数の女性の名誉と尊厳を深く傷つけた問題である」と、当時の軍の関与を認めたこと。二つ目に、「いわゆる従軍慰安婦として数多の苦痛を経験され、心身にわたり癒しがたい傷を負われたすべての方々に対し、心からお詫びと反省の気持ちを申し上げる」と、お詫びと反省の意を示したこと。そして三つ目、「われわれは、歴史研究、歴史教育を通じて、このような問題を永らく記憶にとどめ、同じ過ちを決して繰り返さないという固い決意を改めて表明する」と、記憶の継承を宣言したことだろう[13]。

この談話の以前にも、一九九二年一月には宮沢喜一内閣の加藤紘一官房長官が、慰安婦問題で日本軍の関与を認めているが、「河野談話」はさらに踏み込み、慰安婦の募集において「本人たちの意思に反して集められた事例が数多く」あること、慰安所における生活についても「強制的な状況の下での痛ましいもの」であることを表明した。これは、慰安婦制度に関する研究者の見解と体験者からの聞き取り調査に基づいたもので、談話の見直しの動きが存在する今日でも事実認識において、その妥当性は失われていない[14]。

歴代政権の「河野談話」継承

三八年間の自民党政権に代って登場した非自民連立政権の細川護熙首相は、一九九三年九月二四日の参議院本会議において、自民党議員大河原太一郎の「従軍慰安婦問題」に関する質問に対して、「日韓両国の間では、従軍慰安婦問題についての補償の問題を含めて、日韓両国と両国民間の財産請求権の問題は、一九六五年の日韓請求権・経済協力協定によりまして完全かつ最終的に解決済みというのが政府の立場でございます。他方、従軍慰安婦として数多くの苦痛を経験され、心身にわたっていやしがたい傷を負われた方々がおられるのは事実でございますし、政府としては、人道的観点に立って、これらの方々に対しどのようにしておわびと反省の気持ちをあらわすかについて今鋭意検討をしているところでございます[15]」と答弁している。

細川首相の辞任を受けて首相になった羽田孜は、一九九四年六月一七日の参議院予算委員会において、「宮沢内閣の時代に、例の従軍慰安婦の問題、これは人道的な問題として対応しなければいけない、だから個々にどうこうということじゃないけれども、何かここで一つの結末をつけなきゃいけないということが官房長官の発表の中でこれが言われたということでございまして、私たちはそういったものを受けておるということであります[16]」として河野談話の継承を表明している。

その後、社会党委員長として自民・社会・さきがけ連立政権の首相になった村山富市は、一九九四年七月一八日、衆議院で行った所信表明演説において、「戦後五〇周年を目前に控え、私は、我が国の侵略行為や植民地支配などがこの地域の多くの人々に耐えがたい苦しみと悲しみをもたらしたことへの認識を新たにし、深い反省の上に立って、不戦の決意のもと、世界平和の創造に力を尽くしてまいります。このような見地から、アジア近隣諸国等との歴史を直視するとともに、次代を担う人々の交流や、歴史研究の分野も含む各種交流を拡充するなど、相互理解を一層深める施策を推進すべく、今後その具体化を急いでまいります[17]」と自分の歴史認識を表明した。そのうえで、七月二二日の参議院本会議において「従軍慰安婦問題についても、このような我が国としての立場は堅持しつつ、我が国としておわびと反省の気持ちをどのようにあらわすかにつきましては、さきの所信表明演説で述べた考え方を踏まえつつ、できるだけ早期に結論を出すべく現在鋭意検討しているところでございます[18]」と発言した。

また、一九九四年八月三一日の『平和友好交流計画』に関する村山内閣総理大臣の談話」の中で、村山首相は、「いわゆる従軍慰安婦問題」に関して「心からの深い反省とお詫びの気持ち」を表し、平和友好交流計画の実施を表明している。この計画の一つとして、一九九五年七月には、「女性のためのアジア平和国民基金」(以下、アジア女性基金)が発足し、日本軍慰安婦に対する償い事業を行ったが、その結果は成功とは言えないものだった。

それは、主に韓国の支持を得ることができなかったからだと言われている。アジア女性基金に対する韓国政府の認識が芳しくなかったのは、日本政府に対する不信感が背景として存在していた。つまり、村山政権期にアジア太平洋戦争敗戦五〇周年に際して歴史認識問題に対する公式見解を明らかにしようとする試みが、逆に日本政府内で歴史認識に関わる様々な発言を生み、その発言の一部が、韓国側によって「妄言」と見なされることにより、韓日関係が大きく悪化する、という流れを辿っていったのである。

日本軍慰安婦が自発的に参加したという見解を述べた梶山静六官房長官の発言がその「妄言」例である。結果として韓国政府の日本政府に対する信頼は決定的に失われ、このような中で打ち出された「村山談話」やアジア女性基金構想は、韓国政府からの支持を得ることができなかった[19]。

その後の首相も河野談話については継承を表明している。つまり、一九九六年五月九日、橋本龍太郎首相は、参議院予算委員会において、「先ほど謝罪文というお言葉がありましたが、私は、それにどういう形で国がその心をあらわせばよいのかは、ちょうどこの女性基金が生まれます前提となりました、たしか河野官房長官が官房長官談話として述べられたものがございましたが、その中に込められたような気持ちをもって対すべきものだと存じます[20]」と述べている。また、小渕恵三首相は、一九九八年八月一〇日の衆議院本会議において「いわゆる従軍慰安婦問題についての政府の基本的立場は、平成五年八月四日の河野官房長官談話のとおりでございます[21]」と、河野談話の継承を表明したのである。

安倍首相の登場と変化する政治的言説

一九九〇年代に比べて、二〇〇〇年代の日本と韓国において日本軍慰安婦問題に関する社会的な関心は高くなかった。「朝日新聞」の「慰安婦」記事の頻度を見ても、二〇〇〇〜〇九年は一九九〇年代に比べて激減している[22]。勿論、二〇〇〇年代に入っても、安倍晋三首相が登場するまでは、森喜朗首相や小泉純一郎首相も日本軍慰安婦問題に関しては基本的に河野談話を踏襲している。

つまり、二〇〇〇年九月二七日日、森喜朗首相は参議院本会議において「いわゆる従軍慰安婦の問題についてのお尋ねでありますが、この問題についての政府の基本的立場は、平成五（一九九三）年八月四日の河野官房長官談話のとおりであり、多数の女性の名誉と尊厳を深く傷つけた問題であると認識しております」[23]と述べているし、小泉純一郎首相も、二〇〇一年一〇月三日の参議院本会議において、「いわゆる従軍慰安婦問題については、多数の女性の名誉と尊厳を深く傷つけた問題であるとの認識のもと、政府としては、元慰安婦の方々に国民的な償いをあらわす事業等を行うアジア女性基金に対して、既に最大限の協力を行ってきております」[24]と述べ、河野談話の継承を表明したのである。

しかし、安倍首相の登場によって、河野談話への言説が変っていく。そもそも、安倍晋三という政治家は日本軍慰安婦について、「実態は韓国にはキーセン・ハウスがあって、そういうことをたくさんの人たちが日常どんどんやっているわけですね。ですから、それはとんでもない行為ではなくて、かなり生活の中に溶け込んでいるのではないかとすら私は思っているんです」[25]との認識を持っていた。

これは自民党内に一九九七年作られた「日本の前途と歴史教育を考える若手議員の会」の勉強会での発言である。このような認識を持っていたがために、第一次安倍内閣の時から、河野談話を受け継ぐと述べながらも、日本軍慰安婦の募集における「強制性」については疑問点があると主張していると見ることができる。

日本軍慰安婦問題において「強制性」の言説が多く見られるようになったのは、二〇〇六年から二〇〇七年にかけて、アメリカ下院外交委員会が慰安婦問題を議論し始めたからであり、安倍首相を含む保守勢力は「強制性」の議論を精緻化させる形で、国内外に向け、日本政府の強制連行の関与を否定するようになったという[26]。

「強制性」に関する象徴的な言説は、二〇〇七年三月五日の安倍晋三首相の参議院予算委員会での答弁である。即ち、強制には狭義と広義の意味があり、日本政府の関与は「官憲が家に押し入って連行する」ような狭義の強制ではない、というものである。少し長くなるが、安倍首相の言説を引用する。

「この強制性ということについて、何をもって強制性ということを議論しているかということでございますが、言わば、官憲が家に押し入っていって人を人さらいのごとく連れていくという、そういう強制性はなかったということではないかと、こういうことでございます。
そもそも、この問題の発端として、これはたしか朝日新聞だったと思いますが、吉田清治という人が慰安婦狩りをしたという証言をしたわけでありますが、この証言は全く、後にでっち上げだったことが分かったわけでございます。つまり、発端はこの人がそういう証言をしたわけでございますが、今申し上げましたような顛末になったということについて、その後、言わば、このように慰安婦狩りのような強制性、官憲による強制連行的なものがあったということを証明する証言はないということでございます。[27]」
しかし、国内での「強制性」を否定する安倍首相の言説は、海外の反発を買うことになる。つまり、二〇〇七年七月三〇日、アメリカ下院の本会議で日本軍慰安婦問題に関して、日本政府に謝罪を要求する決議が採択されたが、これは「官憲による強制連行的なものがあったということを証明する証言はない」という安倍首相の言説がアメリカ議員の不信や反発を引き起こしたことが大きく作用したという。[28]
アメリカ下院の慰安婦謝罪決議後、一一月八日にオランダ下院、同年の一一月二八日にカナダ下院において、一二月一三日に欧州議会で各々慰安婦謝罪要求決議がなされた。

「河野談話」の検証

第一次安倍内閣以後の首相、つまり、自民党の福田康夫内閣、麻生太郎内閣、民主党の鳩山由紀夫内閣、菅直人内閣、野田佳彦内閣は、概ね河野談話の踏襲を表明した。

しかし、一年で早期退陣し、二〇一二年一二月、首相に返り咲いた安倍晋三は、歴代内閣とは異なり、日本軍慰安婦問題に関しては、むしろ河野談話の見直しに力を入れるようになった。そして、河野談話への検証作業を試み、二〇一四年六月二〇日に「慰安婦問題を巡る日韓間のやり取りの経緯～河野談話作成からアジア女性基金まで～」を公表した。このような動きは、韓国や中国、アメリカから河野談話が発した謝罪の信用を損ね、談話を傷つけるものだとの批判が寄せられた。

そもそも、日本軍慰安婦問題が注目される一つの契機となったのは吉田清治の証言であった。元山口県労務報国会下関支部動員部長であった彼は、自著と講演で「済州島で二〇〇人の若い朝鮮人女性を『狩りだした』」と述べ、「朝日新聞」がこれを一九八二年から記事にした。

しかし、その後の調査・研究の結果、吉田の証言が虚偽であったということになり、「朝日新聞」は慰安婦問題に関する特集記事を通じて過去の報道の誤りについて認め、該当記事を取り消したのである。日本の保守・右派は、これを逆手に取り「吉田証言が虚偽であった」とし、慰安婦の強制連行は存在しなかったと主張するようになった。安倍首相は、首相就任直前の二〇一二年一一月、日本記者クラブ主催の党首討論で「朝日新聞の誤報による吉田清治という詐欺師のような男がつくった本がまるで事実かのように、これは日本中に伝わっていったことで、この問題がどんどん大きくなっていきました」と述べている。[29]

そして、一一月四日には桜井よしこら「歴史事実委員会」がアメリカニュージャージ州地元紙スターレジャーに日本軍慰安婦問題を否定する意見広告を出した。それに賛同した国会議員三九名の中に安倍晋三も加わっていた。[30] その後、安倍首相は日本軍慰安婦問題を矮小化するため、「吉田証言」を繰り返し利用している。

二〇一四年一〇月三日には、「吉田証言自体が強制連行の大きな根拠になっていたのは事実ではないか、このように思うわけであります」と発言した[31]。さらに同年の一〇月三一日には、「吉田清治の問題もそうですよ。こういうことを、ちゃんと裏づけ調査をしていれば防げたものを、防がなかったことで日本の名誉が傷つけられたという、これは大変な問題じゃないですか」[32]と発言、二〇一八年二月一三日にも「吉田清治の証言に至っては、これは日本のまさに誇りに傷つけたわけであります」[33]と主張したのである。

以上のように、「朝日新聞」による二〇一四年八月の記事取り消しを契機として、日本軍慰安婦強制連行の事実が根拠を失ったかのような政治的言説が拡散していった。これに対して、歴史学関係一六団体は、二〇一五年五月二五日、声明を出し[34]、その中で「日本軍が『慰安婦』の強制連行に関与したことを認めた日本政府の見解表明（河野談話）は、当該記事やそのもととなった吉田清治による証言を根拠になされたものではない。したがって、記事の取り消しによって河野談話の根拠が崩れたことにはならない。強制連行された『慰安婦』の存在は、これまでに多くの史料と研究によって実証されてきた」[35]と述べ、吉田証言だけが強制連行の根拠のように歪曲する政治的言説の問題点を明確に指摘している。

「慰安婦問題の最終合意」

二〇一五年一二月二八日に韓日外相により突如発表された日本軍慰安婦問題に関する韓日「合意」は、韓日両政府の打算により取り決められた政治的決着であった。背景には韓日を安保体制に取り込む米国の圧力があったと見られている。

韓国で行われた「慰安婦問題の最終合意」の共同記者会見で、岸田文雄外務大臣（当時）は協議の結果を発表する際、最初に次のように述べている。すなわち、「慰安婦問題は、当時の軍の関与の下に、多数の女性の名誉と尊厳を深く傷つけた問題であり、かかる観点から、日本政府は責任を痛感している。安倍内閣総理大臣は、日本国の内閣総理大臣として改めて、慰安婦として数多の苦痛を経験され、心身にわたり癒しがたい傷を負われた全ての方々に対し、心からおわびと反省の気持ちを表明する。[36]」と。しかし、年が明けると、日本政府関係者が被害者・被害国の人々を侮辱する、「合意」の精神に背く発言をまた始めた。

桜田義孝副文部科学相（当時）は一月一四日、「従軍慰安婦の問題は、日本で売春禁止法ができる前までは、売春婦と言うけれど職業としての娼婦、ビジネスだった。これを何か犠牲者のような宣伝工作に惑わされ過ぎている」という旨の発言を自民党の会議でしたのである。[37]

また、安倍首相も国会で「これまでに政府が発見した資料には、軍や官憲による強制連行を直接示す資料は見当たらなかったという立場になんら変更はない。戦争犯罪にあたる類いのものを認めたわけではない」と答弁している。[38] そして、韓国の設立した「和解・癒し財団」が、日本軍慰安婦への安倍首相の謝罪の手紙を求めたが、安倍首相は、二〇一六年一〇月三日の衆議院予算委員会で、手紙を出すことは、「毛頭考えてない[39]」と答弁したのである。

この韓日合意は、まずはその「合意」に至る協議過程に被害者を一切関わらせなかったという点で被害者を消去している。また問題の事実認定において、国家の「関与」は認めてもそれを組織的に実行・推進した加害主体とは認めていないという点で加害者を消去している。それゆえ、「合意した」といったところで、被害者自身がそれに合意していると言えない。さらには、「謝罪した」と言ったところで、決して加害者の責任主体としての謝罪になったとは言えないのである。[40]

3　日本軍慰安婦に関する政治的言説の含意

韓国と日本の間で、日本軍慰安婦だけではなく、歴史と関連する様々な問題に起因する軋轢が増加しているのは、脱冷戦と共に一九九〇年代以降、韓半島をめぐる北東アジアの国際環境が急激な変化に直面したからである。そして、このような構造的な変化に影響されつつ増加した日本軍慰安婦に関する政治的言説には、日本軍慰安婦問題だけではなく、日本社会や国家権力の本質を知り得るヒントが含まれている。

北東アジアにおける構造的変化と歴史問題の登場

冷戦体制の終結、北東アジア地域体制と韓日両国の国内体制の変化という新しい環境は、韓日国交正常化（一九六五年）以降韓日関係を規定してきた基本的枠組み、即ち「六五年体制」を変化させた。つまり、冷戦の終結は、「韓米日の反共連帯」という既存の安保中心の価値観を後退させ、また、韓日両国における政治変動と政治家の世代交代は韓日間で形成されていた既存の公式・非公式の対話チャンネルを弱化させたのである。[41] それによって、日本軍慰安婦問題などのような外交的な懸案が韓日両国政府によってコントロールできない、あるいは解決できない構造的な環境が生まれたのである。

また、一九八〇年代半ば以降進行した韓国の政治・社会的民主化と、経済成長による韓国の国際政治での位相の上昇は、九〇年代に入り、国際舞台における韓国の発言力と影響力の上昇に繋がった。そして、民主化と経済成長に代表される韓国の変化は、対日関係においても「六五年体制」の変革を要求する強硬政策の土台を提供した。

つまり、韓国の持続的な経済発展に伴って韓日の経済的格差が急速に縮まるとともに、国際政治における韓国のプレゼンスも増大することになり、韓日関係は水平的なものに変容し、韓国が歴史問題に関して日本へ自分の主張をするようになったのである。

さらに、日本の国内政治経済の変化、つまり、「五五年体制」の崩壊と非自民連立政権の登場、長期的な経済沈滞などは、日本国内の保守と革新の葛藤を表面化させたが、それが歴史問題に関する韓日間の葛藤を深化させる要因にもなった。細川護煕政権と村山富市政権は、国民の世論より進んだ謝罪・反省論を表明し、これに対する保守陣営の反発は、経済沈滞と阪神大震災、オウム真理教事件など、相次いだ災難によって自信感を失っていた日本国民の共感を獲得しながら、修正主義歴史観として定着したのである。(42) このような日本の保守陣営の成長や修正主義歴史観は、日本の強硬な対外政策および安保政策の展開に大きな影響を与えた。

以上のような冷戦の崩壊と韓日両国の国内体制の変動によって触発された韓日関係の変化は、一九九〇年代以降において韓日間の多様な衝突状況をもたらした。自民党が社会党との連立を通じて与党として復帰した直後の九四〜九五年の間に自民党閣僚による妄言問題、(43) 日本軍慰安婦問題などの歴史問題と関連した争点が、韓日間の外交懸案として浮上したのである。

そして、小泉政権誕生以後にも歴史教科書問題及び首相の靖国神社参拝問題など、日本人の歴史認識に関わる問題が外交的軋轢の要因として登場し、今だ韓日間の葛藤要素として、根強く残されている。このように歴史認識に関する問題は、戦後から提起はされていたが、それが国民世論やマス・メディアを通じて韓日関係において大きな影響力を持つようになったのは、冷戦終焉以後のことだったのである。

構造変化という観点からもう一つ言えるのが、韓日関係の「双方向化」である。韓国における日本のプレゼンスの相対的な低下、日本における韓国のプレゼンスの相対的な上昇に伴い、価値・情報の流れに関して、日本から韓国に向かう量だけでなく、韓国から日本に向かう量も飛躍的に増大し、両者の均衡が次第にとれるようになってきたのである。この「双方向化」は、韓日両国の間に相互不信を増幅させる要因にもなった。

つまり、韓国における厳しい対日世論に日本の対韓世論が従来以上に刺激を受け敏感に反応することで、さらに、そうした日本の対韓世論の悪化に対し、韓国における対日世論が一段と敏感に反応することによって、関係悪化を韓日双方から増幅する力学が作用するようになっているのである(44)。

例えば、日本軍慰安婦問題に関して、日本国内で日本軍の責任を否認し、日本軍慰安婦や支援団体の要求はもとより、河野談話に代表される日本政府の措置をも非難する言説、即ち「日本軍無実論」を唱える声が高くなると(45)、このような状況がマスメディアやSNSなどを通じ韓国に伝わり、韓国における対日世論を悪化させた。そして、そのような厳しい対日世論に日本の対韓世論がまた敏感に反応し、両国の関係悪化が増幅する力学が作用するようになっているのである。

党派性から見る日本軍慰安婦問題に関する言説

上述した日本軍慰安婦に関する政治的言説の流れを観察すると、そこには党派性や政治的信念からくる差が存在していることも確認できる。当然のことであるが、自民党と、対抗政党であった社会党、日本新党、民主党との間には歴史認識の差が見られるのである。つまり、日本が過去の歴史問題について最も積極的かつ進んだ姿勢を示したのは、一九九三年の細川内閣と一九九四年の村山内閣の時期であり(46)、その次が二〇〇九年の鳩山由紀夫内閣と二〇一〇年年の菅直人内閣の時期だったと言われている。これらの内閣に共通する点は自民党政権ではなかったということである。

このような評価は、日本軍慰安婦に関する言説からも知ることができる。二〇〇七年に議員の「質問主意書」に対して「軍や官憲による、いわゆる強制連行を直接示すような記述も見あたらなかった」との答弁書を閣議決定していた安倍内閣は、二〇一四年の第二次安倍内閣において、「河野談話は見直さない」といいつつ、検証作業を行った。これは河野談話を「実質的に無効化する」[47]ための作業だったといわざるを得ないだろう。

これに対して、村山富市元首相は、二〇一四年五月二五日、都内で講演し、「元慰安婦の証言を全部信じるか信じないは別にして、(慰安婦募集の強制も)あったのではないかと想定できる。事実はないとか記録はないというが、そんなことを記録に残すわけがない。わざわざ自民党政権がやってきたことを自民党政権が掘り起こしたあげく、『そんな事実はなかった』と言って問題にしている。やる必要がないじゃないかというのが私の言い分だ」と述べ、河野談話の検証を行うべきではないと主張したのである[48]。

このように日本軍慰安婦に関する言説においても党派性がみられる。勿論、日本の国会で初めて日本軍慰安婦に対する謝罪発言をした宮沢喜一[49]や河野洋平のような政治家が属していたとしても、自民党は基本的には保守傾向の強い政党であり、安倍晋三首相が長期政権を維持する中で保守的な色彩がさらに強くなっているのも、また事実である。そのため過去の歴史に対して率直かつ明確な姿勢を示した村山談話(一九九五年)と菅談話(二〇一〇年)、そして朝鮮王室の図書返還決定(二〇一〇年)が自民党以外の政権で下されたことが偶然の一致であったとはい言えないだろう[50]。

ただ、一九五五年に誕生した自民党政権は、一九九三年八月からの二年半と二〇〇九年九月からの三年四ヶ月を除き、六〇年近くという長きにわたって政権を握っているが、自民党の内部には強硬保守から穏健中道に至るまで様々な理念を持つ勢力が共存していたことも考えてみる必要がある。つまり、同じ自民党議員といっても歴史認識問題について比較的に進歩的な、あるいはリベラルな考えを持つ政治家がいなかったわけではないということである。

日本軍慰安婦に関しては、いうまでもなく一九九三年の宮沢喜一内閣で「河野談話」を発表した河野洋平がその代表例であろう。河野洋平は、国家による強制連行はなかったと考える若手議員との対話の場で、「河野談話」が慰安婦の募集にあたって強制徴用への官憲の直接の関与があったとしていることは、多様な要素、たとえば関係資料の調査、一六人の慰安婦へのインタビュー、担当者の間での議論などに基づいて歴史的事実であると総合的に判断された、と説明したのである。(51)

「強制連行に関する公的史料はない」という言説

日本軍慰安婦問題に関する政治的言説の中で、安倍首相によって、もっとも多く発信されているのは、「公的資料がないから強制連行はなかった」という言説であろう。ただ、テッサ・モーリス－スズキ（T. Morris-Suzuki）によると、一九五〇年代、六〇年代、七〇年代には、後に首相になる中曾根康弘を含む日本軍将兵たちが、日本軍慰安婦にかかわる回顧録を出版したという。(52)

例えば、中曾根康弘は、一九七八年に出版された本の中で、二三歳で三千人の総指揮官だったことを述べた後に、「私は苦心して、慰安所をつくってやった」と証言している。(53)有名な保守派政治家であり、五年間首相として在任した中曾根康弘でさえ、慰安婦と日本軍の関係を認めているにもかかわらず、安倍首相は「軍や官憲による強制連行を直接示す資料は見当たらなかった」という言説を繰り返しているのである。

この「公的資料がない」という言説には様々な問題が含まれていると思う。まず、安倍首相のように、日本軍が女性たちを軍の慰安所に徴用したことを否定する人々は、しばしば公的文書と口述証言とを明確に区別していることは問題があるといえる。

つまり、否定論者は慰安婦の強制連行と監禁に日本軍が関与していたことを示す公的史料が存在しないと主張することが多い。しかし、そこでいわれる「公的史料が存在しない」とは、日本軍及び日本政府によって作られた公的な書類が存在していないという意味で述べられている。軍の慰安所に強制的に連れて行かれたと証言している女性たちが数多く存在しているにもかかわらず、否定論者たちは女性たちの証言の信憑性は低く、歴史的な証拠として採用できないという言い方をする。ここで最も重要な点は、書かれた記録も口述の証言もどちらも同じような人によって作られたものだということである。テッサ・モーリス－スズキを含む多くの歴史家は、書かれた史料も口述の証言も、その背景や状況を考えながら評価すべきだという[54]。

そして、強制連行を示す公的資料が既に多く発掘されているにも拘らず、公論化されていないことも問題だといえる。日本政府の閣議決定や答弁書で「文書がない」と言っているのは、基本的には河野談話を出した時点か、せいぜい広げても、アジア女性基金の資料集に載っているものまでで、日本政府はそれ以降のものをフォローしていない。

その後の研究成果、調査の成果をまったく反映しようとしない。特に、最近発見された資料には、日本の国立公文書館で見つけたものもある。つまり、日本政府自身が持っていた資料でさえ、十分に調査していなかったことが明確になっている。発見された資料の内容を見ても、慰安所が軍の施設であったことをはっきり示しているし、より軍の直接的な関わりを示す文書も出てきている。[55]

また、戦時中の政府も軍も、現地の日本軍の規律を逸脱した犯罪行為に手を焼いて、現地に慰安所の設置を指示した文書やそれに関連する資料は、現在の日本政府の関係省庁に膨大な量が保管されているともいわれている。さらに旧内務省の資料などは、未だに非公開だという。「公的資料がない」という安倍首相が、あえて実証主義に徹底的に拠るのであれば、すべての資料の開示、調査が必要ではないだろうか。[56]もう一つ、忘れてはいけないことは、よく知られているように、敗戦に際して、日本政府が組織的に公文書を破棄・湮滅したことである。それを知っているからこそ、国家が関与した証拠がないという言説が可能だったのである。[57]

最後に、日本軍慰安婦問題の政治的な言説と関連して、マスメディアの問題を取り上げる。歴史的事実とは無関係に、第一次安倍内閣が出した答弁書の「強制連行を直接示すような記述も見当たらなかった」という一節は、歴史修正主義者によって「慰安婦の強制連行はなかった」という政府見解が示されたと歪曲された。そしてさらに「慰安婦は強制されたものではなく自由意志だ」、要するに「公娼と同じだ」「合法的なものだった」と。さらには「売春一般と同じだ」と曲解されていった。[58]

このような言説は、マスメディアを通じて拡散し続けられている。また、先述したように、日本軍慰安婦に関する様々な資料は発見されているにも拘らず、マスメディアは安倍首相らのいう「公的資料がない」との言説に対して批判はするが、「こういう文書、資料があるではないか」という根拠の提示をやろうとはしない。中国や韓国が怒っているというレベルの報道しかしない。それによって、一般の人々には政府が「根拠がない」と言っているのだから、そうなのかというイメージだけが植え付けられてい

るのである。(59)

このような現象は、日本のメディアが国家権力に屈服したから起こることだと外からは見える。そもそもメディアの役割とは、「公的資料はない」と主張する政治権力への批判や持続的な監視ではないだろうか。

以上のように、日本軍慰安婦と関連した「公的資料がない」という政治的言説を繰り返し語っている意図は、国家権力に屈服したマスメディアを通じて、日本軍慰安婦の強制連行に日本政府や軍が関与した事実を信じない、国家権力に従順な「日本国民」を育成するためではないだろうか。

このような意図は、一九九七年度版の中学歴史教科書七社すべてに慰安婦が記述されていたが、一九九九年に四社が慰安婦記述を削除した。そして、二〇〇六年度の中学歴史教科書の本文から慰安婦の記述を削除させることによって、日本軍慰安婦の強制連行を信じない国民だけではなく、日本軍慰安婦存在そのものを知らない国民を形成しようとする試みの延長線上にあるとみるべきであろう。

4　日本軍慰安婦問題「解決」の展望

二〇一九年一月二八日夜、韓国の元日本軍慰安婦で、二〇一五年の韓日慰安婦合意に反対する「象徴的存在」とされてきた金福童がソウルの病院で死去した。彼女は、九二年年に日本軍慰安婦だと実名を明かして名乗り出て、日本を含む世界各地で体験を語り、戦時の女性に対する性暴力の根絶を訴えた。慰安婦問題の「最終的かつ不可逆的」な解決謳う韓日合意を厳しく批判し、合意に基づく「和解・癒し財団」の解散や安倍晋三首相による直接謝罪を求めて「一人デモ」などを展開した。

それは、韓日合意に否定的な意見が多数を占める韓国世論の形成に少なからず影響を与えた[60]。そして、金福童をふくむ五人が今年なくなり、現在生存者は二〇人になっている。

しかし、二〇人しかいない生存者の生きている内にこの問題が「解決」される展望は明るいとは言えない。日本軍慰安婦に関する政治的言説を検討した結果、その「解決」が困難だということを改めて感じざるを得なかった。政治空間においての「河野談話」への批判、日本軍慰安婦問題を歪曲する「官憲が家に押し入って連行する」ような狭義の強制はなかったという言説の定着、国家権力に屈服し、「公的資料はない」という言説の定着に大きな役割を果たしているマスメディアなどを考慮すると、日本軍慰安婦問題の「解決」は非常に難しいと考えざるを得ない。

また、日本では「慰安婦」問題について発言すると、マスメディアやインターネットで叩かれる状況が野放しになっている。戦後、日本国民の間で、一般的に侵略ということについては理解されても、その中身については十分に認識されて来なかったからである[61]。

さらに、日本軍慰安婦問題における国家権力の関与を否定する日本人政治家の言説は、マスメディアやSNSなどを通じ、韓国における対日世論を悪化させ、そのような厳しい対日世論に日本の対韓世論がまた敏感に反応し、両国の関係悪化が増幅する力学が作用するようになった。このような現在の状況を総合的に考えれば、日本軍慰安婦問題「解決」の展望が暗いとしか言いようがない。

また、日本による韓半島の植民地支配が韓国人慰安婦を生み出していたことは改めて指摘する必要もないだろう。だから、植民地問題という視点は、慰安婦制度の背景にあった日本による構造的権力の存在について言及することを可能にする[62]。つまり、日本軍慰安婦問題の本質は、植民地支配や戦争との関係にあるのである。植民地支配や戦争を抜きにして日本軍慰安婦を語ることはできない。植民地支配や戦争を抜きにして語ることができないということは、それが自ずと国家権力と結び付いていることを意味する。

ただ、日本軍慰安婦問題に関する政治的言説を検討することによって、九〇年代以降現在においても尚、日本軍慰安婦問題が「解決」できていないのは、植民地支配や戦争を引き起こした「過去」の国家権力だけではなく、「現在」の国家権力にも問題があるからだということが少しは明らかになったと思う。最近、日本軍慰安婦問題や徴用工訴訟問題をめぐる両国政府や政治指導者間の言説を聞くと、相手国に対する理解や尊重を余り考慮していないように感じる。両国の政治リーダーによって発せられる相手国や国民を刺激する軽い言説は、相互理解と尊重を通じた信頼構築への障害になる。政治指導者の言説を検討する必要はそこにもある。韓日関係や日本軍慰安婦問題の「解決」のためにも、現在の国家権力によって発せられる政治的言説に関する、より精緻な検討が求められる。

〈註〉

1 申琪榮《シンギヨン》「グローバル視角から見た日本軍『慰安婦』問題―韓日関係の両者的枠を超えて」(ソウル大学日本研究所『日本批評』一五号・二〇一六年、二八二~三〇九頁)。〔韓国語〕

2 孫洌《ソンヨル》「慰安婦合意の国際政治」(韓国政治学会『国際政治論叢』第五八輯二号・二〇一八年六月、一五五頁)。〔韓国語〕

3 「六五年体制」とは、韓日基本条約が締結されてから変更されず維持されている両国関係を規定する法的・制度的枠組みを意味する。即ち、第一、アメリカを頂点とする垂直的系列化に基づいた韓米日類似三角同盟を通じて、ロシア・中国・北韓（北朝鮮）を封鎖・包囲し、第二、この体制を維持し、その安定性を高めるため歴史問題の噴出などを抑圧し、領土問題を縫合する体制のことである。李元徳《イウォンドク》「韓日関係『六五年体制』の基本的性格および問題点」（ソウル大学国際大学院国際学研究所『国際・地域研究』第九巻第四号・二〇〇〇年冬）、権赫泰《グォンヒョクテ》「歴史と安保は分離可能か」（『創作と批評』第四二巻第一号・二〇一四年、参照）。〔韓国語〕

4 『法律時報』（日本評論社、第三七巻第九号・一九六五年九月号）。

5 『しんぶん赤旗』（二〇一三年八月七日付）。

6 朴槿恵政権が推進した「慰安婦合意」の具体的な過程に関しては、孫洌《ソンヨル》、前掲論文、一四五～一七七頁参照。

7 申琪榮「『ME TOO 運動』と日本軍慰安婦問題」（韓国外国語大学校日本研究所国際学術シンポジウム発表論文集、二〇一八年一二月、三三頁）。〔韓国語〕

8 朴洪英《パクホンヨン》「日本軍従軍慰安婦に関する日本国会会議録（一九九〇～二〇一六）の検討」（韓国外国語大学校日本研究所『日本研究』第七〇号・二〇一六年一二月、四九～五〇頁）。

9 木下直子『「慰安婦」問題の言説空間』（勉誠出版、二〇一七年、i～ii頁）。

10 『朝日新聞』（二〇一四年八月六日付）。

11 一九九〇年六月六日、参議院予算委員会議事録。

12 熊谷奈緒子『慰安婦問題』（筑摩書房、二〇一四年、一四頁）。

13 植村隆「歴史修正主義と闘うジャーナリストの報告―朝日バッシングの背後にあるもの」（テッサ・モーリス‐スズキ他『「慰安婦」問題の境界を越えて』寿郎社、二〇一七年、八一～八二頁）。

14 山田朗『日本の戦争―歴史認識と戦争責任』（新日本出版社、二〇一七年、一八四頁）。

15 一九九三年九月二四日、参議院本会議議事録。
16 一九九四年年六月一七日、参議院予算委員会議事録。
17 一九九四年七月一八日、衆議院本会議議事録。
18 一九九四年七月二二日、参議院本会議議事録。
19 木村幹『日韓歴史認識問題とは何か―歴史教科書・「慰安婦」・ポピュリズム―』(ミネルヴァ書房、二〇一四年、二一一頁)。
20 一九九六年五月九日、参議院予算委員会議事録。
21 一九九八年八月一〇日、衆議院本会議議事録。
22 大沼保昭・江川紹子『「歴史認識」とは何か』(中央公論新社・新書、二〇一五年、iii頁)。
23 二〇〇〇年九月二七日、参議院本会議議事録。
24 二〇〇一年一〇月三日、参議院本会議議事録。
25 日本の前途と歴史教育を考える若手議員の会編『歴史教科書への疑問―若手国会議員による歴史教科書問題の総括』(展転社、一九九七年、三一三頁)。
26 熊谷奈緒子、前掲書、一三九頁。
27 二〇〇七年年三月五日、参議院予算委員会議事録。ただ、参議院で「強制性」に関する発言をしてから約一ヶ月後の二〇〇七年四月二七日、安倍首相は、キャンプ・デービットにて行われたブッシュ大統領との共同プレス行事においては、「慰安婦の問題について昨日、議会においてもお話をした。自分は、辛酸をなめられた元慰安婦の方々に、人間として、また総理として心から同情するとともに、そうした極めて苦しい状況におかれたことについて申し訳ないという気持ちでいっぱいである、二〇世紀は人権侵害の多かった世紀であり、二一世紀が人権侵害のない素晴らしい世紀になるよう、日本としても貢献したいと考えている、と述べた。またこのような話を本日、ブッシュ大統領にも話した」と国内での言説とは異なる発言をした。http://warp.ndl.go.jp/info:ndljp/pid/11236451/www.kantei.go.jp/jp/abespeech/2007/04/27press.html。

このような言説は、慰安婦問題とはどこの国にもある問題であり、日本だけが批判される理由はないということを主張するものだろうと思う。類似した言説は、二〇一五年四月二八日のオバマ米大統領との日米首脳会談後の共同記者会見でも見られる。「慰安婦問題については人身売買の犠牲となって筆舌に尽くしがたい思いをされた方々を思い、非常に心が痛む。この点は歴代の首相と変わりはない。河野談話は継承し見直す考えはない。二〇世紀は一度紛争が起こると、女性の名誉と尊厳が深く傷つけられた歴史があった。二一世紀こそ女性に対する人権侵害のない世紀にしないといけない。」（『日本経済新聞』二〇一五年四月二九日付）。

28 『朝日新聞』（二〇〇七年八月一日付）。

29 趙世暎《チョセヨン》『日韓外交史—対立と協力の五〇年』（平凡社、二〇一五年、一一一頁）。

30 中野敏男 他『「慰安婦」問題と未来への責任』（大月書店、二〇一七年に収録された「慰安婦」問題解決運動関連年表の八頁を参照）。

31 二〇一四年一〇月三日、衆議院予算委員会議事録。

32 二〇一四年一〇月三一日、衆議院地方創成に関する特別委員会議事録。

33 二〇一八年二月一三日、衆議院予算委員会議事録。

34 声明の正式名称は「『慰安婦』問題に関する日本の歴史学会・歴史教育者団体の声明」であり、参加した歴史学関係一六団体名は次のようである。日本歴史学協会、大阪歴史学会、九州歴史科学研究会、専修大学

歴史学会、総合女性史学会、朝鮮史研究会幹事会、東京学芸大学史学会、東京歴史科学研究会、名古屋歴史科学研究会、日本史研究会、日本史攷究会、日本思想史研究会（京都）、福島大学史学会、歴史科学協議会、歴史学研究会、歴史教育者協議会。

35 林博史『日本軍「慰安婦」問題の核心』（花伝社、二〇一五年、三六〇頁）。

36 『産経新聞』（二〇一五年一二月二八日付）。

37 『朝日新聞』（二〇一六年一月一五日付）。

38 『毎日新聞』（二〇一六年一月一九日付）。

39 二〇一六年一〇月三日、衆議院予算委員会議事録議事録。

40 中野敏男「日本軍『慰安婦』問題でなお問われていること」（中野敏男他、前掲書、三頁）。

41 李元徳《イウォンド》「韓日関係『六五年体制』の基本的性格および問題点」（ソウル大学校国際大学院国際問題研究所『国際・地域研究』第九巻第四号・二〇〇〇年冬、三九～五九頁参照）。

42 宋柱明《ソンジュミョン》「脱冷戦期日本の東アジア政策と韓半島政策」（現代日本学会『日本研究論叢』第一四号・二〇〇一年、一～三一頁参照）。〔韓国語〕

43 敗戦五〇年を迎えた一九九五年を前後にして、一九九四年の永野茂門法務大臣、櫻井新環境庁長官、橋本龍太郎通産大臣、一九九五年の島村宣伸文部大臣、渡辺美智雄外務大臣、江藤隆美総務庁長官の妄言が相次いだ。

44 木宮正史・李元徳『日韓関係史一九六五～二〇一五 ①政治』（東京大学出版会、二〇一五年、三頁を参照）。

45 永井和「破綻しつつも、なお生き延びる『日本軍無実論』」（中野敏男他、前掲書、一一三頁）。

46 勿論、いうまでもなく、村山内閣は自民党や新党さきがけとの連立政権である。

47 『沖縄タイムス』（二〇一四年六月二一日付）。
48 『産経新聞』（二〇一四年五月二五日付）。
49 一九九二年一月二九日、参議院本会議で当時宮沢喜一首相は、日本の国会では初めて日本軍慰安婦に対する謝罪発言をしている。「いわゆる従軍慰安婦の問題は、関係者が体験された苦しみを思いますと胸の詰まる思いがいたします。防衛庁で発見された資料あるいは関係者の証言等々を見ますと、いわゆるこの人たちの募集あるいは慰安所の経営等について旧日本軍が何らかの形で関与していたということは否定できないところと思います。先般の韓国訪問の際に私が申し上げたことでありますが、これらの従軍慰安婦として筆舌に尽くしがたい辛苦をなめられた方々に対し、衷心よりおわびと反省の気持ちを重ねて申し上げます。」
50 趙世暎、前掲書、一三一～一三二頁。
51 熊谷奈緒子、前掲書、一三八頁。
52 テッサ・モーリス‐スズキ「安倍政権と『慰安婦』問題―『想い出させない』力に抗して」（中野敏男他、前掲書、一九五頁）。
53 中曾根康弘「二十三歳で三千人の総指揮官」（松浦敬紀編著『終わりなき海軍―若い世代に伝えたい残したい』文化放送開発センター出版部、一九七八年、七二頁）。
54 テッサ・モーリス‐スズキ「アジア太平洋戦争における日本軍と連合国軍の『慰安婦』」（テッサ・モーリス‐スズキ他『「慰安婦」問題の境界を越えて』寿郎社、二〇一七年、一三～一四頁）。
55 林博史、前掲書、八四～八五頁。
56 熊谷奈緒子、前掲書、一五三頁。

57　吉見義明『従軍慰安婦』（岩波書店、一九九五年、三～四頁）。また、吉見は自分が防衛庁防衛研究所図書館で日本軍が軍慰安所設置を指示した公文書が発見できたのは、湮滅を免れたからだという。何故湮滅されたはずの資料が残っていたかというと、敗戦直前、空襲を避けるために八王子の地下倉庫に避難させておいたため、連合国軍到着までに焼却が間に合わなかった資料群が連合国軍に接収されてアメリカにわたり、のちに返還されて防衛庁防衛研究所図書館に保存されていたからだという（前掲書、五頁）。

58　山田朗、前掲書、一八四～一八五頁。

59　林博史、前掲書、九九頁。

60　『朝日新聞』（二〇一九年一月二九日付）。

61　林博史、前掲書、九八頁。

62　前掲書、九八頁。

〈参考文献〉

〔韓国語〕

李元徳「韓日関係『六五年体制』の基本的性格および問題点」（『国際・地域研究』第九巻第四号・二〇〇〇年冬）

大沼保昭・江川紹子『「歴史認識」とは何か』（中央公論新社・新書、二〇一五年）

木下直子『「慰安婦」問題の言説空間』（勉誠出版、二〇一七年）

木宮正史・李元徳『日韓関係史一九六五～二〇一五　①政治』（東京大学出版会、二〇一五年）

木村幹『日韓歴史認識問題とは何か―歴史教科書・「慰安婦」・ポピュリズム―』（ミネルヴァ書房、二〇一四年）

熊谷奈緒子『慰安婦問題』（筑摩書房、二〇一四年）

グォン・ヒョクテ「歴史と安保は分離可能か」（『創作と批評』第四二巻第一号・二〇一四年）〔韓国語〕
申琪榮「グローバル視角から見た日本軍『慰安婦』問題―韓日関係の両者的枠を超えて」（『日本批評』第一五号・二〇一六年）〔韓国語〕
申琪榮「『ME TOO 運動』と日本軍慰安婦問題」（韓国外国語大学校日本研究所国際学術シンポジウム発表論文集・二〇一八年一二月）〔韓国語〕
ソン・ジュミョン「脱冷戦期日本の東アジア政策と韓半島政策」（『日本研究論叢』第一四号・二〇〇一年）〔韓国語〕
ソン・ヨル「慰安婦合意の国際政治」（『国際政治論叢』第五八輯第二号・二〇一八年六月）〔韓国語〕
趙世暎『日韓外交史―対立と協力の五〇年』（平凡社、二〇一五年）
テッサ・モリス－スズキ他『「慰安婦」問題の境界を越えて』（寿郎社、二〇一七年）
中曾根康弘「二十三歳で三千人の総指揮官」（松浦敬紀編著『終わりなき海軍―若い世代に伝えたい残したい』文化放送開発センター出版部、一九七八年）
中野敏男ほか『「慰安婦」問題と未来への責任』（大月書店、二〇一七年）
日本の前途と歴史教育を考える若手議員の会編『歴史教科書への疑問―若手国会議員による歴史教科書問題の総括』（展転社、一九九七年）
林博史『日本軍「慰安婦」問題の核心』（花伝社、二〇一五年）
朴洪英「日本軍従軍慰安婦日本国会会議録（一九九〇～二〇一六）の検討」（『日本研究』七〇号・二〇一六年一二月）
山田朗『日本の戦争―歴史認識と戦争責任』（新日本出版社、二〇一七年）
吉見義明『従軍慰安婦』（岩波書店、一九九五年）

▽第6章

日本慰安婦問題に対する中国政府の立場

その歴史認識と最近の研究動向に絡めて

李哲源

はじめに

アジア太平洋戦争期において、中国大陸と朝鮮半島は帝国日本が軍国主義の原理に則り、侵略と増殖の対象地域であった。同時に、人的・物的収奪の犠牲地域でもあった。そして、戦争へと動員された人的資源のなかで、具体的な事実として公的な記録・記憶とされているのが本論でも取り上げる慰安婦制度である。この制度は、人権を無視し蹂躙しただけでなく、人間の基本倫理さえも放棄した野蛮な勢力たちが自己満足のために行った悪行であった。

私は日本の歴史・文化的な土壌や日本人の性に対する認識を論ずるだけの充分な知識を持ってないがゆえに、立ち入った議論はしない。したがって本稿では、歴史的事実についての客観的資料に基づき、未だに解明されていない問題を提起し、解決の可能性を提示するだけに留めたい。加えて、一九四九年に建国された中華人民共和国（以下、中国）と、その社会構成員が持つ慰安婦への認識を、我々韓国人の観点ではなく中国の観点からアプローチしてみたい。

今日の中国人にとって近代という時期は敏感とならざるを得ない歴史の時間であり、屈辱の時代でもある。中国の歴史学界では、一八四〇年の阿片戦争を皮切りに始まる中国の近代史について、自国の歴史時間をさまざまな視角や認識の尺度で区分している。

とりわけ、近代史においての四大線索（太平天国、義和団、辛亥革命、五四運動）等、自分たちの意志で外国の勢力に抵抗したり、内部的な革命力量の発散契機が近代史の動力だったことを強調したりもしている。また、三大線索（洋務運動、戊戌維新、清末新政）等、現在の階級的な観点で資本家階級の改革努力についての歴史的評価を異にすることもある(1)。これは、近代史についての自分たちの劣敗感や困難だった時期への反省であると同時に、これを克服するための徹底した内的省察に基づいた自己批判でもある。

こういった歴史的な背景を持つ時期に発生した慰安婦問題について中国の視角や認識の尺度には、中国政府の公式立場や社会的研究の方向性において、ある一貫性を維持している。ここでは、慰安婦に対する中国の歴史的認識の根源になる論理的な背景とともに、中国政府の公式立場である外交部報道官の発言を、原文そのまま分析することにする。そして、これに基づいて中国社会で行われているこの問題へのアプローチの仕方や研究内容を、部分的に分析することにする。これらの一連の過程を通じて、中国の慰安婦問題に対する基本的な認識の流れや反応を理解することができるであろうと思う。

1　慰安婦制度の根源についての歴史的な認識

中国での慰安婦制度の発端と拡張

中国は、日本の慰安婦制度の歴史的根源が、一八七二年一〇月二日、明治政府の公布した通称「芸娼妓解放令《げいしょうぎ》」（太政官布告第二九五号）による女性に対する人身売買の禁止と、これを解決するための公娼制度の構築にあるとみている。(2) 即ち、一八九四年の日清戦争と一九〇四年の日露戦争を経て、日本軍隊の風紀紊乱の是正、性病の蔓延化抑止を主な目的として導入された公娼制度が慰安婦制度の成立に結果したのである。

すなわち、筆者はここで言う日本軍隊に向けての風紀紊乱の是正、性病の蔓延化抑止の施策は詰めて言えば、将兵の性欲管理を目的としたものであり、これを筆者は兵力統制行為と定義する。以後、この用語を使用する。

日本が近代において発動した数多の対外侵略戦争は、その規模や性格がそれぞれ異なっていることから、戦場での兵力統制もそれに応じて変化する。その中でも、とりわけ区分される転換点がある。それは日本のシベリア出兵である。日本軍の兵力統制の様相は、シベリア出兵以前と以後とに大きく別けられる。シベリア出兵以前の戦争（日清戦争、義和団事件、日露戦争）は、大抵、二年以内に終結して、軍隊の駐屯期間が長くなかった。それで、兵力統制の問題も深刻でなかった。こういった状況が転換を向かえるのが南部シベリア出兵である。

同出兵において、一九一八年八月から一九二五年五月に撤兵するまでの七年もの間、約七万三千人の軍人が南部シベリアに駐屯していた。そのため兵力統制、とりわけ兵士たちの性的欲求の解決には相当な困難があったと思われる。このため、駐屯地周辺の遊郭や慰安婦の絶対需要が記録的に拡大したと見ている。その上、一九三一年一一月、日本海軍の上海占領後には軍隊と料理屋、妓楼《ぎろう》の拡散が進んで、日本軍のためのさまざまな形態の施設が定着するようになったのである。

当時、上海に設立・運営された代表的な飲食店や妓楼としては、大一沙龍、小松亭、永楽館、三好館が「慰安所」の四大名所として活況を呈していて、この時期から公式的に「慰安婦」制度が東アジア地域に本格的に拡大したと把握している。その後、中国は日本の侵略の対象から日本の占領地となった。これにしたがって、日本軍のための慰安婦施設は益々拡散するようになり、一九三二年には上海事変を契機として上海でも拡散の一途をたどることになった(3)。

同じ年の四月、第一次の慰安婦が上海に到着した。また、日本海軍も慰安婦を募集したが、これは日本陸軍よりも早い時期で、一九三四年段階にはすでに凡そ二〇カ所の慰安所が運営されていたと報告されている(4)。

その後、これに類似した慰安所が中国東北地方にも同じ形で展開されるようになり、一九三七年七月七日の日中全面戦争（七・七事変）の勃発と日本の南京占領（同年一二月一三日）で、このような趨勢はさらに拡大されていったと分析している。これは日本政府と軍部の影響力がより大きくなったアジア太平洋戦争の間、アジア地域に拡大していった。

とりわけ、一九四五年まで中国大陸に設置された慰安所の数は大略的に把握されている場所だけでも全部で四〇〇ヶ所以上はあったと把握している(5)。慰安婦が存在していた場所の拡張は、中国の近代史におけるさまざまな屈辱的な事件と連動する形で行われたという点が注目される。とりわけ、日本の軍国主義の膨張の主要対象が中国だったという点で、一層の意味を持つものだが、これは洋務運動と明治維新の始まりがほぼ同じ時期だったということを考えると、非常に恥辱的な結果であった[6]。

問題の拡散と原因についての認識

日本の軍隊が各地に動員配備されるに従い、その駐屯地周辺に遊郭地帯が設営されていくのは、ある意味で必然と言えた。当時の日本軍隊の構造と性格上、これらの将兵たちに真っ当な娯楽や休息が提供されたとは思われない。したがって、公娼制度と日本軍隊制度とは、本来密接不可分の関係性を持ち合うものであったと言える。

換言すれば、日本軍国主義の制度的表現としての日本軍隊が占領地や植民地に動員されるなかで、この二つの制度は自然に結合されるようになったとみても差し支えないであろう。大規模な戦争に動員された若い将兵たちに発生する可能性が高い性病を事前に防止するという目的で、公娼制度は軍隊と非常に強く結びつかざるを得なかったし、それが慰安婦制度の形成の背景にあったと指摘できる。

すなわち、慰安婦制度の設立と拡大は、軍国主義国家日本が能動的かつ積極的に取り入れた政策の結果であった。それを下支えしたものが、日本国内における公娼制度であったのである。これに対する中国人の認識も、「公娼制度は国家が主導した制約のない性暴力で、慰安制度の歴史的背景だけでなく、その自生的な土壌から誕生した本質的な連続性を持った制度」という考え方を擁護している。

さらに、日本が国家の政策として設立した公娼制度に内在する強制性、集団的な性病管理モデルが、日本軍隊の統制方式および運用方式と非常に一致する特徴があったとみている。

さらには、「日本の公娼制度は兵力統制と性病管理という基軸を通して、売春を国家が経営・管理したという点で、近代国家建設、とりわけ、強力な軍隊建設の利益と結合しあって誕生した制度だという特徴がある」と指摘している。したがって、この時期の公娼制度は軍国主義の国家動員体制の完成であると同時に、日本の近代国家形成において軍国主義政策の代表的なモデルだったと見る分析は意味がある(7)。

これは、売春事業を経済的な手段として見る従来の観点から発展して、国家が全面的な管理対象として制定することで、国家独占の商品として女性を管理すると同時に、強制検査の特権まで持つことで、その後の日本が兵営国家として進んでいく基盤になったとみているのである。さらに人間の生理的な本能は、統制が不可能だという前提も無視した政策だったという点で、兵営を管理することに軍部首脳は慰安婦制度が不可欠な制度だと認識するしかなかったと分析している(8)。その上、日本人の持つ商業主義精神と、当時の地方政府もこれを積極的に受容しようと努力したという点も注目するに値する。

もちろん、一部の地方ではこれに反対する請願が提起された場合もあったが、日本の近代公娼制度が設立され、拡張されたという意味は、家父長的な封建制度の残滓だと把握することもできる。日本の軍隊は、天皇を中心に精神的な一体化を強調する特殊な集団であり、これは近代の合理主義的な思考ではとても理解不可能だというところに特徴がある。すなわち、天皇を頂点にする絶対服従という軍隊式思考の拡張が、兵営に隔離された兵士と遊郭に監禁された娼妓の間に下層階級という階級的な類似性と、自由を剥奪されたという共通点があったとの分析も興味深い(9)。

2　中国の公式立場の表明と転換の契機

中国の慰安婦問題に対する外交的な決定と対応

慰安婦問題に対する中国政府と中国社会の公式的な対応は、長い間外交的な懸案問題として取り上げられてこなかった。その理由として、一九四九年に建国された中華人民共和国（以下、中国）は社会主義体制の強化と内部的な団結を図るうえで、この問題が国家的あるいは社会的な関心の対象にならなかったからである。一九四五年の日本軍国主義の敗亡過程において、戦勝国の立場だった中華民国の蔣介石《チャンチェーシー》政権の微温的な態度にも原因がなかったわけではないが、その後に内戦で大陸を掌握した共産党政権も、この問題を考慮する政治的・社会的な関心が不足していたことは事実である。

その上、中国は一九七二年日本と国交を結ぶに至るまで、国際的に孤立した外交路線とイデオロギー的な限界を克服できずにいた。これに内部的には、文化大革命の時期に多くの問題点を露呈し、慰安婦という戦争被害者たちがむしろ迫害を受けたり、蔑視の対象になったりするケースもあった。こういった過程を踏まえつつ、中国が日本と公式的な外交関係を結んだ時期も、文化大革命の最中であったということは特記すべきである。一九七二年に台湾に代わり、国連の安保理常任国となってから中国は、外交的な孤立から抜け出すために日本に接触することになった。

とにかく、一九七二年九月二九日、北京で国務総理周恩来《チョウエンライ》（当時）と外交部長姫鵬飛《チーペンフェイ》が日本の総理大臣田中角栄と外務大臣大平正芳との間で日中共同声明[10]に調印し、公式に外交関係を結んだ。全体で九条項になるこの共同声明の第五条には、「中華人民共和国政府は中日両国の国民の友好関係のために、日本に対して戦争賠償を要求しないことを宣言する」と明示されている[11]。したがって、この条項は中国政府が外交チャンネルや政府レベルで戦争被害に対する賠償を放棄したことを公式宣言したという重要な証拠になった。

つまり、中国政府が自ら日本政府に対して、公式的に慰安婦問題に対するいかなる要求も排除したことを宣言したのである。これ以降中国政府は長い間この問題を外交懸案として取り上げなかった。その後、中国共産党の指導部内部でもこの問題についてさまざまな意見が存在したが、中国の外交的慣習や自分たちが重視する証拠や宣言、そして条項文案に立脚した外交政策といった一貫した遵守原則を破ることはできなかった[12]。

しかし、最近中国の経済成長や国力の増大をバックにして、以前の外交政策の原則から抜け出そうとする努力が見られるようになったが、それはあくまでも政府レベルの外交的発言でない、個人レベルの意思表示といった形であった。例えば、一九九二年、駐日中国大使の楊振亜《ヤンズエンヤ》が、「慰安婦は当時の日本の軍国主義者たちがアジアで犯した犯罪行為のうちの一つで、中国の婦女子の中でも被害者がいるという報道に触れた。我々は明確な真相調査が行われることを願い、これからもこの問題について注視する」と、個人的な意見を披露した。

さらに同年の三月二三、中華人民共和国の外交部長の銭其琛《チエンチーチエン》は、中国の民間人被害者への賠償問題を初めて提起した。彼は、「慰安婦問題は日本の中国侵略戦争が作り出した複雑な問題で、日本はこれに相応する適切な処置をするべきである。」と主張した。同年の四月一日には、当時の中共中央主席の江沢民《チャンツエーミン》も日本訪問の前日に、釣魚台で行われた日本人記者との会見の場で、賠償問題に関する日本人記者の質問に次のように答えた。

すなわち、「国家的レベルでの戦争賠償問題に対する放棄は確実である。しかし、民間の損害賠償請求は制限がない。あの戦争が残した問題に対しては、必ず実事求是の原則に立脚して、厳粛に協商を通じて処理すべきである」という立場を表明して、国家的レベルでない、民間レベルでの賠償処理方案を提示した。その後、七月四日、中国外務部は在中国日本国大使館の調査結果に対する中国外務部の立場を発表したが、この問題について、「日本が「中国と韓国を同等に扱う」ことを願う」という立場を表明した。[13]これは、四七年もの間、沈黙してきた中国の慰安婦問題に対する公式的な立場が伝えられたということで非常に大きな意味がある。

その後、中国政府及び中国の学会での慰安婦についての公式的で事典的な認識は、次のように、「慰安婦問題は第二次世界大戦時の日本政府と軍部がアジアへの侵略戦争を恣行する過程で、兵士や将校で構成される武装軍人集団の生理的な問題を解決するために、措置・実施した性奴隷である。とりわけ、韓国と中国の歴史学者たちは、この制度が欺瞞と脅迫によって推進された政策で、慰安婦のほとんどは中国、朝鮮半島、台湾、沖縄出身であり、これらは慰安婦で、日本本土出身は挺身隊と呼ばれた。一九九六年、国連でこの問題が提起されて、日本のこういった過去の政策は性奴隷だったことを確認した」[14]と定義している。

これに加えて、中国政府の公式報道機関でありメディア管理機関である国務院、新聞辦公室は、慰安婦についての記録と自らの立場を代弁したプログラムを製作して、公式的に二〇一五年八月一三日に放送したのだが、それが中国「慰安婦」現状調査報告である。[15]これには現在の中国政府と各種団体の慰安婦問題に対する立場が包括的に盛り込まれている。戦争以降、提議されてきた犠牲者たちの証言をはじめとして、この制度は日本という国家が主導した性暴力であり、その歴史的背景や胎生的土壌において、

その連続性のあることが認められるということを主張した。(16)

中国外交部報道官の発言を通じた中国の慰安婦問題の変化

二〇一三年五月一四日、韓国国内では日本従軍慰安婦問題が活発に議論され、日本政府への憤りが沸騰している状況のなか、同問題に消極的な姿勢を崩さなかった中国に向けても怒りの矛先が向けられる可能性があった。当然ながら、そのような中国に対して、その公式的な見解を質す動きが起きるはずであった。実施に中国の外交報道官であった洪磊《ホンレイ》は、同問題について答弁を要求された。

これは前日の五月一三日に当時、日本維新の会代表だった橋下徹が「慰安婦制度は当時、軍紀を維持するためには必修的な処置で、日本政府と軍部がこれを推進したいかなる証拠もない」と発言したことに対する記者会見での公式質問だった。その翌年、実際に洪磊報道官は、二〇一四年一月一七日の定例記者会見で、『慰安婦』強制連行は日本軍国主義が第二次大戦中に犯した重大な人道に対する罪だ。韓国を含むアジアの被害国と共に、歴史を正しく認識し、深く反省するよう日本側に促したい」と述べた。(17)

その後、二〇一四年一〇月二二日、日本の官房長官だった菅義偉が、「河野談話」での慰安婦問題を否認すると、外交部報道官の华春莹《ホアチュンイン》は、「慰安婦は日本の軍国主義が第二次世界大戦時にアジア国家の国民たちに犯した重大な反人道主義的な犯罪行為で、否認することができない確かな証拠がある。中国は日本の関連報道にこれを厳重に警告して、これを否認しようとする行為は歴史的な犯罪と事実を否認することとみなして反対する。日本のこのような歴史的事実を歪曲する動きは、人類の指弾の対象である。我々は、日本側が正確で深刻な侵略の歴史に対する間違いない修正と深い反省を促す(18)」と強い調子で抗議した。

これに加えて、二〇一五年一二月、韓日外交長官が東京で慰安婦問題に対する相互合意を成立させたことについての質問に、当時の外交部報道官の陸慷《ルーカン》は中国政府の公式立場を次の通り発表した。すなわち、「中国政府は関連報道を注視しており、慰安婦問題は日本が第二次世界大戦時にアジア国家の迫害国民たちに加えた重大な反人道的な犯罪行為であるというのが中国側の一貫した立場である。日本は侵略の歴史を反省して、責任を負う態度で関連問題を処理すべきである(19)」と述べた。また、二〇一七年四月二〇日日、外交部報道官の陸慷は、日本の国立公文書館で発見された慰安婦問題の資料について、日本の高級官僚がこの事実を否認したことへの質問を受けた際、次の通り対応した。

そこでは、「中国はこの報道について注視しており、慰安婦問題は日本の軍国主義が第二次世界大戦時に犯した重大な犯罪行為で、徹底した証拠が山のようにあり、軽く処理できない問題である。日本政府は相変わらずこの問題について否認するというミスを犯しているが、これは日本の歴史問題に対する過ちが繰り返される場合にだけ持続されると見ている(20)」と述べた。その後、二〇一八年一一月二一日に韓国政府が前政権が設置した「和解・癒やし財団」を解散したという報道があった。

その際、これにより国際関係や韓日関係の悪化が予想されるだろうという展望について、中国はどんな立場であるのかという質問に対して、外交部報道官の耿爽《コウソウ》は、次の通り発言した。「中国は慰安婦問題に対して、一貫して明確な立場である。日本はアジアの隣接国家や国際社会との関係で責任のある態度で関連問題を処理すべきであり、日本と韓国は東アジアで重要な国家として、両国の友好関係が維持されることを望む(21)」と述べ、中間者的な立場を表明した。このような態度は、結局、日韓両国間の問題は自分たちで解決すべきであるという外交的な修辞であり、これは中国の一貫した原則でもある。

3　社会団体および学会の慰安婦問題に対する研究と立場

中国の場合、社会団体は形式的には存在しても、ほとんどが官製団体であり、中国共産党の支援を受ける御用団体である。それで、中国政府の公式立場と異なる主張をするのは難しい。したがって、彼らの論理や主張は政府の公式立場を繰り返したり、同じ立場を支持しているので、社会団体の意見を参考することはあまり意味がない。それにもかかわらず、中国の学会では、ある程度この問題についての研究が進められている。代表的なのは、上海師範大学の苏智良《スウジーリャン》教授が個人的な研究業績を蓄積しており、その結果、同大学は記念館が設立されて韓国と日本との交流を活発に行っている[22]。

しかし、彼をはじめとするほとんどの学者や社会団体の慰安婦問題へのアプローチや研究テーマの関心は、主に一次史料の発掘や中国をはじめとして、韓国や日本、そして台湾の研究者たちとの交流に偏向しており、その点で一定の限界を持つ。すなわち、彼らは慰安婦制度によって派生した結果だけに重点を置いていることだ。

したがって、研究内容も慰安婦についての一次史料や生存する犠牲者たちの口述や現状を把握する点に重点が置かれている。結果的に、慰安婦の発生についての歴史資料に基づいて慰安婦制度の実施原因、日本政府の責任と国際法の賠償問題を取り扱った内容に限定されている。このような研究には時期的な制限や内容の断片化を招く結果、慰安婦制度の罪悪の本質を全面的に分析することができないのである[23]。

前でも指摘した通り、中国の歴史学界の現代史研究は、時期的に自分たちが決めた歴史発展段階論（科学的な歴史発展段階＝マルクス主義）に立脚した前提を重視して行われてきた。特に、近代史研究の中で慰安婦問題のように深刻な意味を持つ問題はなおさらである。これに便乗して、最近、中国の若手学者たちの中でも、このようなやり方で慰安婦問題へのアプローチがなされている。代表的なのが華東理工大学の朱憶天《ヂゥーイテン》である。彼は、慰安婦問題の根元を一八七〇年代から一九二〇年代にかけての「南洋姐《ナンヤンジェ》」という名称の海外の性売買団の組織が発端だと主張している。

このような経験を通じて、日本は帝国主義を拡大させていくなかで、女性を経済的商品かつ日本資本の原始的な蓄積の商品とみなしていた。その結果凡そ一〇万人の日本女性が存在していたという。そして、このような制度的な蓄積を通じて、東アジア女性の慰安婦制度のシステムと制度が形成されたと考えている。(24) また彼は、慰安婦制度の形成過程と日本の近代国家の設立過程における社会管理のモデルの確立、そして、公娼制度の植民地移植、日本軍隊と公娼制度の連係および関係についての研究が行われるべきだと主張している。(25)

4　結論および補完点

日本軍慰安婦制度は日本の軍国主義主導の戦争犯罪であり、民族差別、女性人権が無視されたという事実、それ自体が本質である。この制度の形成は、一日にして成されたものでなく、さまざまな歴史的要素、政治・文化的要因が発酵してできた産物である。また、思想的根源から見れば、長い期間にわたって変化・発展の過程を経た結果である。日本の近代公娼制度の確立は、国家が性に対する独占的特権をもつことにより、管理の便利さと経済的な効率性を確保した。これをもとにして、軍の兵力統制問題と性病管理といった国家売春体系の基礎のもとに形成された操作的モデルである。

大規模な戦争の遂行過程に形成されたさまざまな物的資源の戦時動員体制のもとで、政治的・経済的な情報や権力の優越性を確保した団体であった国家権力と軍事権力が作り出した残酷な戦争手段であった。これは一言で性奴隷制度であり、日本の軍国主義の残酷性がそのまま表現された結果だと言える。当時、日本が挑発した対外戦争の過程で、日本軍隊の兵力統制が問題視されるにつれて、軍部はさらにこの問題に深く関与した。その後、民間主導の官民連合、あるいは軍部主導の変化過程を経て、日本の戦時慰安婦制度が確立され、相当な管理経験と運営方式のモデルが蓄積されたと見なければならない。

中国でも慰安婦問題についての社会的関心やこれに対するさまざまな文化的産物（映画、小説、演劇など）が生産されており、現在も進行中であるが、韓国とは少し異なる様相を見せている。その理由については、さまざまな解釈が可能である。まず、中国の対日外交はそのスタートからステップの段階が捻じれてしまったという点である。

そもそも一九七二年の日中国交正常化交渉から台湾との関係設定で足下を見られて、日本の同意を得るために共同声明の第五条、戦後賠償に対する譲歩が中国の外交的選択の幅を狭くしたという指摘が説得力を持つ。もう一つは、日本という強大国との外交で、正面衝突のイッシューを回避するという韜光養《とうこうよう》晦《かい》的な外交政策の選択だという点である。

最後に、この問題の最大の被害当事者である中国に代わって、同じ被害者でありながら、むしろ自分たちよりもさらに積極的に日本への戦争賠償を要求する韓国政府の外交的手順を傍観しつつ、自分たちの実利を模索しようとする伝統的な中国人の心理が反映された結果だという指摘もかなり説得力がある。これらすべてがどれ一つとっても無視できない結論だとしても、中国政府の慰安婦問題に対する態度や

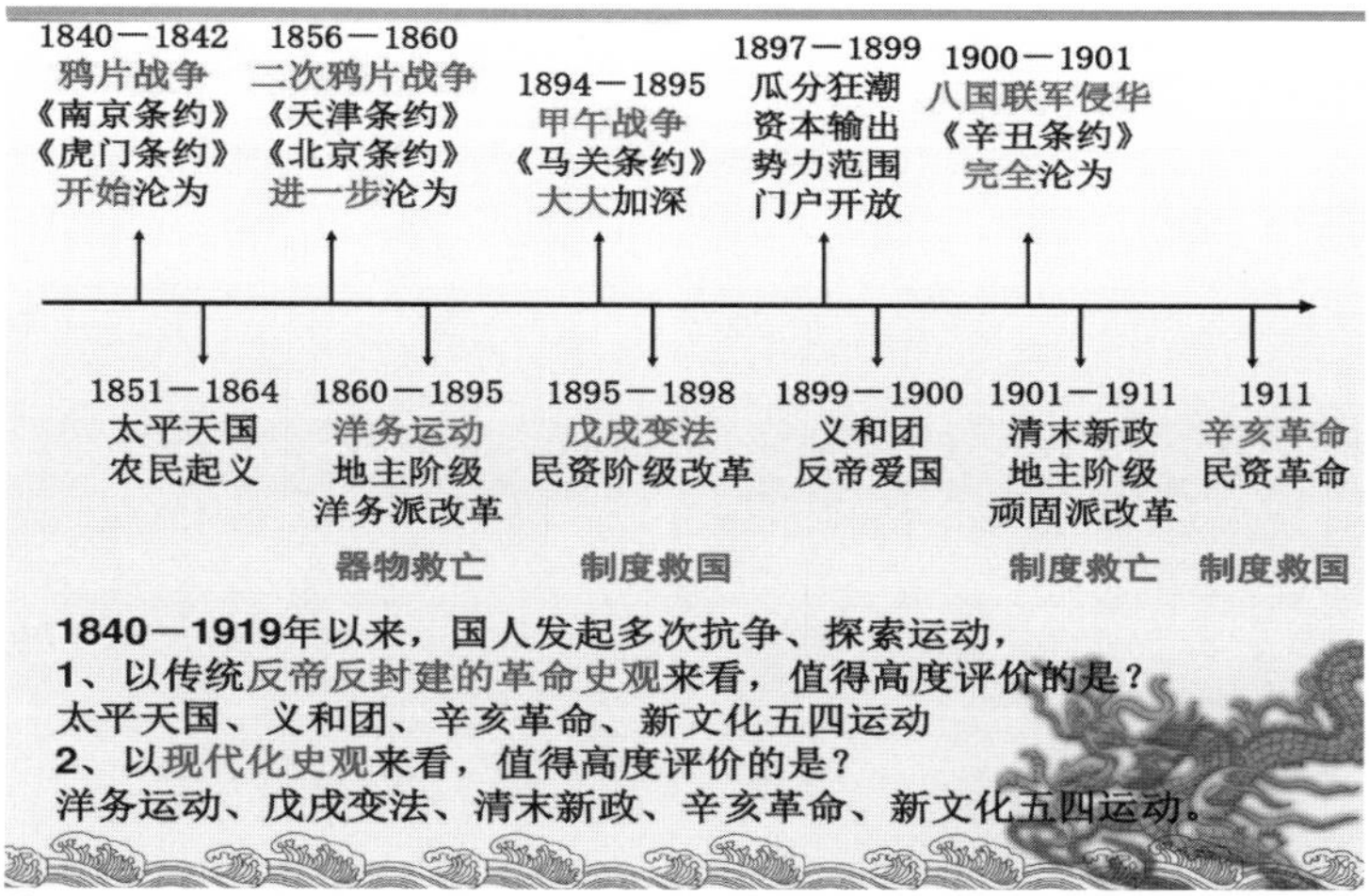

註１　https://wenku.baidu.com/view/40efb58677a20029bd64783e0912a21614797f93.html?rec_flag=default&sxts=1556434483742)

認識の転換は、非常に安逸ではあるものの、一貫した冷静さを保っているということは注目すべき点である。

〈註〉

1　掲載図（https://wenku.baidu.com/view/40efb58677a20029bd64783e0912a21614797f93.html?rec_flag=default&sxts=1556434483742)

2　一八七二年一〇月二「文明開化」を標榜して、明治政府が公布した「芸娼妓解放令」が女性の人身売買を禁止して、これに相応する処置として「貸座敷取締規則」と「娼妓取締規則」を制定し、強制健康検診、営業許可書、納税制度の完備による日本の近代公娼制度の構築が発端だと見ている。(https://baike.baidu.com/item/34867?fr=aladdin)

3　当時、中国戦略の日本軍が上海に到着して、日本の上海派遣軍の参謀部長の岡村寧次と高級参謀の岡部直三郎が司令官白川義則の批准を受け、日本陸軍が上海に設置した慰安所が最初で、長崎に慰安所を募集する

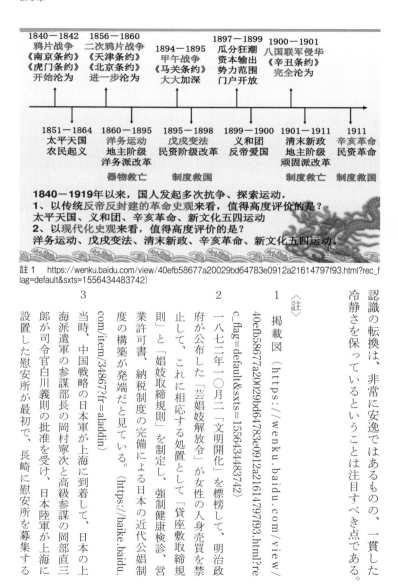

場所があった。岡村寧次著・稲葉正夫編『岡村寧次大将資料〈上巻〉戦場回想篇』（明治百年叢書、原書房、一九七〇年、三〇二頁）。岡部直三郎『岡部直三郎大將の日記』（芙蓉書房、一九八二年、二三頁）、朱憶天「日本慰安妇制度源流考」（『史林』上海社會科學院歴史研究所出版社、二〇一五年、Ⅰ期から再引用）。

4 王承礼 等編『苦難與鬪爭十四年』（下巻、北京・中國大百科全書出版社、一九九五年、三三九頁）。

5 華北地方（現在の河北省、河南省、山東省）一〇〇ヶ所、華中（現在の湖南省、湖北省、江西省）一四〇ヶ所、華南（現在の広東省、広西省、貴州省）四〇ヶ所、南方一〇〇ヶ所、南海一〇ヶ所、樺太一〇ヶ所等、全部で四〇〇ヶ所を越えるという推算である。これはとても皮相的な数字で、公式的でない数字がさらに増えるのは当然である。（https://baike.baidu.com/item/34867?fr=aladdin）

6 一八八八年、日本陸軍の兵力は六個師団から始まり、中国の歴史上、前代未有の経験である日清戦争での敗戦は、歴史的にとても深刻な結果だった。その後、日本陸軍は十二個師団に増えて、一九〇五年の日露戦争の勝利後は十八個師団に拡大して、兵力が増加したことで自然とより多くの慰安婦の必要性が提起されたことを指摘している。苏智良「侵沪日军的〝慰安所〟」（『抗日战争研究』北京・中國社會科學院出版社、一九九六年・第四期、五三～六四頁）。

7 明治政府が制定した「娼妓梅毒長期検査規則」は、これをさらに確実に証明している。その具体的な内容としては、⑴娼妓は健康安全保護許可書の発給を受け、検診を受けて携帯しなければならず、⑵この許可書がなければ、従事することはできず、⑶客が望めば、提示しなければならず、⑷規定の検査日には必ず検査を受けなければならず、三日以内の再検査等、のような内容である。こういった方法は、当時、西洋の帝国主義国家の娼妓登録制度を模倣して、明治政府の「脱亜入欧」の成果だと自慢した内容があったという点でとても意味がある。朱憶天「日本慰安妇制度源流考」（『史林』上海社會科學院歴史研究所出版社、

二〇一五年・第I期、一四五～一六七頁)。

8 一九〇五年、官房が後ろ楯となった民間団体である「日本花宴藝方会」が成立されて、一九一〇年の行政執行法と娼妓取締規則は、私娼の娼妓を管理対象に編入させる処置だった。その後、一九二七年に帝国議会の上院を通過して、(1) 主務大臣の命令で市および公共団体に性病診療所を設立して、(2) 国庫から二〇‐五〇%を支援・運営して、(3) 各地に適当な診療所を公、私立で設立できるようにして、(4) 性病を法的に区分して、(5) わざと伝播する者は法で処罰できると規定した。经盛鸿・管尔东「侵华日军南京慰安所调查与研究」(『南京社会科学』南京社會科學院出版社、二〇〇四年・第一二期、三三～三九頁)。

9 一定な場所に強制で所属させられていた娼妓は、外出の自由が禁止されており、強制的で長期的な性病検査を遊郭地帯に設置された専門性病院で受けさせられた。徹底して外部と隔離された公娼制度が、あたかも軍隊の兵士と同一な方式で管理されたという点である。これは、手頃な資本と管理費用による遊郭モデルが、まるで日本軍隊の兵士管理としても胎生的で、とても類似した特徴を持っているという分析である。江浩『中国慰安妇』(西寧、青海人民出版社、一九九八年、一九頁)。

10 一九七二年、北京で調印された両国の国交正常化に関する連合声明の内容で、「中日两国是一衣带水的邻邦、有着悠久的传统友好的历史。两国人民切望结束迄今存在于两国间的不正常状态。战争状态的结束、中日邦交的正常化、两国人民这种愿望的实现、将揭开两国关系史上新的一页。日本方面痛感日本国过去由于战争给中国人民造成的重大损害的责任、表示深刻的反省。日本方面重申站在充分理解中华人民共和国政府提出的〝复交三原则〟的立场上、谋求实现日中邦交正常化这一见解。中国方面对此表示欢迎。中日两国尽管社会制度不同、应该而且可以建立和平友好关系。两国邦交正常化、发展两国的睦邻友好关系、是符合两国人民利益的、也是对缓和亚洲紧张局势和维护世界和平的贡献」の本文と八つの条項の細部履行規則、そして

11　両国首脳の署名で構成されている。（https://baike.baidu.com/item_[1]_103941）その（五）は、次の内容である。（五）中華人民共和国は宣言する、中日両国人民の友好のために日本国に対する戦争賠償の要求を放棄する。中国語は以下の通りである。（五）中华人民共和国政府宣布：为了中日两国人民的友好、放弃对日本国的战争赔偿要求）。（https://baike.baidu.com/item/% E4% B8% AD% E6% 97% A5% E8% 81% 94% E5% 90% 88% E5% A3% B0% E6% 98% 8E#ref

12　中国は一九八四年、鄧小平の英国訪問で、一八九七年に結んだ北京条約の原文と原則を突きつけて、当時のサッチャー首相から香港返還を引き出す外交政策の原則を遂行した経験があって、これにともない、条約内容を原文通りに遂行する政策を基本にしている。

13　蘇智良『日軍「慰安婦」研究』（北京、團結出版社、一九九八年、二一八～二二〇頁から再引用）。

14　その内容は以下の通りである。「指第二次世界大战时期日本政府及其军队为顺利实施并完成侵略亚洲的战争而推行的一种军队性奴隶制度、中韩历史学者认为主要是通过诱骗和强迫。大部分慰安妇来自中国、朝鲜半岛、日本本土、日据台湾、也有许多琉球、东南亚等地的女性、其中在日本本土召集的慰安妇又被称为女子挺身队。１９９６年联合国曾就日军慰安妇问题出台报告、将慰安妇制度认定为性奴隶制度」（https://baike.baidu.com/item/% E6% 85% B0% E5% AE% 89% E5% A6% 87/34867）

15　中華国人民共和国の国務院新聞辦公室は、中国の新聞、放送、メディアを総括する中国政府の公式報道機関である。これらが製作したプログラムが、まさに中国政府の公式的な立場であり、この内容は政府サイトにも登録されている。中華人民共和國國務院新聞辦公室制作「中国『慰安妇』现状调查报告」简介。http://www.scio.gov.cn /ztk/dtzt/2015/Document/3.htm

16　宋连玉『公娼制度から「慰安妇」制度への歴史的展开』（東京、一九九九年、三九頁）、「公娼制度这一国家

主导的无约束的性暴力、不仅仅是慰安妇制度的历史背景、更是其滋生的土壤、可以说在本质上是一种连续性的制度」朱忆天前掲論文からの再引用。

17 『人民網』（二〇一四年一月一七日付）。

18 『人民日報』（二〇一五年一〇月二二日付、记者暨佩娟）。その内容は以下の通りである。「针对日本内阁官房长官菅义伟日前发表否认「河野谈话」的言论、外交部发言人华春莹22日指出、强征「慰安妇」是日本军国主义在二战期间对亚洲等受害国人民犯下的严重反人道罪行、铁证如山、不容否认。华春莹表示、我们对日方有关言论表示严重关切。任何企图否认这一历史罪行和事实的做法只能适得其反、使人们对日方企图为历史翻案的动向更加警惕。我们严肃敦促日方不折不扣地信守正视和深刻反省侵略历史的有关表态和承诺」

19 質疑応答を中国語原文で示すと以下の通りである。问：日本、韩国就「慰安妇」问题达成共识、日本首相安倍晋三向受害者表示道歉。中方今后是否将就「慰安妇」问题与日方磋商并推动这一问题最终解决？答：日本军国主义发动的侵略战争给中国和亚洲其他受害国人民带来了深重的灾难。我们一贯要求日方正确认识和对待那段侵略历史、汲取历史教训、以实际行动取信于亚洲邻国和国际社会。（https://www.fmprc.gov.cn/web/fyrbt_673021/jzhsl_.shtml）

20 質疑応答を中国語原文で示すと以下の通りである。问：据报道、今年二月、日本国立公文书馆向日内阁官房新提交一九件〝慰安妇〟问题相关档案复印件、其中明确纪录了二战期间日军强征〝慰安妇〟的事实。但日本内阁官房高官对此予以否认、称〝从整体来看、并未发现直接显示日军强征慰安妇行为的纪录〟。请问中方对此有何评论？答：中方注意到有关报道。强征〝慰安妇〟是日本军国主义在二战期间犯下的严重反人道罪行、铁证如山、不容抵赖。日本政府到今天仍然在这个问题上矢口否认、视而不见、这只能再次暴露出日方在历史问题上的错误态度。（https://www.fmprc.gov.cn/web/fyrbt_673021/jzhsl_673025/t1455174.

shtml)

21 質疑応答を中国語原文で示すと以下の通りである。问：韩国政府今天宣布解散根据《韩日慰安妇问题协议》设立的相关基金会。外界认为这将导致日韩关系再度紧张。中方对此有何评论？答：中方在〝慰安妇〟问题上的立场是一贯和明确的。希望日方正视亚洲邻国和国际社会的关切、以负责任的态度妥善处理有关问题。日本和韩国都是东北亚地区重要国家、我们希望双方保持友好关系。（https://www.fmprc.gov.cn/web/fyrbt_673021/jzhsl_.shtml）

22 彼の代表的な研究業績は、次の通りである。『慰安妇研究』（上海书店出版社、一九九九年）、『侵华日军「慰安妇」问题研究』（第一作者、中共党史出版社、二〇一一年）、『二战时期的日军「慰安妇」制度』（主编、学林出版社、二〇〇〇年）、『上海日军慰安所实录』（第一作者、上海三联书、二〇〇五年。韓国東北亜財団韓文版、二〇〇七年）、『日军性奴隶　中国「慰安妇」真相』（人民出版、二〇〇〇年）、『日本对海南的侵略及其暴行』（第一作者、上海辞书出版社、二〇〇五年）、『日本侵华战争遗留问题和赔偿问题』（第一主编、商务印书馆、二〇〇五年）、『追索―朝鲜「慰安妇」朴永心与她的姐妹们』（第二作者、广东人民出版社、二〇〇五年）。

23 代表的なものに、步平「慰安婦問題與日本的戰爭責任認識」（『抗日戰爭研究』二〇〇〇年、2期）、蘇智良『慰安婦研究』（上海書店出版社、一九九九年）、卞修跃「慰安婦問題與日本戰爭責任」（『抗日戰爭研究』一九九二年、2期）、陳麗菲『日軍慰安婦制度批判』（中華書局、二〇〇六年）、朱德蘭『臺灣慰安婦』（社會科學文獻出版社、二〇一二年）等がある。

24 彼は、西洋の帝国主義は植民地建設の段階でまず教会を設立してから、学校、病院を建設して、キリスト教の教理に立脚した勢力拡大に充実する姿を見せた反面、日本はまず初めに妓楼と料理店を建設して、日

本内地の公娼制度を模倣した制度を先に導入する特徴を見せたと述べている。代表的には、一九〇五年六月、日露戦争末期、関東州民政署を大連に設立して、第二号の勅令が、まさに「芸妓탁婦금雇婦女取締規則」から始まり、日本内地の公娼管理制度をそのまま導入する事例を見せたと指摘している。その後、満州を占領して管理する過程でも、これをそのまま適用して、朝鮮半島の侵略にも適用されたことを指摘している。

25 朱憶天「日本慰安妇制度源流考」(『史林』上海社會科學院歴史研究所出版社、二〇一五年、1期)。

しかし、このような主張には、日本の公娼制度が軍隊に転移されて、軍隊統制問題を解決するために作られた処置だったという主張の根拠に提示される限界が存在する。ここには軍隊の強制性が普通の募集で雲隠れする論理の展開が成されて、日本近代の性的倫理感覚や女性の人権認識が現代と異なる時期に現在的な価値観で歴史的判断になるという限界がある。また、慰安婦制度が単に公娼制度の戦争地域に移転されただけで、日本の軍隊組織の強制性はないので、日本政府の法的側面の責任はないという論理に進められる根拠になる。このように日本の歴史、伝統文化の特殊性という擁護を受けて、この制度に免罪符を与える認識が日本の右派たちの異変になれるという限界が明らかに存在する。

〈参考文献〉

姜浩峰「上海一六六处日军慰安所寻踪」(『新民周刊第二七号・二〇一五年)

江浩『中国慰安妇』(青海人民出版社、一九八八年五月)

经盛鸿・管尔东「侵华日军南京慰安所调查与研究」(『南京社会科学』二〇〇四年一二月)

吉见义明・齐方『南京事件前后日军慰安所的开设与运作—南京・上海・扬州的日军慰安所与上海派遣军(1937-1938)』(上海交通大学出版社)

步平「慰安妇问题与日本的战争责任认识」（『抗日战争研究』二〇〇〇年二月）
符和积「侵琼日军慰安妇实录」（『抗日战争研究』）
遣军『日本侵华史研究—一九三七—一九三八—』（二〇一三年三月）
王延华・关于日军的「慰安妇制度」（『齐齐哈尔大学学报〈哲学社会科学版〉』一九九五年五月）
王亚琴「日本政府、军队与〝慰安妇〞制度的推行」（『上海师范大学』）
苏智良『慰安妇研究』（上海书店出版社、一九九九年）
同・姚霏・陈丽菲『日军上海慰安所实录』（上海三联书店、二〇〇七年）
同「关于日军慰安妇制度的几点辨析」（『抗日战争研究』（一九九七年三月）
同「〝慰安妇〞就是日本政府推行的军队性奴隶」（『社会科学战线』二〇一四年八月）
同「侵沪日军的〝慰安所〞」（『抗日战争研究』一九九六年四月）
同「日军在湖北实施〝慰安妇〞制度的考察」（『华中师范大学学报〔人文社会科学版〕』第五四号・二〇一五年三月）
章伯锋・庄建平主编『血证—侵华日军暴行纪实日志』（成都出版社、一九九五年）
田苏苏「日军慰安妇政策在华北地区的实施」（『抗日战争研究』二〇〇五年二月）
朱忆天「日本慰安妇制度源流考」（『史林』上海社會科學院出版社、二〇一五年）
华强「二战时期日军〝慰安〞制度的国际化倾向」（『抗日战争研究』二〇〇六年二月）
同「日军〝慰安〞制度在滇西」（『文史天地』二〇一三年八月）

▽第７章

日本植民地下における台湾の慰安婦問題

その背景としての日本の公娼制度及性需要に関連して

楊孟哲

はじめに

課題と分析視角

小論は、台湾における従軍慰安婦問題を取り上げる場合、避けて通ることのできない日本の公娼制度と近代日本の性需要の問題を中心にして論じようとするものである。そこでの問題設定は、以下の通り四点に絞ることにする。

第一に、台湾における従軍慰安婦問題が生起する歴史的起点が何処にあるのかを日本近代史を含めて概観すること。ここでは植民地下台湾の実態と、台湾占領以後、日本から台湾に流入した娼妓などの実態を追うこと。

第二に、植民地下台湾で、特に日本軍将兵を対象とする性需要が膨らむなかで生起した性病罹患への対策として、台湾総督府は積極的に台湾に公娼制度を普及させたこと。そこでは、日本軍将兵のために徹底した性の管理が推進されたことを明らかにすること。

第三に、そうした性の管理政策が性需要に追いつかず、台湾婦女子への暴行・強姦など性犯罪が多発していく。これを抑止するための一環としても導入された公娼制度にも拘わらず、いわゆる娼妓を含め慰安婦があらゆる形態を伴って出現することになったことを指摘すること。そして、それによる性需要を満たすことが不可能であったことからも、日本軍当局は民間業者を使って、所謂従軍慰安婦の募集を行っていたことを資料により指摘すること。

第四に、戦後の現在においても、台湾政府の怠慢、台湾社会の関心の希薄さなどの理由により、台湾では依然として従軍慰安婦問題が国際人権問題として普遍的な課題として受け止められていない現実を指摘していくこと。

以上が本稿の課題と併せ結論的な内容である。

先行研究と基本資料

紙幅の関係で多くは紹介できないが、小論で参考とした資料及び論文などを何点か挙げておきたい。台湾の従軍慰安婦問題を論ずる上で不可欠な資料集として、朱徳蘭《ヂゥードゥーラァン》の編集による『台湾慰安婦関係資料集』（不二出版、二〇〇一年）がある。同資料集は『台湾総督府文書』と『台湾拓殖株式会社文書』に収められた台湾の娼妓・慰安婦関係資料を中心に、『台湾年鑑』や『台湾総督府統計書』等の統計資料も豊富に記載されている。また、従軍慰安婦研究の第一人者である吉見義明（現在、中央大学名誉教授）

や、財団法人「女性のためのアジア平和基金」によって整理・調査された外務省・防衛省に所蔵されている台湾慰安婦関係の資料を一部引用している。同資料は、台湾の従軍慰安婦問題を論ずる場合の必読資料のひとつである。

なお、朱は同資料を用いて『台湾総督府と慰安婦』（明石書店、二〇〇五年）をも発表し、第七章に「台湾元慰安婦の傷跡」と題して台湾慰安婦の実像に迫っている。さらに朱は、台湾人従軍慰安婦に関する初めて公開される資料を含む「台湾慰安婦档案」を『週刊台湾通信』（第八八二六号・一九九九年七月一五日号）に発表し、台湾人従軍慰安婦が数多存在していることを明らかにした。そのことは台湾国内だけでなく、日本の研究者にも注目された。

日本の研究者で本稿に関連するテーマでの研究では、大阪産業大学の藤永壮《ふじながたけし》を挙げることが出来る。藤永は、二〇〇五年六月一八日に開催された京都大学大学院文学研究科二一世紀COEプログラムの第一六回研究会で、「帝国日本と植民地公娼制度―台湾の事例を中心に」の研究発表を行い、台湾に公娼制度が導入されたのは、日本の台湾植民地支配開始以後であることを明らかにした。

すなわち、公娼制度設立の背景に日本軍将兵の台湾女性との接触から性犯罪が多発することになり、その対策の一環として台湾各地の軍医が公娼制度の設置を台湾総督府に要望したと指摘している。そこでは、貸座敷・娼妓に対する取り締まりなどが強化されていく過程を詳細に論じている。その報告内容が同プログラムのニュース『帝国システムの政治・文化的比較考察研究』（第一一号・二〇〇五年九月二〇日）に収載されている。

さらに張 曉 旻《チァンシャオミィン》の「植民地台湾における強制性病検診治療制の確立過程」（『日本台湾学会報』第一二号・二〇一〇年五月）を挙げなければならない。そこでは、植民地台湾における売買春管理体制に不可欠な性病検診治療の実態を通して、一九〇六年の公娼制度確立から、一九二〇年代初頭における売買春管理体制の再編過程を豊富な資料をベースにして詳細に論じている。小論も張論文を一部参考にはしたが、小論は概説的論稿ということもあり、同論文の全てを俎上に挙げてはいない。なお、張にはこの他にも、「植民地台湾における公娼制度導入の背景」（神戸大学大学院国際文化学研究科日本学コース『日本文化論年報』第一三号・二〇一〇年）など優れた論文がある。

最後に最近の研究書として注目されている著作に、吉見義明の『買春する帝国―日本軍「慰安婦」問題の基底』（岩波書店、二〇一九年）がある。同書は、近代日本の公娼制が帝国の形成と発展の過程で、最終的には日本軍「慰安婦」を生み出す背景となったことを的確に論じており、その内容は小論が目指す内容と基本的に一致する。加えて、早川紀代『戦争・暴力と女性3―植民地と戦争責任』（吉川弘文館、二〇〇五年）も挙げておく。また、倉橋正直（愛知県立大学名誉教授）の『従軍慰安婦問題と公娼制度―従軍慰安婦問題再論』（共栄書房、二〇一〇年）がある。同書では従軍慰安婦を「性的奴隷型」と「売春婦型」二つのタイプに区分されるとする論点で叙述され、関心を呼んだ。

また、かつてアジア女性基金の提唱者の一人で、従軍慰安婦問題を人権の観点から問題提起をした大沼保昭（東京大学名誉教授）の注目作である『「慰安婦」問題と何か―メディア・NGO・政府の功罪』（中央公論新社・新書、二〇〇七年）がある。従軍慰安婦問題を解決し、歴史和解へと如何にして進むのかを考える上で、重要な必読書である。

1　軍事国家日本の台頭

明治近代国家の成立過程と対アジア差別主義

本論に入る前に従軍慰安婦問題を生み出す結果となる近代日本の、言うならば性需要の背景にある日本近代史に触れておきたい。韓国での出版をも踏まえ、やや教科書的な叙述であり、日本の読者には周知の事実かも知れないが、台湾を含めアジア諸国の読者には、必ずしも共有された知識ではないと思うからである。

近代日本の起点は明治維新と呼称される徳川封建体制の打破と、西欧に範を採った近代化の開始に求められる。日本は急速な近代化を図ることで、清国や李氏朝鮮の如く、封建制度に固執して近代化に前向きでなかった諸国と異なり、欧米諸列強による植民地化を回避することが可能であった。しかし、その反面で日本は欧米に対する劣等意識から逃れるため、その反作用として中国（清国）や李氏朝鮮など、アジア諸国民への徹底した優越意識を抱くことにより、いわば精神の均衡を保つことになる。

それゆえ明治維新には、主に日本国内において肯定的な評価が生まれ、またアジア諸国には明治維新を近代化の先行事例として評価する見解もあった。その反面、明治維新を他のアジア諸国への偏見と差別意識をも派生させた起点として批判的な受け止めもある。事実、明治国家は明治維新という名の政変（クーデタ）によって成立した経緯から、二世紀半続いた封建制の時代に培われた厳格な差別主義が、そのまま明治国家に持ち込まれた。そのこともあって、国家体質として、暴力や排除の論理を多分に内在させていた。つまり、協調や共同の論理よりも、選別や排除の論理が貫徹された事実上の軍事国家として成立したと言える。

そのことを証明するのに頻繁に引用される言説に、日本近代化の功労者と言われる福澤諭吉の主張がある。一部には実業家であった高橋義雄の執筆とする見解もあるが、大方が福澤の手になるとされる『脱亜論』が、一八八五（明治一八）年三月一六日付で、新聞『時事新報』（第九一七号）紙上に無署名の社説として掲載された。

そこでは、「日本の国土はアジアの東辺に位置するが、国民の精神はすでにアジアの陋習《ろうしゅう》を脱しており、西洋文明に向かっている。不幸なことに、近隣には支那と朝鮮と言う二つの国がある。支那、朝鮮に対しては隣国という理由で特別な関係を持つのではなく、欧米諸国と同じような付き合いかたにして、悪い隣人と親しめば、悪名は免れず、我々はアジア東方の悪鄰《あくりん》を拒絶すべき」（『福澤諭吉全集』第一〇巻、岩波書店、一九七〇年）と記されていた。

すなわち、「支那と朝鮮と言う二つの国」は「悪い隣人」であるから交流すれば日本も「悪名は免れず」の状態に置かれるから、これら二つの国とは交流はしないことが大切だと説いたのである。ここにはアジア諸国民への差別意識が露骨に示されており、それが明治期以降における日本人の対アジア認識に決定的とも思われる影響を及ぼすことになった。

さらに福澤が幕末から明治にかけて執筆した『西洋事情』や『文明論の概略』などにも通底する対アジア差別主義や対アジアに向けての侵略志向は、その後にアジア諸国の主権侵害に拍車をかけることになっていく。明治国家は、その後、台湾出兵や日清・日露戦争を行う一方で植民地確保に狂奔し、台湾をはじめとする数多の諸国民への危害を繰り返すことになった。なかでも婦女子の人権侵害は甚大に及んだ。それゆえ、福澤の諸説は、結果的には人権侵害を招来した主張として捉えることも決して過言ではないであろう。

明治国家は、徳川封建制を脱して版籍奉還や廃藩置県の断行により強固な中央集権制を敷く国家へと展望を遂げていくが、その過程において盛んに「一視同仁」の用語を使い、アジア民衆との対等な関係性を強調して見せた。しかし、現実には、日本民族優越の姿勢を一貫して崩すことはなかった。そこでは他民族への徹底した蔑視と排外主義が貫かれていたのである。その意味で明治維新を起点とする日本近代化とは、アジア諸国民にとって欺瞞と矛盾に満ちた内容を持ったものと受け止められた。歴史事実として、明治国家が行った一連の侵略戦争や植民地支配は、アジア民衆に耐え難い痛苦を与え続けたのである。

帝国日本の膨張と軍国主義の台頭

明治国家は近代化の過程で、実に多様な政策を次々と実行に移していくが、そのなかでも一八七二（明治五年）年八月二日の「学制」（太政官第二一四号）の発布により義務教育制度を導入し、識字率の向上を目指すと同時に、日本人意識の画一化を図った。さらに同年一一月二八日には「徴兵告諭」（太政官布告第三七九号）が布告され、翌年の一八七三年一月一〇日に「徴兵令」が施行されることになった。

「学制」と「徴兵令」の同時施行は、識字能力が担保された兵士を大量に確保することで、帝国日本の屋台骨となる兵力を教育現場から養成していく意図があった。換言すれば、教育と軍事とが一体のものとして位置付けられたのである。教育と軍事の接合の事例として、校舎と兵舎が同一の形状により建築され、学生服が軍服と同質・同形のものとされたことから知られるように、教育と軍事が一体のものとして扱われていたのである。

勿論、だからと言って日本の社会が軍事色の一色だけで染め上げれたたいった訳ではない。時代が下るが、明治時代には自由民権運動が活発となり、その結果として議会が開かれ、大正時代には日本型民主主義としての「民本主義」が大きな政治思潮となった。しかし、一九二〇年代後半期から、これに反発する勢力が台頭し、一九三一年の満州事変を境にして、日本の政党政治も危機に瀕することになる。そして、民主主義（デモクラシー）が後方に追いやられ、軍国主義（ミリタリズム）が跋扈することになっていくのである。そして、一九四一年一二月八日から開始される対英米蘭戦争から、一九四五年八月一五日の敗戦に至る迄、日本は軍国主義の時代を送ることになる。この間、日本は近代化の過程で生まれたファシズムやミリタリズムの思想を基底に据えつつ、帝国日本としての膨張主義や侵略主義に奔走する。従軍慰安婦も、この歴史過程において生み出された。従って、従軍慰安婦問題の根底に、帝国日本の軍国主義や侵略主義があることは指摘するまでもないことであろう。

朝鮮の場合と同様に、台湾の従軍慰安婦問題を考える上で、日本の戦争と植民地支配の事実に触れない訳にはいかない。明治国家成立以後、日本は一八九五年に台湾・澎湖《パアンフウー》諸島を嚆矢とし、一九〇五年に南樺太、一九一一年に朝鮮などを次々の植民地化していく。

これを近代日本の戦争史の観点から遡及して整理すれば、一八七四年の台湾出兵を嚆矢に日本は、一九四五年の敗北に至る迄、凡そ七七年間に及ぶ侵略戦争を繰り返したと言って良い。日本軍は日清・日露戦争、さらには第一次世界大戦では中国の山東地方を戦場としてドイツ軍に勝利し、中国東北部に侵攻して以来、満州事変を契機に中国東北地域一帯を軍事占領していった。これらの戦争を通して、夥しい日本人が兵士として戦場に駆り出され、また、植民地支配を継続するため、治安要員として外地勤務を強いられていく。そこでは、被植民地者からの激しい反発を受け続け、日本軍将兵の死傷による消耗、精神的不安などにより甚大な損失をも出すことになった。そうした状態は、台湾出兵から日本敗戦まで絶えることはなかったのである。

植民地支配や侵略戦争を直接になった日本軍将兵は天皇の軍隊であるがゆえに、自らを皇軍と規定し、自尊心を高めることで植民地の場や戦場での痛苦を回避するに懸命であった。

2　台湾植民地化過程と性需要の増大

日清戦争前後台湾の位置と日本軍の素行

小論の課題と少し外れるかも知れないが、日本の植民地獲得前後における日本と台湾との関係を中国（清国）と台湾の視点からを素描してみよう。

一八九四年、李氏朝鮮で生起した朝鮮東学党の反乱事件を契機に、日清両国は朝鮮半島における覇権争奪を原因として戦争状態に入った。当時、清国の戦力は日本と比較して、圧倒的に優位にあった。しかし、清国の内政は混乱の極みのなかにあった。清国は外交と軍事との不統一が目立ち、外交を担当する総理衙門と軍務を担当する軍機処とが分離したままであった。この不統一が辛くも統一されたのは、日清戦争開始後の一八九四年九月二九日であった。外交と軍事を統一する部署が設置されたのである。

これによって外交と軍事の統一が図られはしたが、軍事関係にも陸軍と海軍との間で統一的な戦争指導が不可能な状態にあった。取り分け清国の実力者であった李鴻章《リーホンチャン》には、実質的な私兵を動員する権限を有する北洋通商大臣としての立場から、北洋艦隊と北洋陸軍を指揮下においていた。

その一方で開戦後には、精鋭部隊として知られていた東三省の錬軍が投入され、指揮系統は二つに分離したままであった。この分離状態を解消するために、一八九四年一二月二日に、欽差大臣劉坤一《リオウクウンイー》に山海関以東の全兵権が与えられたことから、漸く清国軍の統一が実現する有様であった。そうした戦争指導体制の問題もあり、日本陸海軍と比較して圧倒的な戦力を保持しながらも、最終的には日本陸海軍に敗北を喫することになったのである。

もうひとつ、清国の敗戦原因には、「洋務運動」過程で失敗し、政府内の保守派官僚たちの汚職や腐敗が横行し、その結果として民心を失っていたことが挙げられる。ドイツから定遠や鎮遠など巨大戦艦を調達し、巨砲も保有するなど軍近代化を図っていたが、不統一な戦争指導の結果も手伝って、持てる戦力を有効に発揮できなかったことも敗北理由として指摘できよう。一方、日本は清国に勝利したことで台湾及び澎湖諸島を譲り受け、初めて植民保有国となっていく。

しかし、一八九五年の台湾・澎湖諸島割譲以後、台湾では激しい反植民地戦争が生起し、日本軍は日清戦争以後も引き続き台湾の治安のために軍事力の行使を余儀なくされた。日本の歴史学界では、これを「台湾独立戦争」と呼称する。そして問題は、この戦争を契機として日本軍将兵の台湾住民、特に婦女子に対する暴行・強姦などの事件が多発することになったことである。そこには故郷を遠く離れて動員され、過酷な戦闘を強いられた日本軍将兵たちの屈折した感情も手伝って、被征服者である台湾人に対する優越意識が増幅され、そうした行為へと駆り立てたと思われる。

日本軍は台湾を占領後にも過酷な弾圧を繰り返し、武力によって台湾住民を威嚇・抑圧していった。その内容は、華僑利用論の提唱者で著名であり、台湾関係の数多の著作を出版した井出季和太の『南進台湾史考攷』（誠実書閣、一九四三年）に具体的に叙述されている。特にそのなかの「草創時代の花柳界」の項にはそのことが詳細に記述されている。以下の引用は、一九九五年の台湾の南天書局からの復刻版である。

そこには、大日本帝国は台湾を占領後、軍政から民政に移行した。一八九六（明治二九）年当時、日本人女性は来台が禁止されていたが、法令違反を回避するため、男装して台北近郊の淡水河から隠密裏に上陸し、台北城に入ろうとし、時には問題化することもあったとする。また、一八九六年の元旦に抗日ゲリラによる日本人銃撃事件で日本人教師六名が殺害された芝山巖《ジーシアンイエン》事件が発生した。その犠牲者を哀悼する慰霊祭出席を目的に来台した伊藤博文や西郷従道を接待するのため、芸妓たちが特別に台北の淡水会館に集められ、夜通し酒宴が続いたとされる。こうした接待事例が以後慣例化していくことになった。そこでは、「官は食を天とし、軍は色を本とす」などが一般であったとされていた。こうして女性による慰安が通例化していくとした。

また、当時不穏な空気が充満していた台湾では、「ある将軍は戦場で戦死し、最後に棺は京郷に帰る」との流言が流行し、殺伐とした日常であったと記録される。それは、一二世紀の詩人である月林師観が詠んだ漢詩の「今朝有酒今朝酔、明日愁來明日愁（今朝酒があれば今朝酔い、明日の愁《うれ》いは明日愁う）」（『月林《ユエリィン》師観語録』）のように、台湾では生命が飄泊の紙のように脆いものだとする生命の危機が当然視された時代と環境にあった、と記されている。

それは何時帰途に就けるか分からないが、異郷に戦死すれば土に帰ると言う意味である。台湾の軍隊を率いた北白川能久親王が戦死に追い込まれたことも、こうした台湾進駐の日本軍将兵が抱いた戦場心理であったかも知れない。明日をも知れない生命の危うさが、過剰なまでの慰安を求めた背景にあったことは想像される。

さて、日本軍は台湾植民地支配を含め、その後の日露戦争など一連の戦争において中国、台湾、朝鮮における独立運動や抵抗運動への弾圧を継続していく。こうした一連の戦闘のなかで、日本軍は数限りない残虐行為をも繰り返した。取り分け戦地住民である婦女子への暴行・虐殺・強姦など行為を繰り返した。なぜかくも日本軍兵士が残虐の限りを尽くしたかと言えば、厳しい戦闘のなかで不満の捌け口として、最も弱い立場にあった婦女子への強姦や暴行に奔走したことが考えられる。

同時に日清・日露戦争の勝利後、日本においては民族優越主義や日本国家至上主義が横行し始める。日清・日露戦争での勝利のなかで、確かに日本は、日露戦争以後、急速に国家主義及び日本優越主義が国民の間に浸透していく。そのことは同時に対アジア民衆への差別主義や排外主義が広がっていくことをも意味した。アジア民衆への理解や共感が失われていく中で、日本は繰り返す侵略戦争のなかで深刻なアジア民衆への非人道的行為を益々エスカレートさせていったのである。

台湾植民地支配と膨らむ性需要

日本の台湾植民地統治が苛烈を極めた原因は、それだけ植民地支配への反発が強かったからである。それゆえ植民地支配への抵抗が継続し、台湾人の被害も甚大であった。日本は台湾統治のために、大量の治安部隊や警察官を送り込んだ。送り込まれた正規の軍隊以外にも、短期間の訓練で警察官となった素行の知れない日本人も多く、彼らの台湾人への日常的な暴力の横行が目立っていた。また、日本軍の理藩政策に対応して、来台後に山区原住民部落に投入された日本人による原住民の大量殺害事例が後を絶たず、また、原住民老若婦女を強姦し、原住民に抗日仇日の感情を増幅させた。

その結果の一つが、一九三〇年一〇月二七日に起きた霧社《ウーシウー》事件であった。同事件は台中州能高郡霧社(現在の南投県仁愛郷)で生起した日本統治時代後期における最大規模の抗日蜂起事件であった。セデック族への苛烈な日本統治、長い間の暴政、婦女への暴行・強姦などへの不満に起因し、頭目のモーナ・ルーダオは部落を率いて決起し、数多の日本人を殺害し、日本の国内外に衝撃を与えた。それもあってか、日本政府は武力を用いての台湾統治を徹底し、台湾の反抗軍を押さえつけた。

他方、日本政府は日本軍兵士が自暴自棄に至らず、また過剰な女性への暴力を抑制する目的で、一八九六年六月、台北県を皮切りとして、澎湖島庁を含め台湾各地に公娼制度の導入をはかった。そこでは貸座敷や娼妓に対する取り締まり規則、売春や料理店・芸妓などの取り締まり規則が相次ぎ制定されていった。

こうした規則の背景には、一八九五年の台湾統治開始以後、軍政統治下において一般内地人の台湾入りを制限していたが、一八九六年四月の民政以降前後において、日本軍将兵による性暴力事件が頻発し、同時に性病の蔓延に歯止めがかけられなかったからである。民政移行後には一般人の台湾入りが許可され、大量の日本人が台湾に居住する過程で、娼妓や芸妓など買売春の対象女性が大量に増えたこともあった。それに比例するかのように、日本軍将兵を中心とする性需要が急速に高まっていたことが挙げられる。それらを統制するためにも公娼制度の導入はもはや不可避とされた。

同時により深刻な事態として、買売春管理体制の確立を急いだ背景として、性病による日本軍兵士の損耗を防止するためでもあった。そこで強制性病検診治療制度の整備が図られていく。それは性病対策に限らず、ペストやマラリアなど急性伝染病による人的損害防止の政策の一環としてあった。

このなかで一八九六年六月八日、台北県令甲一号として制定された「貸座敷並娼妓取締規則」を素描しておく。というのは当時、台湾において強制性病検診治療の対象者とされたのは、売春行為が法的に認められていたのが娼妓、法的に認められなかった密売淫者、法的には認められていなかったものの、大方が黙認されていた芸妓酌婦であった。このうち最も性需要の対象者として、多くの日本軍将兵が利用したのが娼妓であったからである。

「貸座敷並娼妓取締規則」は日本軍将兵や官吏をはじめ、在台日本人男性のための規則として、各地方官庁に導入されていき、一九〇六年二月に民政長官から各地方官庁に「貸座敷御娼妓取り締まり規則標準」として通達された。娼妓に対する強制性病検診治療を定めた法令は、その後台北県令第二号として「娼妓身体検査規則」、台北県令第三号として「娼妓治療所規則」などが相次ぎ制定されていく。いかに台湾総督府が日本軍将兵の性病に神経を使っていたかが知れるが、それだけ台湾における性需要が盛んであることをも証明している。

陸軍軍医学会を出版元とする『軍医学会雑誌』は、日清戦争の開始年である一八九四年に刊行が開始され、一九〇九年まで発行された重要な資料である。その後に同誌は、『軍医団雑誌』と名称変更する。軍事機密に相当する事項が掲載されたため、秘密保持のために発行が中止となってしまったと想像される。同雑誌によれば、一八九六年の調査結果では、台湾守備軍将兵約一六万の内、買春により性病に罹患した者が四九二人に達した。この罹患者が多く存在したことは、日本軍当局に深刻な危機感を抱かせた。

日本軍将兵の羅患の実体については、買売春への反対運動を行い、廃娼運動の先駆的な役割を担っていた廓清会の機関誌『廓清』（第一七巻八号、第二九巻六号、不二出版、一九九五年に復刻版）に詳しく記録されている。この資料は、吉見周子『売春の社会史』（雄山閣出版、一九八四年）にも収録されている。以下、同書に所収されている資料から数字を追ってみたい。

花柳病や梅毒など性病患者を調査した結果、日本は全国各地に罹患者が存在した。罹患率だけで見れば、一九二六年に一・五％であった広島は、一九三八年になってもほぼ同率であり、二三二名から二四五名と実数がほぼ同じであった。同様に福岡も同様にいずれも、一・六％台で、三一七名と三五〇名と同様の実数であった。ただ、大正期の罹患率で約三・二％と高い率を記録していた長崎では、昭和期には一・三％まで罹患率は減少している。

その一方で植民地朝鮮では、大正期に二・二％（実数三二名）が昭和期に〇・九％（実数三六名）と罹患率は微減している。台湾では大正期に二・一％（実数二二名）が昭和期には一・七％（実数は四一名）と、ここも罹患率では微減の状態である。恐らく、日本軍当局が性病対策を講じたのでろう。

一九二六（大正一五）年に被検査人員総数五二万七七八七名中、何らかの性病に罹患している者が七〇〇八名（罹患率は一・三％）、一九三八（昭和一三）年では被検査人員総数五九万九三二七名中、六六三一名（罹患率は一・一％）の罹患者が記録されている。被検査対象者が多いことから、罹患率は低い数字しか出てこない。それよりも、性病罹患者の絶対数が極めて大きいことが知れる。その点について、日本軍当局は一貫して対策を打つ必要に迫られてきたと言える。次に、その対応策の一端を台湾の事例で紹介しておきたい。

日本軍の性病対策

一八九八年に台湾公娼制度規則が制定された前後において、台北市万華区の艋舺龍山寺西側に位置する場に、所謂「遊郭」が設置された。この他にも例えば、基隆の田寮港や玉田町二丁目、新竹の南門外、台中の常盤町や初音町、彰化の西門、嘉義の西門外、台南の南勢町や新町一丁目、馬公の城内、花蓮港の福住など台湾各地に遊郭指定地が設営されていった。こうした場所に日本からも娼妓が大量に流入し、高額の収入を得るようになった。

因みに、筆者の故郷である宜蘭県羅東鎮では、かつて家の横に「羅東会館」と称する建物があった。これは日本人が経営する高級娼館で、台湾人は入れなかった。付近には琉球館、朝鮮館等の娼妓、及び台湾の私娼寮があり、それらは低階層向けの遊楽施設だった（以上の詳細は、三文字昌也「台湾における遊郭立地の研究　１８９５－１９４５―植民地都市計画論の見地から」二〇一七年度『東京大学修士論文梗概集』を参照）。

さて、大日本帝国統治下にあって、台湾婦女子の多くが植民地者の性需要を満たすための存在として過酷な環境を強いられた。その歴史は日本の台湾占領期と同時に開始されたが、台湾慰安婦の問題は、現在まで一部の先行研究の蓄積は存在するものの、一般的には左程の関心の対象とされてこなかったと言える。

韓国では、一九九二年に金学順ハルモニが元従軍慰安婦であることを名乗り出て以来、韓国内だけでなく台湾や日本においても重大な関心対象とされ、証言の作成、資料の発掘などを踏まえ、果敢に研究が進められてきた。そして、慰安婦像がソウルの日本大使館前をはじめ、アメリカなど含め海外においても建立されるに至っている。韓国で「慰安婦銅像」が設置されたのを契機に、台湾でも従軍慰安婦問題が一般市民の関心を集めることになった。韓国挺身隊問題対策協議会が、毎週水曜日にソウル市で日本大使館の門前で抗議活動を行い、日本政府に謝罪と慰安婦問題の解決を要求していることは、当然ながら台湾でも詳しく報じられてきた。

台湾における従軍慰安婦問題は、例えば台湾史研究所副研究員で国立政治大学・国立中央大学歴史研究所教授である朱徳蘭が執筆した『台湾総督府と慰安婦』（明石書店、二〇〇五年刊）が、日本統治時代における台湾での花柳業を詳細に追及し、その第三章の「渡航政策と台湾島内外の慰安所　第二節　日本軍人と慰安所」で、従軍慰安婦の実態を詳しく述べている。

朱氏の研究成果を踏まえ、台湾で慰安婦の問題が特に注目を浴びたのは、二〇一八年八月一四日、台南市に従軍慰安婦像が建立された時のことである。さらに、近々のニュースとして報じられたのが、二〇一九年八月一四日には台北市内で女性団体約一〇〇名が、日本台湾交流会館前で従軍慰安婦問題をめぐる日本政府の対応を批判する集会を開催したことであった。そこでは「被害者に対する謝罪と賠償」を求める文書が読み上げられたのである。

こうした台湾における従軍慰安婦問題への関心は確実に深まっているが、こうした運動の先駆けのひとつを創ったのは、台北市婦女救援社会福利事業基金会（以下、台湾婦援会）であった。台湾婦援会は、二〇〇六年八月九日に以下のような声明文を発表する。少し長いが台湾における従軍慰安婦問題の核心を突いているので、同会の公式サイトから引用しておく。

1. 台湾で唯一残っている慰安所跡を保護し、それを第二次世界大戦中に大日本帝国軍によって被害を受けた女性たちのための記念公園を設立する。この唯一の慰安所跡は台湾東部の花蓮の山岳地帯にあります。終戦以前に日本兵士はそこで大勢の若い先住民女性を強かんし、性的虐待を加えました。そのような現場を人知らずして歴史の闇に葬ることは到底考えられません。この現場の保護における主な目的は、一九四五年以前に若い女性たちを襲った不幸な出来事について、子どもたちや世間を教育することにあります。

2. 台湾での女性に対する犯罪に立ち向かう運動の歴史を残す。台湾の元「慰安婦」女性、大勢の人権活動家、そして数多くの女性団体は、一六年間という年月を通して日本政府に対して正義を補償を求めてきました。そのストーリーは性奴隷とされた女性たちに限定されるのではなく、この運動自体が台湾の女性史の一環を成しています。そのどちらもが保存し、歴史に刻むに値します。

3. 台湾での「慰安婦」制度及び日本軍による残虐行為の被害者に関する記念館を設立する。この記念館が、女性たちに起こったこと、そして台湾の歴史を若い世代に伝えるための手段となることを願っています。

4．若い人々の間でさらに多くの有志を募り、すでに他界された被害女性及び今生きている元「慰安婦」女性への補償を日本政府に対して求めていきます。

二〇〇六年八月九日　台北市婦女救援社会福利事業基金会

この平易な文章で綴られた声明文は、台湾の従軍慰安婦問題を議論するうえで、恐らくかなり共有されている観点が網羅されていると考える。なぜなら、従軍慰安婦問題が何よりも人権問題として位置付けられており、その人権侵害を行った責任について、帝国日本を引き継ぐ現在の日本国家が償うべき事が明確にされているからである。

勿論、台湾における従軍慰安婦問題に取り組む研究者や市民運動団体も少なくはないが、基本的には台湾婦援会の活動にある程度は集約される。

台湾の歴史否定主義者たち

台湾社会において従軍慰安婦問題への屈折した感情も現存する。また、慰安婦たちへの救済措置も実に緩慢であったと言って良い。例えば、一九八八年から二〇〇〇年まで、台湾の総統（大統領）の地位にあった李登輝《ソーテンホイ》の姿勢を、ここで少し紹介しておく。李の動きは、抵抗と被害に正面から必ずしも向き合おうとしない台湾政府や政府高官の姿勢を示していると思われるからである。

李登輝は台湾植民地時代に「岩里政男《いわさとまさお》」という日本名を使い、京都大学に「留学」をしている。植民地台湾からの留学なので「内地留学」とも言える。日本敗戦を機会に台湾に戻るも、流暢な日本語を習得し、戦後も親日的姿勢を一貫して崩さなかった。総統職から離れた後も機会あるごとに訪日を繰り返し、文字通りの親日家である。李に代表される台湾の政治家や官僚の地位にある親日家は、以後においても日本の台湾植民地支配に対し、肯定的な発言や感情を吐露することも少なくなく、日本との国交断絶後にも日本政府への植民地支配責任を問う声は殆ど挙げることはなかった。

李登輝を筆頭とする親日家の多くが、植民地統治下の台湾人が経験し被害救済への動きも、また賠償を請求することもせず、反対に日本の友人や右派学者と呼応する姿勢をみせる事例さえあった。例えば、石原慎太郎、司馬遼太郎、小林よしのり等、日本の植民地支配に肯定的な持論を展開する日本の著名人の台湾訪問を歓迎し、その機会に日本帝国統治の正当性と合法性を容認するだけでなく、軍国主義下の産物、武士道精神を強調することもあった。そうした言動は台湾人の対日姿勢に少なからず影響を与える結果となった。

それは同時に本省人と外省人との歴史観における乖離を露呈させることになったのである。すなわち、直接植民地支配の被害を体験した台湾人と、戦後になって中国大陸から移入してきた中国人とでは、歴史体験上において大きな温度差があったと言える。その温度差が台湾従軍慰安婦への姿勢に違いを見せ、同時に救済措置への動きを鈍くさせていく原因でもあった。

台湾政府や李登輝に象徴される姿勢への批判の論陣を張った台湾中央研究院教授朱徳蘭は、その著作『台湾慰安婦』（明石書店、二〇〇五年）において次の内容を記していた。すなわち、一九九九年「台湾婦援会」は台北誠品書店でドキュメンタリーフィルム「お婆さんの秘密—台湾慰安婦の故事」を初めて上映し、台湾慰安婦抗日運動における画期的な先駆だったと位置づけ、さらに「台湾政府の、日本政府の慰安婦処理に対する態度は、外交辞令の形式的な譴責に過ぎず、日本を厳しく非難する国際社会の陣営に加わっていない」と指摘する。

実際日本の右翼政治団体は日本に媚びる李登輝を高く評価し、日本の人気漫画家である小林よしのりは、来台して李登輝を訪問した後、日本で『台湾論』（小学館、二〇〇八年）と題する本を出版した。その中で最も議論を呼んだのは、日本統治下での台湾慰安婦が、自身の希望によるもので、日本に強制されたものではない、とする発言を用いたことから台湾社会は騒然となった。この小林の発言を肯定的に受け止める台湾人実業家もまた多い。

例えば、李登輝の友人で半導体デザイン会社である偉詮電子《ウェチェンデンヅ》股分有限公司の会長蔡焜燦《ツァイクンシアン》、奇美《チーメイ》実業（Chimei Corporation）創業者である許文龍《シィーウエンロオン》は、前後してこうした発言に声援を送り、台湾慰安婦は確かに自身が希望した者で、強迫されたものではないこと、さらに当時の日本軍は娼妓を効果的に管理して性病を防止するのに務めていたこと、しかも慰安婦は安定した収入を得ていた等と指摘した。

台湾慰安婦女性は、こうした台湾内外の発言により、戦後になっても繰り返し人権侵害に遭遇した。李登輝、蔡焜燦、許文龍らは、言うならば大日本帝国統治下の〝遺児〟と言える。その発言は多くの台湾人の到底許せるものではなかった。このように台湾人婦女子を筆頭とする被害への実態に深い憤りを抱く多くの台湾人をよそに、台湾政府の日本政府への謝罪と弁償の要求は殆どなされることはなかった。その台湾政府の姿勢がまた被害者達に再び痛苦を与えることになっているのである。

3　台湾従軍慰安婦の現状と課題

戦後に続く台湾従軍慰安婦の苦難

慰安婦問題は、年を追うごとに国際人権問題の一環として国際社会で共有すべき問題として認知され始めている。しかし、当事国である日本政府は被害者への救済措置はアジア平和女性基金の設立などの試みはあったにせよ、不十分の誹りは免れない。

筆者はこれまでに既に五回にわたり、朝鮮民主主義人民共和国（北朝鮮）へ赴き、二〇一八年五月、朝鮮社会科学院歴史研究所から正式に招聘され、台湾で初めての訪問学者として社会科学院の歴史所教授との共同研究を行った。招聘された折に、平壌の抗日記念館を参観し、そこには大量の原文史料が保管されていることを知り衝撃を受けた。朝鮮人民と官僚は「一日足りとて歴史の教訓を忘れない。日々刻刻も国辱を忘れない」との強い信念を保持しているという深い印象を受けた。従軍慰安婦問題について議論した折、北朝鮮の学者は慰安婦を『性奴』と呼んだ。これは私たちが従軍慰安婦を「性奴隷」とか「性的奴隷」（sex slave,sex slavery）と呼ぶのと全く同一である。

同一の呼称で捉えている一点においても、今後、北朝鮮との研究交流も具体的に進めなければならないと痛感する。北朝鮮に現在、どれだけの元従軍慰安婦の方が生存されているかについては明らかにされていない。韓国の原爆被害者の実数が判明し、現在ハプチョンに原爆資料館が建設され、原爆被害者の救済が本格化しているように、性被害者の救済も急務である。

そうした事例がありながら、その一方では台湾国内での従軍慰安婦研究は、明らかに韓国や日本と比較して立ち遅れて感は否めない。それよりも、むしろ救済への糸口を見つける前向きな姿勢が研究者や一般市民の間で起き始めているに反して、台湾政府内のなかには、これを真っ向から否定する言動も相変わらず存在する。既に一部では優れた先行研究が出始めてはいるが、総じて台湾の人文社会科学系の学界では、日本の植民地統治支配や台湾慰安婦問題への関心度は依然として高くはない。そればかりか、台湾慰安婦問題に対して、「強制であったとの証拠はあるのか」との不当な発言も立法府周辺で起こり、元従軍慰安婦を一層傷つける事態にもなった。

一方で未来を背負う台湾の青年学生たちの間でも、従軍慰安婦問題への関心は相対的に低い。例えば、二〇一四年三月一七日、台湾立法院において台中間のサービス分野の市場開放を目指す「サービス貿易協定」の批准に向けた動きに抗議し、激高したが青年学生たちが一時立法院を占拠する運動が起きた。これは太陽花《ひまわり》運動の一環で一連の政府の在り様への不満と反発が派生したものであった。しかしこの青年学生たちの太陽花運動において、従軍慰安婦問題をはじめ、日本の台湾植民地支配の不当性を訴えるような歴史問題への関心は微塵も示されることはなかった。

太陽花運動は天安門事件の再演のような「準革命運動」と自己規定してはいたが、その実態は「中国服貿経済問題に反対」に終始するものだった。この太陽花運動の背後には、民進党の支援があったことは確かである。そこでは残念ながら現行の経済問題や両岸問題には関心を寄せる青年学生たちであったが、従軍慰安婦問題など歴史問題に関心を寄せないという点においては、かつての李登輝が率いた国民党と大差はない。

台湾における従軍慰安婦救済の運動

太陽花運動の後、馬英九《マーインチウ》総統率いる国民党は政権を失い、太陽花運動を支持した蔡英文《ツァイインウェン》女史が二〇一六年五月、中華民国総統に就任した。台湾初の女性リーダーとして、従軍慰安婦問題に積極的に関わり、救済方法を講じるものと期待されたが、就任以来従軍慰安婦問題に関心を示さず、恰も台湾には従軍慰安婦が存在しないかの姿勢に終始している。総統就任前、蔡氏は同問題に国民党とは反対に積極的な姿勢を見せており、民進党主席を務めていた期間に何度も台湾慰安婦団体を訪ね、台湾慰安婦との面談の機会を得ていのにも拘わらずである。その後は、民進党よりも野党となった国民党の方が従軍慰安婦問題に関心を示すところとなったのは皮肉でさえある。実際に二〇一八年八月一四日、台南市に台湾で初めて建立された従軍慰安婦像除幕式には、馬英九前総統が出席している。

式典を主催したのは、台南市慰安婦人権平等促進協会で、同年四月に同党台南支部の謝龍介《シィエロォンディエ》主任委員の協力で創設され、馬英九前総統が式典を取り仕切った。現在、台湾には五八名の元従軍慰安婦が認定され、このうち二名が存命である。今回、従軍慰安婦像の建立を巡っては、政権与党の民進党と野党の国民党との間では対立した見解をお互いに表明している。

従軍慰安婦問題に、李登輝の総統時代と異なり、慰安婦像建立で示されたように積極的に動き始めた国民党に対し、特に民進党台南支部は「国民党による慰安婦の政治利用」だとの見方を表明している。また、日本の対台湾窓口機関である日本台湾交流協会は、除幕式が挙行された翌日の一五日、国民党台南市党部関係者らによる慰安婦像設置は、日本政府の立場やこれまでの取り組みと相容れないものであり、「大変残念」とする声明を発表している。

日本台湾交流協会が言うこれまでの取り組みとは、かつて日本政府主導で創設された「アジア女性基金」において、台湾の元慰安婦一三人に「償金」として一人当たり二〇〇万円、医療・福祉支援事業費として、一人当たり三〇〇万円の合計五〇〇万円を支給し、同時に日本首相の御詫びを記した手紙を元慰安婦に届けたことを示している。

しかし、全体をみれば台湾慰安婦問題解決への取り組みは弱いと言わざるを得ない。大きな権力を手にした民進党においてもである。執政後はすべて票に対する考慮から、反対に日本に媚びる有様である。祖先に背き、日本に阿《おもね》る姿勢からは「日本は祖国」と勘違いしているようでもある。こうした事態では、台湾慰安婦問題解決の糸口を見つけることは容易でない。その意味で現在は希望を持てない。なぜならば民進党が台湾慰安婦のために正義を主張するとはとても思えないからだ。

そうした政府の姿勢と異なり、台湾慰安婦問題は過去から現在まで、あらゆる民間団体が、日本に対して交渉し、抗議書を提出している。筆者も蔡総統の任期終了前に、大日本帝国に迫害された台湾慰安婦のために権益を勝ち取り、生存する二人の元慰安婦への救済を総統府に要請するものである。同時に、国際記者会見を開き、台湾慰安婦の正義を取り戻す機会を勝ち取りたいと思う。そのことによって、日本の性暴力を譴責し、世界各国に向けて台湾慰安婦問題が未解決であることを訴えるよう呼びかけるものである。

日本の歴史否定主義者の動向と反論

このような中で従軍慰安婦を貶める事件が起きている。株式会社エックスブレーンズ代表取締役で「慰安婦の真実」国民運動の藤井実彦幹事が、二〇一八年九月六日、台南市にある慰安婦像に蹴りを入れていたことが発覚したのである。そのため、国民党の議員や市民が台北市にある日台交流協会前で藤井への抗議活動を行った。藤井の行動は、台南市に従軍慰安婦像が建立されたことへの不満の表明であった。こうした日本右翼の行動に対して、蔡英文総統と民進党政府の官僚の日本に対する態度は弱腰である。日本人の台湾での粗暴な振る舞いを許し、台湾人の尊厳を無視する行為対して、台湾政府は何らかの厳格な声明も提出しなかったのである。その一方で、日本の内閣官房長官菅義偉は、「台湾設慰安婦銅像に対して極めて遺憾」と建立を批判する声明を発している。

韓国の対応の違いを挙げてみると、米国のトランプ大統領が韓国を訪問した折、韓国の文在寅大統領は、元慰安婦とトランプ大統領との面談を実現させ、その対応ぶりが国際社会に好感を以て迎え入れられた。日本人の面子は失われたと言える。翻って台湾執政党の蔡英文総統はトランプ大統領が示したような感情を表明することもなく、只管日本への刺激を回避することを優先させた。台湾政府は歴史の教訓に向き合い、深く反省していないと受け取られても仕方ない。

そうした政権の慰安婦問題に対する態度は極めて問題が多く、深い失望と怒りを買っていると言って良い。そうした事件の背景にあるのは、何よりも日本人のなかにある歪んだ歴史把握や歴史認識にあろう。あらためて戦後日本の戦争責任の取り方に重要な問題点が残されているように思われる。

すなわち、アジア太平洋戦争での敗北が決定的となるや、日本軍及び日本政府は徹底して公文書の廃棄に奔走した。歴史を紐解き、そこから教訓を引き出すべき資料の大半が喪失された。そのなかに従軍慰安婦問題関係の文書も当然ながら含まれていたであろう。しかし、その後日本の研究者を中心に関連資料の発掘整理の作業が鋭意進められた結果、小論で紹介したような資料が出版あるいは復刻され、その結果、数多の証言もあって、当問題の研究と調査はここにきて飛躍的に進んでいる。その反動として侵略戦争や従軍慰安婦の存在自体を否定しようとする歴史否定主義者の一群が現在も一定の勢いを持ち続けているのである。

小論でも一部紹介したように、旧日本軍の性暴力や帝国日本の非人権的な行動が明らかにされてきた。そうした成果により従軍慰安婦の実態と、そうした非人権的な行動を生み出した歴史の背景が提示されつつあるものの、日本政府は全面的な謝罪や償いへの行動は、依然として極一部に留まっている。むしろ、筆者には依然として日本政府が、戦前の大日本帝国殖民地統治や、慰安婦の史料公開に後ろ向きであると感じている。日本政府だけではない。敗戦後の日本人は過去の歴史、侵略戦争をに対して語ろうとせず、沈黙を守っている。日本の学界の大部分も保守的なメンタリティを保ち、それ故に真相解明に消極的ですらある。

そうしたなかで、過去に於て日本の国会議員たちが同問題に真摯に取り組んだ実績は記憶しておかなくてはならない。

例えば、一九九二年に弁護士で衆議院の伊東秀子議員（当時）は、「南方派遣渡航者ニ関スル件」（陸亜密受第二二五九号、昭和一七年三月一二日付）を発見し公表している〔史料①〕。それは台湾軍司令官から陸軍大臣宛に打電された電報文である。そこには、「陸密第六三号ニ関シ「ボルネオ」行キ慰安土人五〇名為《な》シ得ル限リ派遣方南方面総軍ヨリ要求セル」（傍点引用者）との文面がある。文中の「慰安土人」とは当時の差別用語で従軍慰安婦のことである。渡航許可者は台湾の台北や基隆の手配業者である。一九四二年三月に「戦時海運管理令」が交付され、従軍慰安婦の移動は軍が引率管理したのである。伊東議員は、従軍慰安婦の実態を明らかにすると同時に日本政府の取り組みを要請した。

また、二〇一二年八月一六日には、韓日文化研究所の金文吉《キムムンギル》所長（釜山外国語大学名誉教授）が、防衛省の戦史部図書館で台湾軍参謀長が副官宛に打電した「台電九三五号」（一九四二年六月一三日付）を発見し公表している〔史料②〕。そこには、「本年三月台電第六〇二号申請陸亜密電第一八八号認可ニ依ル「ボルネオ」ニ派遣セル特種慰安婦五十名ニ関スル現地着後ノ実況人員不足シ稼業ニ堪《たえ》ヘザル者等ヲ生ズル為尚二十名増加ノ要アリ」（傍点引用者）と記されている。ここでも従軍慰安婦を「特殊慰安婦」なる用語で差別化している。

この二つの資料は、従軍慰安婦が日本軍の命令の下で民間の手配業者を使って軍が従軍慰安婦を募集・連行している実態を明らかにしている。

こうして日本軍兵力の投入先に強制従軍させられた数多の慰安婦が存在したことは既に否定し難い歴史事実となっており、さらにこの直接責任者としての日本軍の責任は重大である。こうした慰安婦の戦場への従軍によって日本軍兵士の慰安が極めて重大な施策として受け止められていたことは小論でも繰り返し述べてきた。日本軍当局は大量の従軍慰安婦の存在から起因する可能性が高いと想定していた

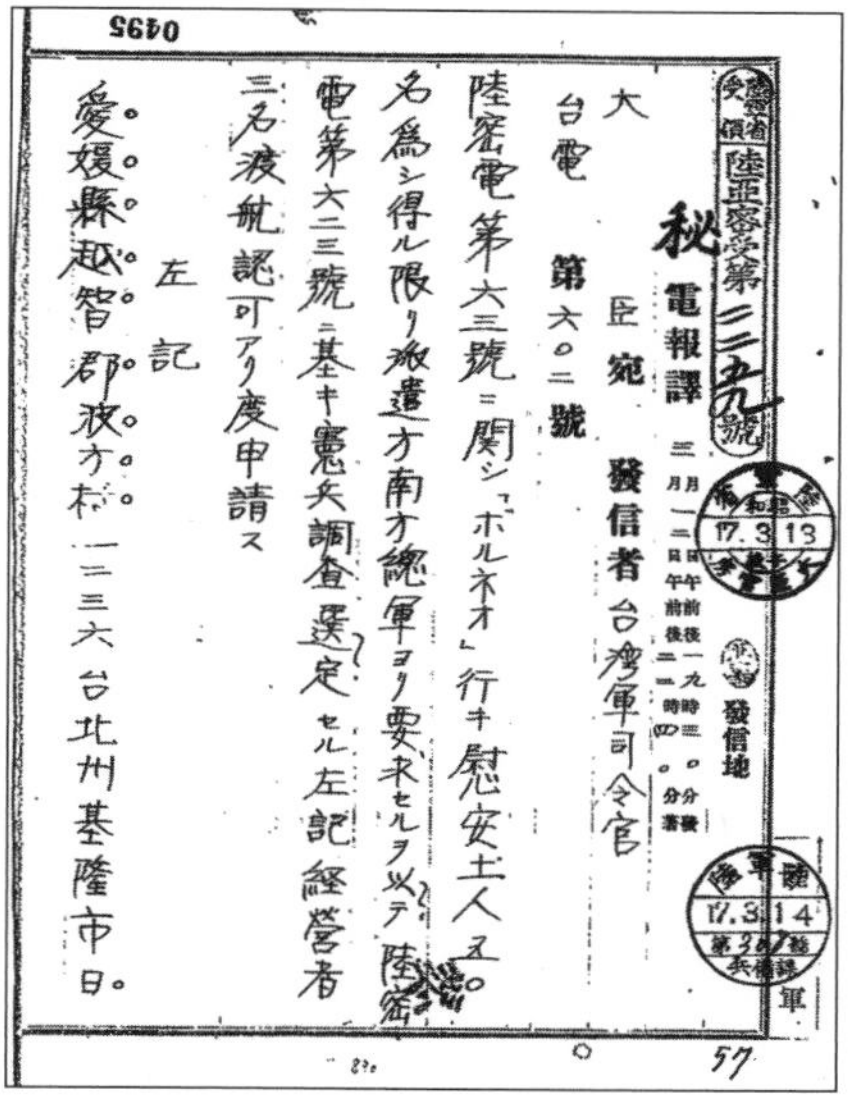

陸亜密受第二三九五號

秘 電報譯 三月一二日午後一九時三〇分発

大臣宛 發信者 台湾軍司令官

台電 第六〇二號

陸密電第六三號ニ関シ「ボルネオ」行キ慰安土人五〇名為シ得ル限リ派遣方南方總軍ヨリ要求セルヲ以テ陸密電第六三號ニ基キ憲兵調査選定セル左記經營者三名渡航認可アリ度申請ス

左記

愛媛縣越智郡波方村 一二三六 台北州基隆市日

史料①

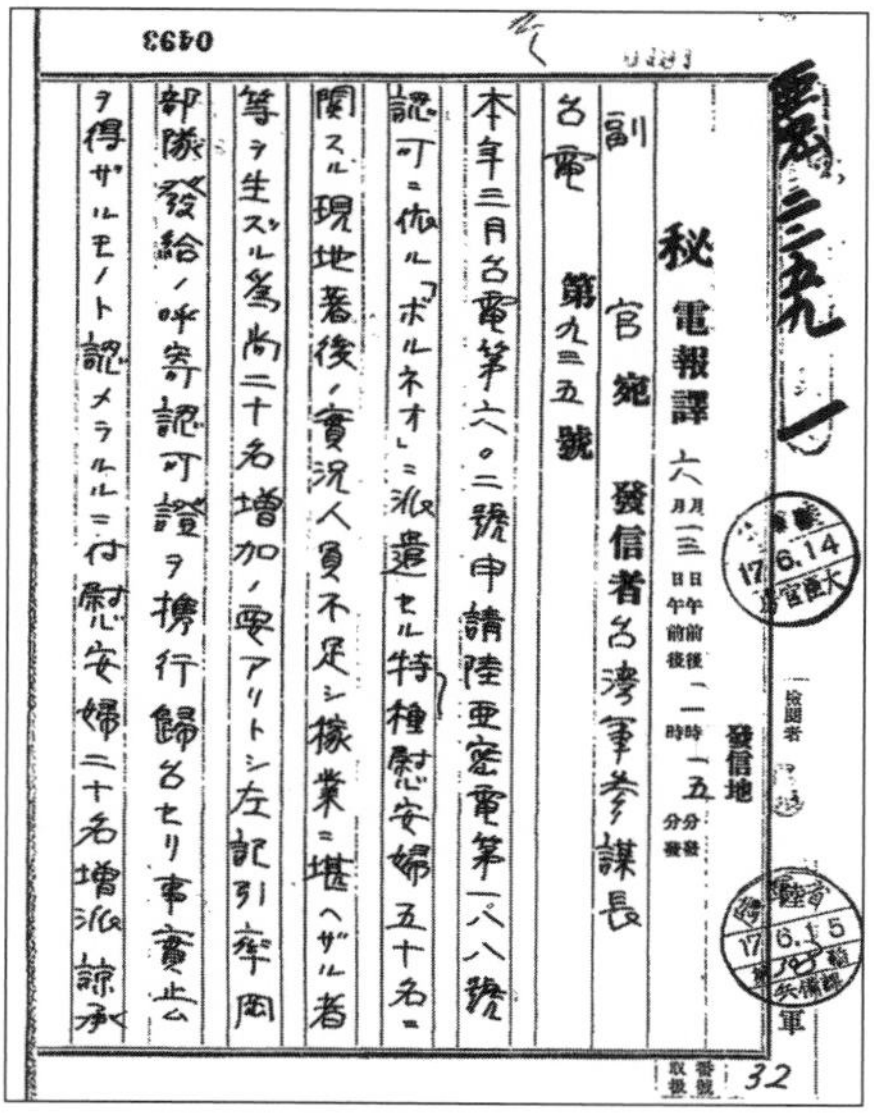

秘 電報譯 六月一三日午後一一時一五分発

副官宛 發信者 台灣軍参謀長

台電 第九三五號

本年三月台電第六〇二號申請陸亜密電第一八八號認可ニ依ル「ボルネオ」ニ派遣セル特種慰安婦五十名ニ関スル現地着後ノ實況人員不足シ稼業ニ堪ヘザル者等ヲ生スル為尚二十名増加ノ要アリトシ左記引率者部隊發給ノ呼寄認可證ヲ携行歸台セリ事實止ムヲ得ザルモノト認メラルルニ付慰安婦二十名増派諒承

史料②

出典「陸軍省 - 陸亜密大日記 -S17-58-170」
所蔵館：防衛省防衛研究所
レファレンスコード C01000379100

性病対策も徹底していた。その結果が『軍医協会雑誌』報告中では、日本軍と駐インド英国の植民地軍と比較して性病罹患者の割合が低いことを自己評価していた。そこでは慰安所を各地で設営したことを合理的な施策であったとも自我自賛している。

おわりに

小論を閉じるにあたり、もう一度日本が従軍慰安婦を含め、公娼制度を定着させていく出発点に位置する日本近代化の先駆者とされる福澤諭吉の言説を引用しておきたい。

福澤は『時事新報』（一八九六年・明治二九年一月八日号）に、「人民の移住と娼婦の出稼ぎ」と題する論説を発表している。当初、これが福澤本人の執筆によるものか議論は残っているが、同論説の責任は福澤本人にあることとは言うまでも無い。福澤は次の如く述べる。

すなわち、「世間一般の論者は賤業婦人の海外に出稼ぎするを見て甚《はなは》だ悦ばす、此種の醜態は國の體面を汚すものなり、是非とも之を禁止す可《べ》しとて熱心に論ずるものあり。婦人の出稼ぎは事實なれども、之が為に國の體面を汚すとの立言は更に解す可らず。娼婦の業は素より清潔のものに非ず。左《しか》ればこそ之を賤業と唱えて一般に卑しむことなかれども、共に、之を卑しむるは人倫道徳の上より見て然るのみ。人間社會には娼婦の缺《か》く可《べか》らざるは衛生上に酒、煙草の有害を唱えながら之を廢すること能《あた》はざると同様にして、經世の目を以《もっ》てすれば寧ろ其必要を認めざるを得ず」と。

要するに娼婦として外地に出稼ぎに出るのは問題ではなく、国家の体面を汚すものでない。ある意味で酒や煙草と同様に衛生的な問題はあるものの、人間社会にとって不可欠な存在と言い切る。恐らく日本及び日本人が抱く娼婦や娼妓、或いは性需要などに対する基本観念がこの福澤の論説に集約されているのではないか。

そこには日本が公娼制度をただ単に外地に展開動員された日本軍兵士を慰安するうえでの、言うならば日本独特の性文化が存在していたのであり、その延長に慰安婦の不足を補填するために、先に史料で引用紹介した「慰安士人」や「特殊慰安婦」なる差別的な用語を用いながら、いわゆる従軍慰安婦を台湾はじめ、日本の植民地や戦場で強制募集し、性的奉仕を強要していったと言えよう。

その意味から台湾の従軍慰安婦を含めて、従軍慰安婦問題の根源には日本独自の性文化や福澤の言説に示された耐え難い女性差別意識が明治近代化の出発点から刻印されていたことに気づく。そうした日本の特質が日本の絶え間ない侵略戦争や植民地支配のなかで、増幅していったのである。

こうした従軍慰安婦問題の根源的な課題に現在の日本は、どこまで正面から向き合おうとしているのか。確かに、二〇一五年一二月、韓国外交部長尹炳世《ユンビョンセ》(当時)と日本外相岸田文雄(当時)が会談し、双方は慰安婦問題において共通認識に達したと発表した。岸田外相は記者会見で「責任を痛感する」と述べ、また日本の安倍晋三首相も「謝罪」と「反省」を口にはした。しかし、これは政治的な「偽の謝罪」で、心からの謝罪とは到底受け止められないものであった。特に日本政府は、台湾は韓国と異なり、従軍慰安婦問題は事実上存在しない、とでも言うような対応を採り続けている。それは従軍慰安問題に限ったことではないが、歴史を否定する姿勢である。

その一方で私たち台湾においても韓国の慰安婦問題への取り組みを学びながら、同問題をより真剣に捉えていく必要を痛感している。近々の具体策として、私たちは植民地下台湾時代の「新起街」と呼ばれていた現在の新起町に位置する芸妓来台の創業地点である台北市西門町紅楼前の広場に、慰安婦銅像を設置し、この人類の歴史的悲劇を記念すべき運動に取り組んでいる。現在の政権政党である民進党は、従来の同問題への取り組みが不十分であると総括するなかで、台湾政府の責任においても、従軍慰安婦の人権を取り戻し、救済措置に乗り出すべきである。同時に日本政府に対し、正面から謝罪を要求すべきであろう。そのことにより、歴史に新しいページを書き加え、人類の平和のために行動を起こす時ではないだろうか。

〈参考文献〉

中村三郎『日本売春社会史』（青蛙房、一九五九年）
森克己『人身売買―海外出稼ぎ女』（至文堂、一九五九年）
井上清『天皇の戦争責任』（現代評論社、一九七五年）
喜安幸夫『台湾統治秘史―霧社事件に至る抗日の全貌』（原書房、一九八一年）
吉見周子『売娼の社会史』（増補版、雄山閣、一九九二年）
井出季和太『南進台灣史考』（南天書局、一九九五年）
バーン＝ブーロー、ボニー＝ブーロー〔香川檀、岩倉桂子、家本清美訳〕『売春の社会史〈下・下〉―古代オリエントから現代まで』（筑摩書房・ちくま学芸文庫、一九九六年）
纐纈厚『侵略戦争―歴史事実と歴史認識』（筑摩書房・新書、一九九九年年）
李鐘賢『日本の戰爭犯罪―過去と現正』（朝鮮平壤外國文出版社、一九九九年）
婦女救援基金會『台灣慰安婦報告』（台灣商務印書館、一九九九年）

金富子、宋連玉、西野留美子、林博史『「慰安婦」―戦時性暴力の実態』(緑風出版、二〇〇〇年)
台灣婦女會『聽看想』(台北市台灣婦女會、二〇〇一年)
小林善紀『台灣論』(前衛出版社、二〇〇一年)
大塚桂『明治国家の基本構造』(法律文化社、二〇〇二年)
台北市婦女救援基金會『鐵盒裡的青春―台籍慰安婦的故事』(天下文化書坊、二〇〇五年)
賴采兒、吳慧玲、游茹棻、Zheng-mei Ma『沈默的傷痕―日軍慰安婦歷史影像書』(商周出版、二〇〇五年)
高柳美知子、岩本正光『戦争と性―韓国で「慰安婦」と向きあう』(かもがわ出版、二〇〇七年)
朱德蘭『台灣慰安婦』(五南圖書出版、二〇〇九年)
倉橋正直『従軍慰安婦と公娼制―従軍慰安婦問題再論』(共栄書店、二〇一〇年)
楊孟哲『大侵略時代―日帝太陽旗下脱亞之役　1894-1945』(五南圖書出版、二〇一六年)
麻田雅文『シベリア出兵―近代日本の忘れられた七年戦争』(中央公論新社・文庫、二〇一六年年)
朴裕河『帝國的慰安婦』(玉山出版、二〇一七年、日本語版『帝国の慰安婦―植民地支配と記憶の闘い』朝日新聞出版、二〇一四年)

▽第8章

東南アジア島嶼部周縁地域における日本軍性奴隷制

東ティモールとインドネシア・南スラウェシ州の調査から

松野明久

はじめに

東南アジアにおいて日本軍性奴隷制がどのような様態であったのかという問いは、近年ますます重要であると認識されている。今ではさすがに「慰安婦」問題が日韓だけの問題であるかのように考える人はいないと思うが、それでもその他の地域ではどうだったのか、議論しようと思っても十分な研究の蓄積があるとは言えない。これまで、日本軍の東南アジアへの展開（侵攻・占領）、軍慰安所設置の背景・経緯は日本側資料から、またオランダ領東インド（現在のインドネシア）における「慰安所」の分布・運営方法についてはオランダ側資料から部分的に明らかになっている。サバイバーや関係者の証言もかなり集められている。しかし、この制度がアジア・太平洋全域に及ぶ巨大なものであったことを示すためには、東南アジアや太平洋地域における実態がもっと幅広く明らかにされる必要がある。さらに、日本軍の部隊が地域に入り、そこで人々を組織し、女性を集め、「慰安所」を運営したようなところでは、地域社会という文脈においてこの問題を考える必要がある。そのためには、当該地域での調査が必要となるが、広大で多様な地域でそうしたフィールド調査を行うためには膨大な時間と労力が必要である。

本章は、こうした問題意識をもって実態解明の一端を担うべく、東南アジア島嶼部において、日本軍性奴隷制がどのような様態であったかを描き出すことにしたい。もとより、地域の全体を扱うことはできない。ここで描くのは二つの地域、インドネシア・南スラウェシ州（旧オランダ領東インドのセレベス島南部の一部）と東ティモール（旧ポルトガル領ティモール）である。この二地域は、ジャワといった日本軍占領地域の中心から遠く離れた周縁にあり、部隊が農村部に駐留し、戦闘を含む前線での活動に従事していたところである。そうした群島周縁の戦闘地域、とくに農村部では、都市部のように民間業者を呼び寄せることも難しく、また部隊も移動が激しかったことから、部隊が臨機応変に自ら「慰安所」を設営し、近隣の村長に命じ、あるいは兵士が自ら、女性たちを集めるという方法をしばしば採っていた。さらに農村部では、将校たちはジャワの都市にあったような将校用の慰安施設、例えば倶楽部に通うというようなことはなく、現地の女性を自らの宿舎に囲うことが多かった。つまり、軍の関与は明白に直接的であった。私はこの二地域の研究に関わった者として、ここでは両地域における軍性奴隷制の様態の概略を記述し、共通点や異なる点を検討したいと考える。

1 東ティモールにおける軍性奴隷制の調査

まず、調査が先に進展した東ティモールから見ていこう。文献資料としてわれわれが依拠できるのはポルトガル総督の報告書やポルトガル人が書き残したもの、若干の連合国側の裁判資料、そして日本軍兵士が戦後になって部隊の文集に寄せた回顧文等であるが、そうしたものの中でもこの問題について触れた箇所はわずかでしかない。

そのため、東ティモールにおける軍性奴隷制の実態については多くの証言が市民や研究者の手によって集められてきた。独立前の一九九〇年代後半、インドネシア元兵補中央連絡協議会（以下兵補協会）の東ティモール支部が日本占領時代に性的暴力を受けたという人びとの登録作業を行ったことがあり、それが情報収集の先駆けとなった。一九九九年に占領が終わり、兵補協会支部もインドネシアの本部と連絡が途絶えてしまい、その後活動もなくなってしまった。本格的な調査のきっかけとなったのは二〇〇〇年の女性国際戦犯法廷であり、東ティモールの法律専門家やNGOが調査した結果を「東ティモール検事団」が「起訴状」というかたちで公表し、証言要旨を付属文書として添えた。また、二人の東ティモール人が東京での法廷で証言した。その後、日本の研究者が現地を訪問して証言を集めた(1)。二〇〇五年からは東ティモール人権協会（Asosiasaun HAK）と日本の東ティモール全国協議会が合同で調査を行い、それまでの調査や日本での文献研究をまとめ、合同調査報告書として、東ティモールの公用語のひとつであるテトゥン語（Tetun）で二〇一六年に刊行した（以下、合同調査報告書）。一方、調査結果の一部は、wam（二〇一二年）にも盛り込まれた。以下はこうした研究成果にもとづく。

2　総督報告書が記した日本軍の要求

日本軍が当時中立を掲げていたポルトガル領ティモールを侵攻したのは一九四二年二月二〇日のことである。ポルトガル領ティモール侵攻作戦は、オランダ領東インドの一部である西ティモールを含むティモール島全体に対する侵攻作戦の一部として実行された。侵攻部隊は陸軍第三八師団第二二八連隊（司令官・土井定七大佐）であった。[2]日本軍のポルトガル領ティモール作戦部隊は一九四二年九月に入れ替わり、新しく第四八師団（司令官・土橋勇逸中将）が西ティモールのクパンに本部を置いてティモール島全体を統括した。その後東ティモールには、第四八連隊、台湾歩兵第一・第二連隊、捜索四八連隊、台湾山砲四八連隊、台湾工兵四八中隊等が配置された。[3]

中立であったポルトガル領ティモールを日本軍が侵攻した際の理由は、一九四一年一二月一七日、日本の侵攻を予期した連合国軍（オーストラリア軍と蘭印軍）が先に進駐したことで、その中立が破られたというものであった。そのため、占領にあたっては形式的にはポルトガルの主権を認め、ポルトガル人を抑留施設に入れはしたが、オランダ領東インドのように軍政を敷くことはなかった。しかし、日本軍は敵（オーストラリア軍）と通じた、あるいは日本軍への協力を拒否した等の理由で住民を拷問・処刑した他、東ティモールを対オーストラリア戦の拠点とするために、飛行場や軍用道路の建設、駐留する日本軍部隊のための住居建設や食料生産のために住民を動員した。そして「慰安所」を各地に設置した。

ポルトガル領ティモールで日本軍が女性たちを集めるのに熱心だったことは、ポルトガル人たちが書き残している。当時のポルトガルの東ティモール総督マヌエル・カルヴァーリョは戦後、日本占領についての分厚い報告書を作成した（以下、総督報告書）。総督報告書によると、侵攻から間もない一九四二年二月末、既婚のティモール人女性や中国人女性に対する暴行が始まった[4]。別なポルトガル人の本によると、日本軍兵士による女性への暴行事件が深刻になってきたため、ディリ行政官が日本の領事館に自制を申し入れると、逆に、暴行事件を止めたければ侵略時に内陸部に逃げ去ったディリの売春婦たちを呼び戻すよう言われたという[5]。その要請は総督に届けられ、総督は要求を聞き入れた。戻って来た女性たちは日本軍によって管理された。しかし、数ヶ月後さらなる女性を要求された際、ディリ行政官がそれを断ると、日本軍は「朝鮮人女性を連れてくることで問題を解決した[6]」。

3　慰安婦にされた女性たち

当時を知る東ティモール人から集めた証言によると、日本軍は首都ディリにおいて、それぞれ朝鮮人、ジャワ人、ティモール人女性をおいた「慰安所」を開設した。いずれも市内中心部にあったが、中でも朝鮮人女性をおいていた「慰安所」は総督府庁舎のすぐ近くにあった。

当時子どもでディリに住んでいた東ティモール人、アフォンソ・デ・ジェススはよく朝鮮人とジャワ人の「慰安所」に行っていた。中には入らなかったが、ベランダに腰掛けていると「慰安婦」たちから牛乳やお菓子をもらったそうで、「慰安婦」たちはよく泣いていたと語っている。日本軍はティモール人女性を集めるのに、リウライ（liurai）と呼ばれた現地の王たちや村長といった伝統的指導者に集めさせた。アフォンソによれば、ディリではサレというアラブ人を通訳に使っていたので、彼が村長たちに命じて女性たちを集めさせた[7]。

東ティモール第二の都市バウカウのある「慰安所」には、ティモール人女性の他にジャワ人、中国人の女性がいたとの証言がある。[8] また、日本軍がジャワで集めた女性たち約七〇名をスラバヤからポルトガル領ティモールの東部ラウテンに船で運ぼうとしていたことも、日本兵の文章から明らかになっている。[9] ただ、その船は到着直前にオーストラリア軍機によって撃沈されてしまった。東部のヴィケケ県のルカというところで日本軍の宣撫班について働いていたレアン・アマラルさんは、そこにジャワから連れてこられた女性もいたと語っている。[10] ディリから少し内陸に入ったアイレウという町には、中国人だけの「慰安所」があったという証言がある。ただ、そこで「慰安婦」にされた中国人女性たちは中国から連れてこられたのではなく、ポルトガル領ティモールに住んでいた中国人であったと考えられる。少なくとも証言した女性はそうであった。[11]

これらの情報を合わせると、中国人・朝鮮人は首都ディリを中心に主な都市に配置され、ジャワ人はその他の主要な町にも配置されていた。ただ、農村部ではもっぱら近隣の村々からティモール人女性が集められ、「慰安所」が作られたと考えられる。ティモール人女性の集め方は、一般的にリウライ（王）や村長に命じて集めさせ、差し出させるというものであった。中には日本の軍人が直接指名したり、連行する際に同行したりした場合もあったようである。女性たちは地位のある軍人の「占有」とされたり、慰安所に入れられて多くの兵士の相手をさせられたりと、大きく二つの場合があったと考えられる。また、その中間、数人の兵士で一人の女性を囲うという例もあった。

ボボナロ県メモ村のエスメラルダ・ボエさんは、ある日畑でキャッサバを掘っていたときにシモムラという司令官がリウライの配下の者三人を連れてやってきて、彼女自身、両親、兄、集落長、リウライの名前を聞いて帰った。その夜、シモムラと四人のティモール人が家にやってきて、たまたま両親もおらず、兄は抵抗できなかったため、シモムラの宿舎に連れて行かれたという。「もし拒否していたら、兄は殺されていただろう。もし、連れて行った女性が逃げていなくなったりしたら、その父母が殺されてしまっただろう」と、当時拒否できなかった雰囲気を語った。エスメラルダさんはシモムラが去った後、カワノ、ハラクという名前で彼女が記憶する司令官に引き続き「占有」された。[12]

東部のヴィケケ県に住むエスペランサ・アマリア・フェルナンデスさんも「占有」された被害者である。ヴィケケ県のウアトゥビナロというところでは、マタハリというニックネームをもった日本人の軍人がいて、エスペランサさんは彼の「占有」となった。マタハリとはマレー語で太陽を意味する。彼女は、他の十一人の女性と一緒にウアトゥビナロに連れて行かれたが、自分はマタハリだけに仕えることになり、十一人に比べてまだましだったと語っている。[13]

中南部のサメに住むヴィルジニア・ダ・コスタさんは、最初ラトゥスあるいはラドリスというような名前で記憶する日本の軍人の「占有」とされたが、彼がアイレウに移った後はサホに引き継がれ、さらにはタノネに引き継がれた。こうして彼女は三年ほどを日本兵と過ごすことになった。彼女は労働はさせられず、食卓を整えるのが仕事だった。彼女は日本の「お金」を与えられたが、その「お金」は価値がないものだとして燃やされてしまったという。最初の軍人の子を一人産んだ。[14]

「占有」された女性たちが語るのは、戦後になって、日本軍と一緒にいた女性だったということで、周囲の冷たい視線を浴びたり、ポルトガル政庁からあらぬ疑いをかけられたりしたということである。エスメラルダさんは戦後、村の中で人が話をしていると、自分のことを言っているのではないかと不安になった。ヴィルジニアさんも周囲の冷たい視線に悩んだが、その後結婚した夫は、彼女が日本軍兵士の相手をしたからこそ、村が救われたところがあるではないかと言ってくれたという。エスペランサさんは戦後復帰したポルトガル政庁に捕らえられ、ラウテン県のイリオマールに三ヶ月拘禁された後、ラウテンやバウカウに移され、尋問された。ラウテンでは飲み水がなく、水たまりの水を飲んだ。泣いたら殴られた。結局、日本軍が彼女にくれたのは服だけだったとわかり、釈放された。[15]

一方、慰安所で多くの兵士の相手をさせられた女性たちの証言はどういうものだろうか。比較的詳しく証言をしてくれたのは、スアイ在住のフランシスカ・マセドさんである。彼女の「慰安所」は細長い家で、中がいくつもの小さな部屋にわかれていて、女性は一人一部屋をあてがわれていた。彼女はトミコと呼ばれ、その名前を入れ墨で腕に彫られた。自分の他にホシコと呼ばれた女性やダスコと呼ばれた女性がいたと記憶している。彼女の場合、昼夜となく一日に一〇人もの相手をしなければならなかった。兵士たちは下着一枚身に付けただけで部屋に入ってきた。部屋に入る前にはコンドームを付け、終わるとゴミ箱に捨てていたそうだ。女性たちはゆでたとうもろこしを与えられただけで、食べ物は貧弱だった。三年間いたが、金銭や衣服はもらわなかった。ある時、「白人が戻ってきた」と言われ、それぞれの村に帰ることが許されたという。[16] それが終戦だった。

コヴァリマ県に住むジェラルダ・カルドーゾさんは、ワイララという村に住んでいたが、そこでは男女が集められ、スアイまで連れて行かれ、男性は道路建設、女性はサゴヤシからデンプンをつくる作業に従事させられた。そして女性たちは、夜兵士の相手をさせられた。彼女によれば、「慰安所」にはノブチという兵士がいて、彼女たちに水浴びをさせ、部屋を点検し、コンドームを洗うなどの管理業務をしていた。彼女は一晩に二人か三人の兵士の相手をしたという。拒否すると殴られたから、具合が悪い日もがまんして相手をした。[17]

同じくコヴァリマ県のラウリンダ・フェレイラさんはスアイでの道路建設に駆り出され、その後兵士の相手をさせられた。一日に一〇人以上の相手をさせられたという。彼女がいた慰安所にはスアイ、エルメラ、サメ、ボボナロなど東ティモールの西部地方の各地から連れてこられた女性がいた。彼女は「多鶴子（タズコ）」と呼ばれ、その名前を漢字で腕に入れ墨されている。[18]

4 軍が指揮して設置した「慰安所」

東ティモールでは、総督報告書にもあるように、日本軍が政庁に女性を要求した。朝鮮人やジャワ人を連れてきたのも日本軍である。「慰安所」の管理者として中国人を使うことはあったが、システム全体を動かしていたのは軍だったと言える。とくに農村部においては部隊単位で「慰安所」を設置しており、その様態は現場の状況に応じてさまざまであった。

ディリの三カ所の「慰安所」はいずれも既存の建物を利用したものと考えられる。一方、新たに作られるものもあった。ある日本の軍人は戦後、部隊の文集に寄せた文の中で一九四四年二月九日にクパン（西ティモール）へ出発するまでディリでティモール人や中国人・華僑の監督をして「慰安所」建設に従事したと書いている。[19] これは軍が「慰安所」建設を直接指揮したことを意味している。

バウカウにあったひとつの「慰安所」は、軍が住民の家を接収して設置したものだった。家を接収されたエルメネジルド・ベロのビデオ証言は女性国際戦犯法廷にも証拠資料として提出されており、その概要は以下の通りである。日本軍がバウカウに来たとき、妻と一緒に山に逃げたが、山から戻ってみると彼の家は日本軍に奪われていた。そこにはバウカウ、オッス、ジャワ、中国人の女性たちがいた。管理していたのは中国人の男性だ。日本の軍人として覚えているのはバンバ、ミハラ、イマグマで、イマグマが司令官だった。将校たちは女性たちの家にはいかず、女性たちが彼らの住居に通った。兵士たちは女性たちのいるところに通った。[20]

東ティモールではよく知られた「慰安所」がひとつある。それは現在のボボナロ県の山奥にあるマロボという温泉で、ポルトガルはそこに頑丈な石造りの保養施設をもっていた。今でもプールのようなりっぱな温泉があり、熱いお湯が湧き出ている。ポルトガルはそこを現地兵士の訓練場として使っていたという。温泉が大好きな日本人は、そこを兵士の保養所兼「慰安所」にした。「慰安所」に使われた建物は高台に並んで建っている。裏手は崖っぷちになっていて、簡単には逃げ出せない。マロボに女性たちが集められていたのを見たという元兵補のジョアキン・シメネスさんの証言[21]や、父親がマロボの慰安所に女性を送るよう命令されたというドミンゴス・ダ・クルスさんの証言[22]がある。ダ・クルスさんの父親は終戦後、日本軍の協力者だったとしてポルトガルによって流刑地のアタウロ島に送られ、そこで亡くなった。

マロボの温泉「慰安所」に入れられていたマルタ・アブ・ベレさんは多くの重要な証言を残した人である。二〇〇〇年の女性国際戦犯法廷で証言した他、いくつものビデオ証言を残している。二〇〇一年に私たちがマロボの温泉に連れて行ったときには当時の記憶が鮮明によみがえり、自分がどの部屋にどのようにいたのか、同室の女性が誰だったのかなどについて語った。彼女は、昼間は建物建設等の労働に駆り出され、夜は兵士の相手をさせられた。食事は与えられなかったため、兄が家から持ってきた。お金も衣服も何も与えられなかった。「ノナ・マニス（「恋人」といった意味のマレー語だが、当時は「慰安婦」の意味で使われた）というのは、やるとかやらないとかいう（選べるもの）じゃなかった。日本人の命令にはしたがわなければならなかった」と述べた。[23]

バウカウから東部のラガに行き、そこから内陸に入ったところにバギアという町がある。ここにあった「慰安所」については、元日本兵でバギアに駐留していた岩村正八《いわむらしょうはち》の証言がある。岩村は台湾歩兵第二連隊の兵士として一九四三年一月から一九四五年二月まで東ティモールの東部地域を中心に任務についた。一九四四年半ば、バギアで「慰安所」建設に従事したことを自身の年表に記録している(24)。一方、東ティモール人からもバギアの「慰安所」については証言が得られた。二人の証言者がバギアにあった三つの「慰安所」を示した。そのうちワイムリの「慰安所」のあったところには日本兵が水浴びをしたという石造りの水場が残っている(25)。

5 協力か非協力か――引き裂かれたティモール人

日本軍は女性を集めるのに、しばしば現地指導者を使った。西部山地のエルメラ県アッァベのリウライで「ドミンゴス・アッァベ」として知られていたドミンゴス・ソアレスは日本軍の命を受け、「慰安婦」の徴集に関わった。マロボの温泉で「慰安婦」とされたマルタさんは、このドミンゴス・ソアレスによって日本兵へのもとへ連れて行かれた。ドミンゴス・ソアレスは戦後、ポルトガル政庁によって日本軍協力者としてアタウロ島に流刑となり、そこから逃亡してインドネシア領西ティモールに行き、東ティモールとの国境に近いアタンブアという町で二〇〇三年に生涯を閉じたことがわかっている。大戦中、彼の妻であったカルメリータ・モニスは、ドミンゴス・アッァベは周辺地域を管轄する日本軍協力者で、同じ村のマダレーナ・デ・ジェススを「慰安婦」にしたと証言している(26)。また、東ティモール人権協会の調査チームは彼が晩年を過ごしたインドネシア領西ティモールのアタンブアに彼の家族を訪ね、彼が残したメモ書きを入手した。それによると、彼はディリで一人のアラブ人と一緒に鳳機関（海軍系の特務機関）の通訳として働き、そこで軍の信頼を得たため「兵補」に昇任し、武器所持を認められた。そして各地でオーストラリア軍相手に戦闘に参加し、さらに鳳機関によって七〇人の兵を配下にもつ民兵組織の指揮をまかせられたという。ただ、その後は父の要請によって村に戻りリウライ（王）となって日本軍への協力を続けた。彼のメモ書きには、敗戦が決まった後のある夜、日本軍はマロボの温泉で別れの宴会を開いたとある。(27)

一方で、日本軍への非協力を貫いた指導者もいた。東ティモール南部のコバリマ県スアイ近郊のカマナサでは、日本軍に処刑されたリウライ・マルセロの妻、ウェヘルミナ・ホアタエと従者パウリーノ・セランが当時の状況を証言した。ウェヘルミナによると、夫はある日、日本軍から女性を差し出すように言われたが自分はそうしなかったと言った。それから召喚状が届き、夫は正装し、従者パウリーノ・セランを連れてボボナロの日本軍駐屯地まで出かけて行った。ボボナロの町にはポルトガル植民地軍の駐屯地があり、広場があった。パウリーノ・セランがそこで見ることになったのは、主人マルセロの公開銃殺刑であった。その後、日本軍はティモール人補助兵をカマナサに送り込み、ウェヘルミナを捕まえようとしたが、村人たちがみんなで彼女をかくまったため、彼女と顔つきの似た義理の姉を捕まえていったという。(28)リウライ・マルセロの場合、「慰安婦」として女性を差し出すのを拒否したことが理由で処刑までされたとはっきり言うことはできないかも知れない。しかし、協力を拒否したり反抗したりしたティモール人を処刑し、その妻を意図的に占有したという例は他にもあり、女性を戦利品のように扱っていたことがうかがえる。

東ティモールの農村では日本軍の命令は絶対だと受け止められており、リウライ（王）や村長は、考えはどうであれ、協力せざるをえなかった。マヌファヒ県のアリシア・プレゴさんが語る経験はそれを物語っている。華人であった彼女の父は香港に逃げてしまい、一家は東ティモールの山の中を逃げ回っていた。マヌファヒ県のトモナモに母親と別れて潜んでいた時、ティモール人兵補がやってきて「おまえの母親がコタララに来るように言っている。宴会をして踊っているんだ」と騙して、彼女をコタララに呼んだ。本当は、コタララでの宴会に参加していたリウライ・ドゥテルテのいとこマティルダが逃げてしまって、日本軍がやっきになってリウライを探していることがわかり、怖くなったリウライが代わりにトモナモに潜んでいた彼女を日本軍に差し出そうとしたのである。そうして彼女は今や司祭館を居宅にした日本人の司令官タカラギのところに連れて行かれ、相手をするように仕向けられた。タカラギの部下はサホだった。しかし、彼女は強く抵抗し、約一時間タカラギともみ合ったという。結局、犯されてしまった彼女は逃げだし、トモナモに隠れた。人が探しに来たが彼女は見つからず、別な女性二人を日本軍に差し出したところ、「昨日の女がいい」と言って受け入れなかったという。そこで彼女はリウライ・ドゥテルテに呼び出され、「おまえは戻らなければならない。そうしないと、おれたちが殺される」と言われた。そうして日本軍のところに連れて行かれ、サホに「今度逃げたらおまえを殺す」と脅された。(29)

6 暴力と癒えぬ傷

国や状況は変わっても、「慰安婦」にされた女性たちが受けた身体的、精神的傷はいずれも深い。また、その後の人生を大きく狂わされてしまったことは、この問題が過去の問題ではなく、現在し続ける問題であることを示している。東ティモールの場合は、戦後ポルトガル植民地支配が復活し、一九七五年から一九九九年まではインドネシアによって軍事占領が敷かれていたため、表現・結社の自由がなかった上に、戦後補償問題が浮上した一九九〇年代はインドネシア軍による目の前の人権侵害に関心が集中したこともあって、調査や運動が他の国に比べて出遅れた。二〇〇〇年になってやっと公にこの問題を議論することが可能になったが、その時すでに戦後六五年が経っていた。その間、被害女性たちは言いたいことも言えず、苦しみを内に抱えて耐えていたことになる。受けた傷のために結婚できなかったり、原因がそうだとは決めつけられないが結婚しても子どもができなかったり、離婚されたりして、家族をうまくつくれなかった女性も少なくない。また、結婚して子どもができても、夫や子どもには自身の経験を語ったことがない女性は多い。周囲からは冷たい視線で見られ、それに苦しんだ人もいる。

コヴァリマ県のクレメンティーナ・カルドーゾさんは、身体に深い傷を負った女性である。県西部のティロマールにいた彼女は、リウライの命によって県東部のズマライでの道路建設に駆り出された。ところが、行った先で男女が分けられ、女性は夜になると日本兵の相手をさせられたのである。当時一七歳か一八歳だった彼女はすでに結婚しており、ある夜密かに夫のいる男たち用のテントに助けを求めに行った。そして日本兵が彼女を連れにやってきた時、夫は抵抗したため、日本兵は銃を振り上げて夫を殴ろうとした。彼女が夫を守ろうとして首にしがみついた時、日本兵が振り下ろした銃は彼女の右手にあたり、手首の骨がくだけてしまった。重傷を負った彼女を見て、日本兵は去って行ったが、彼女の腕は元に戻らず、手首はぐにゃっとまがったまま、使えない右手になってしまった。私たちが訪ねた時、彼女は薄暗い部屋の奥に細く小さな体を折りたたむように座っていた。見るからに不自然に折り曲がった右手首の痛々しさに、われわれは一瞬ことばを失った。日本兵は重傷を負った彼女を再び「慰安婦」にしようとした。彼女は「もし連れて言ったら、私は自殺する」と言って強く拒否したという。「慰安婦になりたい女なんていない」と彼女は言った[30]。

コヴァリマ県西部の山村フォホレンに住むラウリンダ・フェレイラさんは、子どもの頃に「慰安婦」にされ、何人もの兵士によって無理に挿入された痛みから、歩くことができなかった。日本兵はというと、血が出るとひどく喜んだという。そうした経験のため、男性との関係にひどい嫌悪感を抱いている。結婚もしなかった[31]。

マヌファヒ県ファトゥベルリウに暮らしていたマルガリーダ・ホルナイさんも、戦後ずっと過去の記憶に悩まされたと語る。彼女は日本軍に捕まりそうになったので逃げたところ、家族が虐待され、やむなく日本軍のもとに行った。彼女はコマキという彼女の他にも三人ほどの女性を「占有」していた軍人に「占有」された。コマキは、別な証言によれば、キラスの駐屯地で宣撫班の副官であり、非情にどう猛で、他の日本兵からも恐れられていたという[32]。マルガリーダさんが辛いこととして思い出すのは、三人の修道女に家の番をするため来てもらった時、彼女たちも日本兵に強姦されてしまったということである。こうした暴力や辛い思い出に加え、戦後周囲から言われ続けたことが彼女を苦しめたのである[33]。

7　東ティモール社会と政府

二〇〇六年一月六日と七日の二日間、東ティモールの首都ディリにあるカノッサ会修道院を会場として「東ティモールの〈従軍慰安婦〉の歴史を知る」公聴会が開催された。二〇〇五年から集中的な調査を行っていた東ティモール人権協会や女性国際戦犯法廷に向けて調査を行った東ティモール女性連絡協議会、日本の支援団体で実行委員会をつくり、開催したものである。開会の辞を述べたのは当時のディリ教区のリカルド・ダ・シルバ司教であり、東ティモール人カトリック司祭や国会議員、弁護士も参加した。六人のサバイバーが証言した（一人はビデオ証言）他、日本人兵士との間に生まれた人、兵補（日本軍の補助兵）だった人、女性を集めて回ったリウライの妻（カルメリータ・モニスさん）も話をした。集まった人は約二〇〇人で、第二次大戦中の歴史に対する関心の高さを示している。(34)

その後も、東ティモール人権協会はパネル展やセミナーを大学等で開催している。また、各県で小中学校社会科教員を対象として研修セミナーも開催しており、すでに一三県中六県で実施した。最も最近のイベントとしては、二〇一九年二月二〇日（日本軍の東ティモール侵攻の日）、ディリ市郊外にある平和大学で開催された日本軍性奴隷制に関するセミナーがある。これは東ティモール人権協会と大学が合同で開催したもので、参加者は述べ三八八名、うち女性が二三九名であったというから、関心の高さが理解されよう。

また、そのプレイベントとして、二月一八日には、教育テレビで日本軍性奴隷制に関するトークショーが放送された。トークショーでは先にあげた合同調査報告書『真実と正義を求めて』（二〇一六年刊）のテトゥン語翻訳者であるジョゼ・ルイス・オリベイラ氏と教育省政策計画協力局長のアントニーニョ・ピレス氏が参加し、ピレス氏は、この報告書が自国の歴史をカリキュラムに組み込む際の貴重な資料になるだろうと語った。また、二〇二〇年二月の日本軍侵攻記念日に翌日には、民放がこの問題について一時間四〇分もの討論番組を放送した。(35)

東ティモール社会は、被害者自身が語っているように、性暴力の被害を公に語ることに強い抵抗がある点で他の社会と違わない。われわれの調査においても、証言を躊躇する女性はいたし、本人は証言しても家族がそれを公にしたくないといったこともあった。また、それまで夫や家族にはしゃべったことがなく、調査で初めて体験を語ったというサバイバーも少なくなかった。さすがに一族から締め出されたという女性はいなかったが、周囲からの冷たい視線に悩んできた女性は多い。若い世代がこの問題に関心をもつのは、民族の歴史、とりわけその苦難の歴史をもっと知りたいという気持ちがあるかだろうと考えられる。東ティモールの歴史は長く外国支配に苦しんだ受難の歴史だとの認識が一般にはあるが、それを肉付けする具体的な記述は少ない。そこにその時代を生きた東ティモール人自身のことばで語られる歴史が若者たちを引きつける理由があると思われる。

一方、政府はどうかというと、この問題ではまったく動こうとしない。個々の政府高官や国会議員がイベントに来て挨拶をすることはあっても、それ以上のアクションはないのである。まず、被害者に直接会って話を聞くということをしない。公的な調査も行わない。日本政府に対して被害者を代弁して何かを求めることもしていない。日本政府と東ティモール政府は両国関係を「未来志向」で行うと合意しており、その意味するものは「過去の問題には触れない」ということのようである。

これまで私たちが東ティモール政府関係者から聞いたところからすると、東ティモールの指導者たちには多額の援助をくれる日本政府にそれ以上の要求はできないという遠慮があり、また過去の戦争の被害について日本に謝罪や補償を要求するのであればインドネシアに対してもそうすべきだという世論がわき上がるのを恐れている。また、東ティモール解放闘争の最高指導者で、独立後大統領、首相を経て、今なお大きな政治的影響力をもち続けるシャナナ・グスマンがこの問題を「恥ずかしいこと」だと考えており、被害者の要求に共感していないことも大きい。

東ティモールとインドネシアは、日本占領に関して異なる立場にある。インドネシアを植民地にしていたオランダは連合国の一員だったが、東ティモールを植民地にしていたポルトガルは中立国であった。

ポルトガルはサンフランシスコ平和条約にも加盟しておらず、また日本から賠償も受けていない。したがって、東ティモールが独立した時、第二次大戦中の損害について日本に対し何らかの請求をする道は残されていたと言える。しかし、東ティモール政府は「未来志向」のスローガンのもと何も行動をとっていない。日本政府も、この件は日本側から持ち出すような問題ではなく、東ティモール政府が言い出せば何らかの対応をすることになるだろうといった態度である。こうした外交レベルでの思惑の陰で、真実は埋もれ、被害者たちにとっての正義は忘れ去られていこうとしている。

8　南スラウェシ州の事例がもつ意味

次に、南スラウェシ州の事例を検討しよう。インドネシア（大戦中はオランダ領東インド）における日本軍性奴隷制がどのようなものであったのかについてはすでに種々の本、論文、調査報告、証言集、資料集が出されており、「慰安所」の設置の経緯、設置・運営方法、所在地に関する情報や被害者の証言、日本軍兵士の回顧等が蓄積されている。(36) これらの全体を簡潔、概略的に知りうる本としてｗａｍのインドネシア展カタログ『「アジア解放」の美名のもとに　インドネシア・日本軍占領下での性暴力』（二〇一六年）がある。ただ、これらの蓄積をもってしても、ジャワ島以外の地域で、現地の女性たちを集めて設置された「慰安所」の実態はそれほど明らかになっていない。とくに戦略的理由から部隊が駐留していた農村部において軍性奴隷制がどのようなかたちで存在したのかは、なかなか知りえない。バタビアを頂点としたジャワの諸都市における「慰安所」を軍性奴隷制の中心とするならば、ジャワ島以外の地域の農村部におけるそれは軍性奴隷制の周縁に位置づけられる。そうしたところでは、いわゆる典型的な

「慰安所」運営ではなく、現場の判断で臨機応変につくりかえられた様態があったと推測される。インドネシアにおける日本軍性奴隷制の、制度における中心と周縁の両方を射程に入れる必要があるだろう。こうしたアプローチには、同様に島嶼部周縁にあった東ティモールの農村部での調査経験が役に立つとも考えた。こうして、南スラウェシ州にフォーカスした研究が行われることになった。

南スラウェシ州には、一九九〇年代から元兵補の未払い給与等の返還を求めて運動を行ってきたインドネシア元兵補中央協議会の本部があった。当初は、ジャカルタ近郊のブカシに本部を置いていた同協会であるが、初代代表が亡くなり、後を引き継いだモハマド・ダルマウィさんが同州中部のエンレカン県カロシに住んでいたため、そこに本部を移したのである。ダルマウィさんは父親が日本軍の兵補だったので、二世として同協会の代表を務めていたが、「慰安婦」問題を訴えることにも熱心で、「インドネシア元従軍慰安婦支援協会」を立ち上げた。そして、兵補協会のネットワークを通じてサバイバーを見つけ、連絡を保ち、時には個人的な支援も行っていた。地域にネットワークをもったダルマウィさんがいたことで初めて地域一帯を研究することが可能になったのである。ダルマウィさんたちはすでに一六〇〇人以上の被害者証言を集めて証言集を作成していた。日本の研究者数名で研究班を立ち上げ、現地での聞き取りを二〇一二年に始めた(37)。

9　セレベス民政部第二復員班の調書及び報告

まずは、文書資料から見ていこう。南スラウェシにおける「慰安所」の所在地や「慰安婦」の数については、例外的に公文書が存在する。それは「南部セレベス売淫施設(慰安所)調書」(以下、「調書」)と「売淫施設に関する報告」（以下、「報告」）の二点である。[38]「報告」は「調書」をもとに連合軍への最終提出用として作成されたもので、基本的に内容は踏襲されているが、異なる点もあるため両方を吟味した方がよい。

まず、二つの文書は公文書とは言いつつも、戦後、関係者がちりぢりになった中で、記憶をもとに作成されたものであるから、網羅的であることは望めない上に、いくらか内容を操作する余地のあるものであったことをふまえる必要がある。「調書」は、昭和二一年（一九四六年）五月三〇日、蘭印軍軍法会議検察官が南部セレベス全域における「慰安所」施設及びその責任者を調べるよう命じたことに対する回答の一部として、海軍民政部第二復員班長が第二軍高級副官宛に作成したものである。当時、当地の日本軍は南スラウェシのピンラン県マリンプンの平原のキャンプに抑留されていて、そこを出て港のあるパレパレに向かったのが六月四日とあるので、調書はマリンプンで書かれたと考えられる。すでに終戦から九ヶ月が経ち、「調書」があげる二一名の責任者のうち一名が死亡、二〇名が帰還していたため、十分な情報収集は難しかった。「調書」も「残留者ニ付キ極力調査シタルモ責任者スデニ帰還セル為正確ヲ期シガタキモ概要左ノ如シ」と釈明している。一方、「報告」は「調書」に南部セレベスの陸軍管轄の「慰安所」及びケンダリーにあった海軍部隊の「慰安所」に関する情報を加えて作成されている。「報告」が「当時ノ書類ハ一切焼却シタルヲモッテ記憶セル事項ヲ記載セルモノナリ」と書いているところから、証拠書類を焼却したことがわかる。

南部セレベスで海軍が管轄していた「慰安所」の所在地については、これらの「調書」並びに「報告」からある程度把握できる。「調書」は南部セレベスにおいて海軍の民政部が許可した施設が二三カ所あったと記し、そこにおかれていた女性を二二三名と数えている。「報告」はさらに「調書」にない七カ所、五九名を加えているので、合計三〇カ所二八二名となる。

しかし、「報告」には不自然なところがいくつか見られる。「報告」は英印軍及び蘭印軍より民政部に照会があった案件のうち重大なものだとして文書での回答を求められたため作成された。重大な案件とはこの場合「南部セレベス全地域ニ亙ル慰安所施設及其ノ責任者調」であり、ここにおける用語は「慰安所施設」である。しかし、それへの回答である調書は一度だけ「売淫施設（慰安所）」と書き、あとはすべて売淫施設という表現を用いている。そして「慰安婦」は婦女、あるいは売淫婦（ときに淫売婦）としている。それまで軍内では「慰安所」「慰安婦」と呼んできたのに、あたかも商業的な営みであったかのような言葉遣いであり、責任逃れの意図が感じられる。また、「調書」は「慰安婦」の数をトラジャ、マンタル、ジャワ、マカッサル等民族集団別に記載しているが、「報告」では民族集団名は省かれている。なぜそうなのか考えてみると、「調書」にあるマカッサルの三カ所の「慰安所」にいた合計約九〇名の「慰安婦」の民族集団欄が空白になっており、その不自然さを覆い隠すために「報告」ではすべての民族集団を記載しないことにしたのではないかと疑われる。それではなぜ、マカッサルの三つの「慰安所」の「慰安婦」たちの民族集団を書けなかったのか。おそらくそこには朝鮮人、中国人が大勢いたからではないかと思われる。あるいは、オランダ人女性がいた可能性もあるだろう。オランダ人女性はマカッサルの南に位置したカンピリ婦女子抑留所に入れられていたが、困窮のあまり日本軍の命令に逆らうことができず、「慰安所」に入った女性がいたとしても不思議ではない[39]。いずれにせよ、これだけの「慰安婦」の数を数えながら、中国人が一人しかおらず、朝鮮人がまったく言及されていないのはかなり不自然である。

また「報告」は女性たちがおかれていた状況について「売淫婦ハ本人ノ希望ニ依リ営業セシム」、「軍司令部ニ於いて設備セル良好ナル宿舎ニ居住し所定時間ノミ接客シ其ノ他ノ行動ハ自由トス」、「毎週二日間ハ休日トス」、「糧食ハ営業者ヨリ交付シ衣類、日用品化粧品等ハ軍司令部ヨリ無償交付セリ」、「終戦後被服類物品及金銭ヲ与ヘテ解散セシメタリ」、「収入ノ五〇％ハ淫売婦ノ所得トス」などと、相当によい待遇であったかのように書いている。パレパレで陸軍中佐が責任者となって警備隊が直接経営していた慰安所では「収入ノ九〇％ハ淫売婦ノ所得」になっていたとまで書いている。

これらはすべて「慰安所」が商業施設であったという印象を与えようとするものであろうが、「調書」は「慰安所」管理の組織図を描いている。それによると、民生部長官は許可権者、政務部第一課長・第二課長は監督権者、次に黒塗りされているのが募集契約責任者、そして実業団が維持責任者となっている。「慰安所」の維持責任者が民間人であったというのはよくなされる主張であるが、それでは募集契約責任者は軍人だったのか民間人だったのか。それが軍人であれば、拉致まがいの連れ去りまでやっていたことの責任は軍が取らなければならないということになる。維持責任者にしても、「慰安婦」が三人しかいなかったとされるボネの「慰安所」を実業団が経営していたとでもいうのだろうか。「慰安婦」の監視や身の回りの世話、施設の掃除などを雇われてやっていた人がいたとしてもおかしくはないが、彼らを維持責任者として「慰安所」のトップのポストにすえるのは不自然である。いずれにせよ、女性を集めてまわった部分の責任者を黒塗りするという意図は、かなり疑わしいところがあると言わざるをえない。

それでも中には「報告」が軍が直接運営していたと認める「売淫施設」もあった。上に述べたパレパレの「売淫施設」は「部隊ニ於テ経営ス」とある。その意味するところは、料金をとって運営する「売淫施設」を軍部隊が直接「経営」し、責任者が部隊の陸軍中佐だったということである。また、ケンダリーの海軍部隊が「経営」していた「売淫施設」に至っては、「部隊ニ於テ施設セル良好ナル宿舎ニ居住シ行動ハ自由トス」「糧食、衣服、寝具、食器類、水道料、使用人ノ給料等一切部隊ノ負担」としていたというから、民間人の入る余地はどこにもなかった。それなのに軍が責任をもたないというのは、受け入れられる論理ではない。

以上が、「調書」「報告」から知りうるところである。現地での聞き取りはこれらの「慰安所」の存在を裏付けるものがある。まず、エンレカン県のチャルックには竹で作られた「慰安所」があったとの証言が多数ある。被害者ではない男性の証言者、ハッサンさんは鍛冶職人として日本軍の仕事を請け負っていたが、必要な炭を手に入れるためにチャルックを通って丘陵の向こうへ行くことが多かった。そのためチャルックの「慰安所」の横をいつも通っていた。そこにはジャワ、トラジャ、ブギス、マカッサルの女性たちがいたという[40]。

チャルックは人里離れた丘の上にあり、兵士たちはそこから数キロ離れたルラという村に駐留していた。そこには壮大な谷を見下ろす高台があって、斜面には谷の入口から攻撃してくる軍機を迎え撃つために建設されたコンクリート製のトーチカが今でも残っている。谷底には川があり、住民は川砂を高台まで運ぶ作業をさせられた。ここにも「慰安所」があったという証言が複数あるが、こちらは「調書」に記載がない[41]。ルラに連れて行かれた少女たちもそれに駆り出され、昼間は砂運びをしながら、夜は兵士の相手をさせられた。日本兵に殴られ右目を失明したミナさんはそこに一年以上いた。多い日には七人の日本兵の相手をさせられた。誰もコンドームは使っていなかったので、二度妊娠し、二度流産した。ある時軍医が来て「誰の子どもか」と聞いたので「日本人だ」と答えたという[42]。また、部隊が駐留したルラには防空壕があり、そこで女性たちは強姦されたという証言もある[43]。

10　記載のない「慰安所」、秘密の「強姦場」

「調書」「報告」が網羅的でないのは作成者も認めているところであるが、一方で、認可を与えられなかった、つまりは各部隊レベルで勝手に作った「慰安所」のようなもの、あるいは「強姦場」といった方が近い隠れた施設があった可能性もあると思われる。そうしたところでは、管理の目を逃れて、極端なかたちで性奴隷制が横行したと疑われる。右に上げたルラの状況もそれに近いかも知れない。他にも、エンレカン県ソソック村にも「慰安所」があって、八人の女性が入れられていたとの証言がある。(44) ソソックの「慰安所」は「調書」に記載がない。

秘密の「強姦場」であったと考えられるものの一つが、マカッサルより南にあるタカラール県ポントパラン村の飛行場脇の防空用の塹壕である。現在インドネシア空軍が使用している飛行場にはそれを囲むかのように蒲鉾型の屋根をもつ塹壕がいくつもある。今では竹の根に突き破られて半ば壊れたようなものもある。この塹壕の中で村の少女たちは日本兵に強姦されていた。被害者はアランさん。脳梗塞で寝たきりになったアランさんに代わり、話を聞いていた娘のジョハリアさんが次のように語った。

母は防空用塹壕で炊事や洗濯をするように言われて出かけて行った。何人かが集まっていたが、母を残してみな帰された。母が中に入るように言われたとき、友達も残ろうとすると銃で脅されたという。この話は秘密であり、私は母から聞かされた。母は家から防空用塹壕へと毎日のように通い、そこで犯され続けた。当時母は一七歳ぐらいだった。村のその年代の女性たちに聞くと、そういう経験をしている女性が一五人ぐらいいることがわかった。しかしそれも秘密で、親戚にわかれば殺されてしまう。ここはそういうところなのだ。女性たちの相手は決まっていて、それは一対一の関係だった。母は軍隊を見ると昔を思い出す。トラウマになっている。インドネシア軍が家の前を通って裏手の訓練場に行くのを見ると、震えて家の中に逃げ帰ったこともあった。母にどうして（当時）逃げなかったのかと聞いたら、撃ち殺されると言っていた。(45)

ジョハリアさんによれば、抵抗すれば銃で撃ち殺されるというのは誇張ではなく、村の中に日本兵に撃ち殺された人がいたという。また、ボントパラン村の出来事ではないが、マカッサル市内のパンパンという地区では、ハフサさんという十代後半（一九二六年生まれ）の娘さんが、妹が日本兵に連れ去られるのを阻止しようとして銃で撃たれて亡くなるという事件があった。この話はその地区ではよく知られていて、妹さんが亡くなった姉の墓を示してくれた。(46)

11　軍産協力体制と性奴隷制

南スラウェシで特徴的なことの一つは、現地で操業していた日本企業が軍性奴隷制と関係をもっていたということである。事例としてわれわれが知りえているのは、陸軍の命を受けてセレベスで綿布生産を行っていた鐘淵紡績株式会社（鐘紡の前身）である。日本の紡績会社は中国大陸で生産を行っていたが、戦況の悪化とともに新たな生産地を確保する必要があり、オランダ領東インド、なかでもセレベス島に新拠点の狙いが定められた。綿布生産は軍にとっても極めて重要で、鐘紡の社史『鐘紡百年史』によれば、

「昭和一八年四月、大東亜省の割当（実際には軍部が協力に指導）によって、国内の紡織設備（紡機と織機）の南方への一部移設が決定された」[47]。そして「鐘紡にはフィリピン、セレベスの綿作及びセレベスでの紡織が割当てられた」[48]。鐘紡がマカッサルに本部を置き、ピンランに紡績工場を持っていたことは社史に書かれているが、それとは別に、パレパレに綿繰工場を、ラッパンにジュート栽培の拠点もっていた。パレパレ、ピンラン、ラッパンは南スラウェシの中でも近接した町であり、ひとつの地域の中にあると言っていい。こうした支所の存在については、戦後英文で作成された『邦人事業概況報告』の第二八番（鐘淵工業）に記載があり、それによると、本部マカッサルは綿作を統括し、パレパレ支所は主に綿繰りを行い、ピンラン支所は手作業による紡績と布織を行い、ラッパン支所はジュート栽培をしていた。ピンランの工場は昭和一九年五月に操業を開始し、一一月には爆撃を受け被害を出している[49]。

さて、沿岸のパレパレから内陸のピンラン、さらにはエンレカンにかけての地域の女性たちは、鐘紡の綿布生産に動員された。そして、工場で働く女性たちの中から「慰安婦」にされる人が相次いで出た。パレパレのウジュン・バルにあった綿繰り工場で働いていたチンダさんはそうした被害者の一人である。工場の敷地内のある建物が「慰安所」として使われ、工場の目の前は日本軍の司令部と兵舎であった。チンダさんは綿繰り工場で母親と一緒に働いていたが、あるとき、工場内の別棟（それが「慰安所」だった）に呼ばれ、強姦され、以後、そこで多くの兵士の相手をさせられた。その後母親とは会うこともできず、またそこには少女が何人もいたが、お互い話すと怒られたのであまり話もできなかったという。彼女は工場から自分を連行した兵士の名前をオケダと記憶している。オケダは工場の前の宿舎に住んでいたという。チンダさんはまずオケダに強姦され、続いて三人の兵士に強姦された[50]。

この綿繰り工場の中の「慰安所」が「調書」に記載された「慰安所」かどうかはまだ確認できていないが、

可能性はある。「調書」では、パレパレの「慰安所」にはジャワ人、トラジャ人、マンダル人がいたとあるが、ある男性はこの「慰安所」にジャワ人やミナハサ人（スラウェシ北端メナド周辺地域の民族集団）がいたと語っている。[51]

ピンランの工場はかなり大きく、大勢が働いていた。現在でもその跡地は確認でき、近隣の住民もそこが鐘紡の綿布工場であったことを知っている。草が生い茂った区画の中にコンクリートの台座がいくつも残っている。糸を紡ぐ人、布を織る人、サロン（腰巻）を作る人など、多くの若い女性が働いていて、毎日体操があったそうだ。[52] ここで働いていた女性たちを軍は見ていたようで、そこから草原地帯のマリンプンにあった「慰安所」に連れて言って「慰安婦」にした事例[53]や、自分の宿舎に連れて行って強姦したという事例[54]が証言から上がってきている。マリンプンの「慰安所」は「調書」には記載されていない。

また、ピンランの工場では、工場長以下、十数名の日本人男性職員が敷地内の「石の家」と呼ばれる宿舎にいた。当時、「そこで働いたら日本人の妻にされる」というのを母から聞いて、自分は「怖くて働かなかった」という女性がいる。[55] 実際、その「石の家」に呼び出され、強姦されたという証言がある。[56] ラッパンの支所についても、工場内で日本兵に強姦された女性の証言がある。彼女は二日に一度軍人に工場で強姦され、一〇日間だけ働いて行かなくなったという。[57]

こうして証言を集めてみると、鐘紡はもともと軍の命令でセレベスに来ていたからか、軍とは緊密な関係があり、工場内を軍人が往来していたことがわかる。工場の女性たちは工場敷地内の棟に閉じ込められて性奴隷とされたり、工場の中で連日強姦されたり、近くの兵士の宿舎に呼び出されて相手をさせられたりしたが、こうした状況はいわゆる設置された軍の「慰安所」ではないかも知れない。しかし、性奴隷制の特徴を有している。

12 「シリ（恥または名誉）」の概念と被害者のその後の人生

東ティモールでは、家に戻った被害女性たちが家族に受け入れられなかったという話はあまり聞かない。結婚後、夫や子どもに話したことがないという女性は少なくないが、結婚時に夫に話し、受け入れられたと語る人もいる。しかし、南スラウェシでは、家に戻った時に拒否されたり、戦後結婚できなかったりという女性が比較的多いように思われる。現地の人たちは、被害者も含め、「シリ（siri'）」と呼ばれるスラウェシ南部の社会、とくにはブギス・マカッサル社会に特有の「恥」「名誉」の概念にしばしば言及する。この概念によって、一族の尊厳が傷つけられたとなると相手に対して殺傷事件を起こすほど熱くなったりする。[58] 内側に向くと、一族に「恥」をもたらした者に対する追放という処罰に向かった。被害女性たちはときに一族に「恥」をもたらしたとみなされ、排除された。

パレパレの綿繰り工場で「慰安婦」にされたチンダさんもはっきりと「シリ」とされたために元いた場所には住めなかったと語る。彼女は七五年に及ぶ戦後を一人で生きてきた。華人の家に住み込みで家政婦をしていた時、独り立ちできるようにと作り方を教えてもらったお菓子を作って生計を立ててきた。また、ルラの「慰安所」（「報告」に記載なし）に入れられたヌラさんも、自宅に戻った時日本兵に犯された女性は汚いと言われ、親から受け入れられず、追い出されたと語った。その後、養女をもらったりしたが、結婚せず、辛い記憶に苦しめられながら一生を終えた。[59] マカッサル市内から連れ去られセンカンである軍人に「占有」されたミンチェさんも、家に戻ると親戚から拒否された。彼女はその後結婚せず、家政婦として転々とし今に至る。[60] シンジャイに暮らすベチェさんも家に戻った時「汚い」と言われ追い出された。それから一五年後の親の死に目にも合うことはなかった。その後結婚したが、夫には亡くなるまでこのことは話さなかった。[61]「慰安所」に入れられたわけではないが、日本兵に呼び出され三回も強姦された女性は、その後尿漏れが止まらず、結婚した夫からも処女でないとあやしまれ、一〇年後には離婚してしまった。彼女は「シリがあるから殺される、誰にも話せなかった」と言う。[62]

13　インドネシア政府の対応

インドネシア政府はいかなる対応をとってきたのであろうか。一九九〇年代から、被害者や支援団体は政府に手紙を送り、報告書を届けてきた。政府役人との面会も何度か行われている。インドネシア政府はこの問題があることは承知しており、被害者や支援団体の声をまったく無視しているわけではない。しかし、結局のところ、インドネシア政府が被害者の要求を日本政府に対して代弁するようなことはしたことがない。

アジア女性基金の扱いについては、一九九八年五月に強権的なスハルト政権が倒れる前に交渉が終わり、個人へ償い金は届けられず、政府が高齢者施設を建設することで決着がなされた。これはその後に大きな問題を残した。日本側はそれを一九九七年一月に発表し、三月に首相の謝罪文をインドネシア大統領に届け、その後三億八〇〇〇万円（当時のレートで約九〇億ルピア）を一〇年間にわたり拠出するという覚書に調印した。[63]しかし、その翌年、スハルト政権は崩壊し、民主化の期待を担った新しい政権が発足した。

新政権下で怒濤のような民主改革が進み、過去の問題の清算が議論される中で、このアジア女性基金との決着の付け方も問題となった。被害者や支援団体は、被害者個人の要求がまったく考慮されず、政府が作った高齢者施設にも元「慰安婦」の女性が入居したという事実が確認されない中で、新しい政権の下、日本との交渉のやり直しを求める声が上がったのである。

しかし、そうした声があるのを知りつつ、日本側もインドネシア側も交渉のやり直しを提起することはなかった。今日、インドネシア政府は日本との良好な外交関係を維持するために、「慰安婦」問題を取り上げようとはしない。しかし、被害者の状況にまったく同情心がないわけでもない。日本側から何かオファーがあればインドネシア政府がそれに対応する可能性があるだろう。

おわりに

連合国オランダの植民地であったインドネシアと中立国ポルトガルの植民地であった東ティモールは同じ占領といっても、その法的地位は異なっていた。占領の目的も異なっていたといえる。インドネシアでは日本はインドネシア人民族主義者とある部分協力し、軍政の下、行政組織、軍事組織を構築し、教育を普及させた。最後は独立させる考えであった。東ティモールでは軍を駐留させオーストラリアに対する防衛線とするのが目的で、東ティモールの独立はまったく射程になく、したがって行政組織などの占領体制を構築することもなかった。しかし、両国で、人びとを強制労働に従事させ、女性たちを性奴隷制へと駆り出した点は同じである。

もともと売春施設がなかった農村部では、部隊が自分たちで「慰安所」を設置しなければならなかった。インドネシアの南スラウェシと東ティモールの農村部はこういう点でよく似ている。部隊が駐留する地域に急ごしらえの建物をつくり、そこに伝統的首長や村長を通じて近隣から集めてきた女性、多くは少女たちを閉じ込めて性奴隷とした。中には防空壕を利用して近隣の少女を強制的に通わせ、強姦し続けたという事例もあり、こうなると「慰安所」というより「強姦場」といった方が近い。昼間は日本軍の命令で労働もさせられ、へとへとになったところに夜は兵士の相手をさせられた女性たちもいた。コンドームは使っていなかったところがあるのも両地域に共通している。

以上ような状況からすると、軍慰安所の運営に軍が関与するレベルはさまざまであったと言えるだろう。南スラウェシについてはたまたま軍が作成した「調書」があり、軍が認可し、監督していた「慰安所」が記載されている。しかし、証言からはそうでないところも上がってきており、将校たちの「占有」した女性のことは触れられていない。また、防空壕や洞穴を「利用した」ものも記載がない。しかし、多くの場合、軍のイニシャティブで上から政策として実行された、あるいは部隊レベルで容認されていたことは間違いないだろう。とくに農村部においては当初から軍が直接に設置し、管理運営を行い、女性を集めることに関与していた。

性奴隷制によって翻弄された女性たちの運命は、インドネシアであろうと東ティモールであろうと、いずれも非常に痛ましいものである。戦後結婚できなかった女性も多い。家族主義が強く、家族が人生を支える重要な集団であるような社会で結婚できないと、大変な苦労を背負うことになる。また、結婚しても子どもができなかったり、トラウマから夫とうまく関係を構築できなかった女性も少なくない。スラウェシでは「慰安婦」にされたことがわかれば親族に殺されかねないと恐れた女性も多かった。スラウェシには「シリ（siri'）」という親族のプライドを誇る文化があり、それを傷つけた者は「恥」として厳しく罰せられたからである。そのため家から放逐された女性もいた。もちろん、性奴隷にされたということ自体、社会的差別の対象になりうるため、公言できない女性が多かった。さらには、日本軍の協力者とみなされるという恐れもあった。実際、戦後ポルトガルの植民地に復帰した東ティモールでは、ポルトガル政庁から尋問を受け屈辱的な目にあった女性もいる。彼女たちの苦しみは戦時中、日本軍に捕らえられていた時だけではなく、戦後もずっと続いたのである。

〈註〉

1 主には古沢希代子と筆者の二人であるが、女性国際戦犯法廷で調査を行った東ティモールの法律家やNGOのスタッフに案内された。

2 日本の東ティモール侵攻については、防衛庁防衛研修所戦史室（一九六九年）のディリ攻略作戦を参照、一六〜一七頁。

3 第四八師団の東ティモール占領については、山口（二〇〇三年）を参照。資料の出所を示していないが、駐留した部隊名を記し、いくつかの作戦についても描写している。

4 de Carvalho, pp. 223-224.

5 Santa, p. 31.

6 de Carvalho, p. 224.

7 アフォンソ・デ・ジェススさんインタビュー、二〇〇五年五月二九日。合同調査報告書、二八〜二九頁。

8 女性国際戦犯法廷提出資料の元となったエルメネジルド・ベロさんのビデオ証言、二〇〇〇年にバウカウの自宅で撮影。wam（二〇一二年）、一七頁。合同調査報告書、一一二〜一一三頁。二〇〇三年に死去。

9 台湾歩兵第二連隊第九中隊会（一九八一年、二〇八頁）。
10 wam（二〇一二年、一八頁）。
11 wam（二〇一二年、一一頁）。
12 エスメラルダ・ボエさんインタビュー、二〇〇〇年一二月九日・一〇日、二〇〇一年九月八日、二〇〇五年九月一日。wam（二〇一二年、二八頁）。合同調査報告書、五〇〜五三頁。
13 エスペランサ・アマリア・フェルナンデスさんインタビュー、二〇〇八年一一月二六日。古沢（二〇〇八年）。wam（二〇一二年、一九頁）。合同調査報告書、一一六〜一一八頁。
14 ヴィルジニア・ダ・コスタさんインタビュー、二〇〇五年九月一二日、二〇〇六年公聴会の証言。合同調査報告書、八一〜八二頁。
15 エスペランサ・アマリア・フェルナンデスさんインタビュー（前掲）。
16 フランセスカ・マセドさんインタビュー、二〇〇五年一〇月六日、二〇〇六年公聴会証言。合同調査報告書、五九〜六一頁。
17 ジェラルダ・カルドーゾさんインタビュー、二〇〇六年三月一日。wam（二〇一二年、三〇頁）。合同調査報告書、六一〜六三頁。
18 ラウリンダ・フェレイラさんインタビュー、二〇〇九年八月二一日。合同調査報告書、六六〜六八頁。
19 第四十八師団歩兵第四十七連隊第二機関銃中隊（発行年不詳）の北條南龍の手記。
20 エルメネジルドさんのビデオ証言（前掲）。合同調査報告書、一一二〜一一三頁。
21 ジョアキン・シメネス証言は本人からの聞き書きによるもので、wam（二〇一六年）に掲載されている（一二頁）。

22　ドミンゴス・ダ・クルス証言は聞き書きによるもので、古沢（二〇〇三年）に記されている。
23　マルタ・アブ・ベレさんビデオ証言、二〇〇〇年一二月九日・一〇日、二〇〇一年九月八日、二〇〇五年九月一日。古沢（二〇〇一年）。ｗａｍ（二〇一二年、二七頁）。合同調査報告書、四六～五〇頁。
24　岩村証言はｗａｍ（二〇一二年、二二～二三頁を参照）。
25　ｗａｍ（二〇一二年、二〇頁）。
26　カルメリータ・モニスさんインタビュー、二〇〇五年八月三一日。合同調査報告書、四〇頁。
27　ドミンゴス・ソアレスの手記（一九九六年一一月三日付）。合同調査報告書、四〇～四二頁。
28　ウェヘルミナ・ホアタエ、パウリーノ・セラン、アフォンソ・モニスさんインタビューは古沢（二〇〇二年）に整理されている。ｗａｍ（二〇一二年）、一四頁。合同調査報告書、三四～三七頁。
29　アリシア・プレゴさんインタビュー、二〇〇五年九月一四日。二〇〇六年公聴会証言。合同調査報告書、八二～八七頁。
30　クレメンティーナ・カルドーゾさん聞き取り、二〇〇一年三月二六日。古沢（二〇〇一年）に整理されている。
31　ラウリンダ・フェレイラさんインタビュー、二〇〇九年八月二一日。合同調査報告書、六六～六八頁。
32　ｗａｍ（二〇一二年、一六頁）。
33　マルガリータ・ホルナイさんについては、ｗａｍ（二〇一二年、一九頁）。二〇〇六年公聴会証言。合同調査報告書、八九～九一頁。
34　二〇〇六年公聴会についてはｗａｍ（二〇一二年、四五頁を参照）。
35　最近の東ティモールでの活動については以下を参照。大阪東ティモール協会『季刊・東ティモール』（七一号・二〇一九年三月刊、一七～二一頁）、同七五号（二〇二〇年二月刊、二二～二三頁）。

36 軍慰安所設置のアジア太平洋への展開については、吉見（一九九五年）、吉見（一九九二年）、吉見（二〇一九年）を参照。インドネシアの慰安所の分布等については山本・ホートン（一九九九年）、インドネシア社会における「慰安婦」問題の展開については倉沢（一九九九年）、後藤（一九九五年）を参照。被害者証言については、川田（一九九七年）、ブディ他（二〇〇一年）を参照。オランダ人女性の強制売春事件については梶村・村岡・糟谷（二〇〇八年）と同書に翻訳されているバルト・ファン・プルヘースト報告を参照。海外では、オランダのジャーナリスト、ヒルデ・ヤンセンが被害者一二〇人の証言を集めた。Janssen (2010) を参照。そのうち一八人の被害者肖像写真と解説を収めたのが Banning (2010) である。

37 研究班には五名が参加しているが、現地訪問は主に鈴木隆史、松野明久が行っている。

38 この二つの文書は吉見（一九九五年）資料番号八三、三六五〜三七五頁にある。

39 ファン・プルヘースト報告書は「四人のヨーロッパ人女性が経済的な理由のために抑留所を出てマカッサルに行ったとあるが、最終目的地は明記されていない」と書いている。梶村・村岡・糟谷（二〇〇八年、二三八頁）。

40 ハッサンさんインタビュー、二〇一三年九月一四日。

41 チャルックとルラは近く、証言では混同されている可能性もある。チャルックは明確に「慰安所」であるが、ルラについては場所が証言によって家だったり洞窟だったりと、軍が正式に設置したものでない可能性がある。

42 ミナさんインタビュー、二〇一四年九月一一日。

43 チッポさんインタビュー、二〇一七年三月三一日。

44 サウィアさんインタビュー、ドリさんインタビュー、二〇一三年二月二一日・二二日、二〇一三年九月一五日。

45　ジョハリアさんインタビュー、二〇一三年二月二八日、二〇一四年九月一三日。アランさんは二〇一四年死去。ジョハリアさんは二〇一六年四月一二日死去。
46　妹さんからの聞き取り、二〇一四年一一月二日。
47　鐘紡社史編纂室（一九八八年）、三六三頁。
48　同書、三六三頁。
49　アジア歴史資料センター Ref. B05013032100、海軍南方軍政関係／海軍南方占領地区／セレベス地区／『邦人事業報告書』（海　I-1-9-55）（外務省外交史料館、No. 28（18）KANEGAFUCHI KOGYO K.K.
50　チンダさんインタビュー、二〇一四年九月九日・一〇日、二〇一五年一一月一日。
51　サマドさんインタビュー、二〇一三年九月一三日。
52　イ・サッカさんインタビュー、二〇一三年九月一三日。
53　イ・パティマンさんインタビュー、二〇一四年九月一一日。
54　ラニアさんインタビュー、二〇一八年一二月二七日。
55　イカラウさんインタビュー、二〇一三年七月二五日。
56　スッティさんインタビュー、二〇一七年四月一三日。
57　クパさんインタビュー、二〇一七年四月一三日。
58　岩田（二〇〇八年）は、「女性（とくに娘）は家族親族のシリを象徴する存在であるからこそ、その地位の侵犯は大きな「恥」を喚起する」との Susan Millar (1983) の先行研究を紹介している（七九頁）。
59　ヌラさんインタビュー、二〇一三年二月二〇日、二〇一四年九月一二日、二〇一五年一〇月三一日。ヌラさんは二〇一六年三月一六日死去。

60　ミンチェさんインタビュー、二〇一三年九月一七日、二〇一四年九月一四日。
61　ベッチェさんインタビュー、二〇一三年九月一二日。
62　イサさんインタビュー、二〇一七年三月三〇日。
63　倉沢（一九九九年）、九五〜九六頁。

〈参考文献〉

岩田剛「インドネシア・ブギス－マカッサル社会におけるシリ（恥－名誉）を核とする行為集団に関する一考察」（『アジア・アフリカ地域研究』八巻一号・二〇〇八年、七五〜八八頁）
梶村太一郎・村岡崇光・糟谷廣一郎『「慰安婦」強制連行—史料　オランダ軍法会議資料×ルポ　私は〝日本鬼子〟の子』（金曜日、二〇〇八年）
鐘紡株式会社社史編纂室編『鐘紡百年史』（鐘紡、一九八八年）
川田文子『インドネシアの「慰安婦」』（明石書店、一九九七年）
倉沢愛子「インドネシアにおける慰安婦調査報告」（財団法人 女性のためのアジア平和国民基金「慰安婦」関係資料委員会編『「慰安婦」問題調査報告　1999』一九九九年、八九〜一〇五頁）
後藤乾一『近代日本と東南アジア　南進の「衝撃」と「遺産」』（岩波書店、一九九五年）
第四十八師団歩兵第四十七連隊第二機関銃中隊『今なつかしい戦地の思い出集』（発行年不詳）
台湾歩兵第二連隊第九中隊会『戦友の碑』（一九八一年）
西野瑠美子・林博史責任編集『「慰安婦」戦時性暴力の実態Ⅱ—中国・東南アジア・太平洋』（日本軍性奴隷制を裁く二〇〇〇年女性国際戦犯法廷の記録 Vol.４』緑風出版、二〇〇〇年）

ブディ・ハルトノ、ダダン・ジュリアンタラ他『インドネシア従軍慰安婦の記録―現地からのメッセージ』（かもがわ出版、二〇〇一年）
プラムディア＝アナンタ＝トゥール『増補改訂版　日本軍に棄てられた少女たち―インドネシアの「慰安婦」悲話』（コモンズ、二〇一三年。初版は二〇〇四年、原題は、Pramoedya Ananta Toer. 2001. *Perawan Remaja dalam Cengkeraman Militer*. Gramedia Populer.）
古沢希代子「東ティモールにおける日本軍性奴隷制　第一回」（『季刊　東ティモール』三号・二〇〇一年四月刊）
古沢希代子「東ティモールにおける日本軍性奴隷制　第四回」（『季刊　東ティモール』六号・二〇〇二年一月刊）
古沢希代子「東ティモールにおける日本軍性奴隷制　第八回」（『季刊　東ティモール』一〇号・二〇〇三年一月刊）
古沢希代子「東ティモールにおける日本軍性奴隷制　エスペランサさん」（『季刊・東ティモール』三一号、二〇〇八年一一月刊）
防衛庁防衛研修所戦史室『戦史叢書　豪北方面陸軍作戦』（朝雲新聞社、一九六九年）
山口重晴『ティモール島　星空の勇者たち』（新風舎、二〇〇三年）
山本まゆみ、ウィリアム＝ブラッドリー＝ホートン「日本占領下インドネシアにおける慰安婦―オランダ公文書館調査報告―」（財団法人・女性のためのアジア平和国民基金「慰安婦」関係資料委員会編刊『「慰安婦」問題調査報告・１９９９』一九九九年、一〇七～一四一頁）
吉見義明編『従軍慰安婦関係資料集』（大月書店、一九九二年）
吉見義明『従軍慰安婦』（岩波書店、一九九五年）
吉見義明『買春する帝国　日本軍「慰安婦」問題の基底』（岩波書店、二〇一九年）
ｗａｍ（アクティブ・ミュージアム　女たちの戦争と平和資料館）編刊『改訂版　東ティモール　戦争を生き

抜いた女たち—日本軍とインドネシア支配の下で—』（二〇一二年）
wam〔アクティブ・ミュージアム　女たちの戦争と平和資料館〕編刊『「アジア解放」の美名のもとに　インドネシア　日本軍占領下での性暴力』（二〇一六年）

Asosiasaun HAK, Koligasaun Japonés sira ba Timor-Leste. 2016. *Luta ba Lia Loos no Justisa: Relatóriu Finál ba Peskiza Konjunta Asosiasaun HAK ho Koligasaun Japonés sira ba Timor-Leste kona-ba Eskravidaun Seksuál Militár Japonés iha Timor-Leste, 1942-1945*. Dili and Osaka: Asosiasaun HAK and Japan East Timor Coalition.（本章では合同調査報告書として言及。）

Banning, Jan. 2010. *Comfort Women - Troot meisjes*. Ipso Facto/seltman+söhne.

de Carvalho, Manuel de Abreu Ferreira. 2003. *Relaório dos Acontecimentos de Timor (1942-45)*, Edições Cosmós, Instituto da Defesa Nasional.

Janssen, Hilde. 2010. *Schaamte en Onschuld: het verdrongnen oorlogsverleden van troostmeisjes in Indonesië*, Nieuw Amsterdam.

Santa, José Duarte. 1997. *Australianos e Japoneses em Timor na II Guerra Mundial 1941-1945*, Lisboa: Editorial Notícias.

あとがき

私自身、本書の課題と向き合うようになった契機のようなものがあります。それが、一つの裁判事例と御一人の元慰安婦の方とのささやかな交流体験でした。いずれも随分と前の事です。

私もこれまでに学者証人として法廷で陳述するなど、多くの裁判闘争に関ってきました。そのなかで深く印象として残っているのが、一九九二年五月四日、元慰安婦たちが日本政府を相手に提訴した、いわゆる関釜《かんぷ》裁判（正式名称は、釜山従軍慰安婦・女子勤労挺身隊公式謝罪等請求訴訟）です。

原告は河順女《ハスンニョ》・朴頭理《パクドゥリ》・李順徳《リスンド》の三人のハルモニでした。ハルモニたちの提訴に対し、山口地裁下関支部は、一九九八年四月二七日に判決を下しました。その内容は、立法不作為による国家賠償責任について、一部原告の訴えを認め、被告である日本政府に九〇万円の支払いを命じる判決でした。全面的と勝利と言えないけれど、部分的勝利でした。

ところが、二〇〇一年三月二九日、広島高裁は山口地裁下関支部の判決を取り下げて原告の訴えを棄却してしまいました。原告は判決を不服として上告しましたが、二〇〇三年三月二五日、最高裁は上告を棄却。その結果原告の敗訴が確定してしまいました。それでも一審とは言え、日本政府に支払いを命じた判決は、当時大きな前進と受け止められました。

特に山口地裁下関支部では、原告の三人にそれぞれ三〇万円ずつの慰謝料を払えと命じたのですから、その折には支援者ならずとも予想外の判決に驚いたものです。

当時の判決記録を要約して紹介しておきますと、判決文では慰安婦問題の本質を捉えるに、過去の人権侵害としてではなく、それ以上に戦後の人権侵害として捉えていたのです。その人権侵害がそれを犯した国の「不作為」によって、人権被害者たちが声をあげるまで放置していたこと、そして放置され続けてきたことで新たな侵害が生じたことを厳しく諫めているのです。いわゆる、法律用語でよく使われる「不作為の行為」です。それこそが判決文の骨子であり、それゆえ三人に合計で九〇万円を慰謝料として支払えとしたのです。

戦前日本国家を受け継ぐ現国家に過去の人権侵害の直接的責任は不在だけれども、人権回復に尽力しなかったことは、人権の最大の擁護者である国家としての責任を果たしていないという訳です。国家は人権の最大の侵害者となり得る権能を有するがゆえに、同時的に人権擁護や人権回復を実現する権能を有している、と捉えるのが近代の国家観念です。判決文は、国家の危険性と役割期待が、何処にあるのかを適格に指摘してみせた内容であったのです。

判決文のなかで、「日本国憲法制定前の帝国日本の国家行為によるものであっても、これと同一性ある国家である被告には、その法益侵害が真に重大である限り、被害者に対し、より以上の被害の増大をもたらさないよう配慮、保証すべき条理上の法的作為義務が課せられている」(「関釜裁判一審判決文一九九八年四月二七日」、一八頁)とする内容が示されていました。これを法律用語で「先行法益侵害に基づくその後の法的保護義務」と言います。とても重要な法理論です。

簡単に言えば、従軍慰安婦問題は確かに過去に起きた事件であり、その過去に遡ってその罪を問うのではなく、過去において深刻な人権侵害を被った元従軍慰安婦の方々を救済する責任を負う国家が、その義務を怠っている事実が厳しく問われたのです。問われたのは帝国日本ではなく、現代の日本国家だったのです。

こうした司法判断には、過去の侵略戦争それ自体を批判するだけでなく、むしろその侵略戦争の事実を認めず、隠蔽・歪曲し、無責任論を振り回す行為自体こそが問われている、あるいは問わなければならない、という重大な観点が提起されていたのです。

これより先のことですが、一九九三年八月四日、当時、宮沢喜一内閣の官房長官であった河野洋平氏によって発表された「河野談話」は、過去の日本が犯した人権侵害の事実を明らかにし、その救済を訴えたものです。その談話の一部には次のような文言があります。

「本件は、当時の軍の関与の下に、多数の女性の名誉と尊厳を深く傷つけた問題である。政府は、この機会に、改めて、その出身地のいかんを問わず、いわゆる従軍慰安婦として数多の苦痛を経験され、心身にわたり癒しがたい傷を負われたすべての方々に対し心からお詫びと反省の気持ちを申し上げる。また、そのような気持ちを我が国としてどのように表すかということについては、有識者のご意見なども徴しつつ、今後とも真剣に検討すべきものと考える。」

談話は、明確に従軍慰安婦の存在を認め、その救済のために積極的に日本政府が対処すべきだとしているのです。つまり、前年の関釜裁判における山口地裁下関支部の判決を受ける形で、いわゆる「先行法益侵害に基づくその後の法的保護義務」を怠ったことを踏まえたうえで、戦後における人権回復に乗り出すことを強調したものだと思います。

この談話があってから、一九九五年八月一五日、村山富市首相による「村山談話」が出されます。毎年、この日には歴代首相が何らかのコメントを出すのですが、そこでは次のような文面があります。

「わが国は、遠くない過去の一時期、国策を誤り、戦争への道を歩んで国民を存亡の危機に陥れ、植民地支配と侵略によって、多くの国々、とりわけアジア諸国の人々に対して多大の損害と苦痛を与えました。私は、未来に誤ち無からしめんとするが故に、疑うべくもないこの歴史の事実を謙虚に受け止め、ここにあらためて痛切な反省の意を表し、心からのお詫びの気持ちを表明いたします。また、この歴史がもたらした内外すべての犠牲者に深い哀悼の念を捧げます。」

従軍慰安婦の事を直接示している訳でありませんが、植民地支配責任が日本国に明確に存在することを首相として、つまり日本国民の総意として内外に表明した画期的な談話でありました。これまた現在まで、その内容に異議を唱える人たちに繰り返し批判を受けることになります。

日本国内では過去の歴史とどう向き合い、過去に犯した過ちを戦後の現在まで継続して謝罪行為を繰り返すことの意味は、従軍慰安婦に限定されず、帝国日本の戦争行為や植民地支配によって、取り返しのつかないほどの人権侵害を被った人々を救済する行為であることを自覚的に受け止めるべきなのです。

例え、人権被害者の方々が死去されたとしても、その方々の御家族や知人・友人をも含め謝罪と救済によって人権回復を進め、その負の歴史と向き合うことで、二度と同じ過ちを繰り返すことがないように教訓化する作業が必要です。その積み重ねのなかで失われてしまった日本への信頼を取り戻すことができるのです。実は私自身のソウル講演を原稿化した本書の第1章は、こうした問題意識を踏まえたものです。

これら二つの談話に対して感情的な批判は論外としても、充分に議論と対象とすべき反論も沢山あります。勿論全てではありませんが、私が一番気になった反論を一つだけ取り上げてみたいと思います。

元従軍慰安婦の存在を認め、その人権侵害の事実を否定しないとしても、「不作為の行為」により、彼女たちが「人格の尊厳を傷つける新たな侵害行為」に戦後一貫して苛《さいな》まれている、とする具体的な証拠やその判断自体が過剰ではないか、という議論をよく見受けます。さらに、戦前に受けた痛苦とは肉体的かつ直接的なものであるのに対し、戦後のそれは精神的かつ後遺症的な痛苦であるから、それを同様に扱うのは問題だというのです。つまり、戦前の「侵害」と戦後の「放置」を同次元で一括するのは間違いだというのです。

これは先ほど触れた法理論を全く蔑ろにするものですが、この見解に合点される方も少なくないのが現状です。法律の世界では認定という概念が重要ですから、何をもって認定するかは簡単な事ではありません。しかしながら、被害者の苦痛の体験と、解消されない精神的苦痛とは、時間の経過とは無関係に一つのものです。最も大切なことは被害者の心情に寄り添うことではないかと思います。

次いで、元慰安婦の方との交流とは、一九九二年四月一三日に提訴された「アジア太平洋戦争韓国人犠牲者補償請求訴訟」（通称、韓国遺族会裁判）に原告として加わっておられた金玉珠《キムオクチュ》ハルモニとの証言会の場でありました。

当時の金ハルモニは、同訴訟とは別に慰安婦の折に貯められていた軍事郵便貯金の返還を求める訴訟を起こそうと支援者の仲間たちと準備されているところでした。

慰安婦時代に二万六一四五円の貯金から五〇〇〇円を滞在地のビルマのマンダレーから朝鮮の大邱《テグ》の

実家に送金したそうです。当時、金ハルモニの故郷では、一〇〇〇円もあれば小さな家一軒を購入できるという時代であったとのこと。大きなお金であった訳です。但し、実際には当時五〇〇〇円もの大金を送金できるシステムはなく、日本軍がビルマ現地で発行していた「ルピー軍票」ではなかったかとされています。それも換金も不可能でかつ、殆ど紙屑同前の代物です。金ハルモニが貯めたという当時の額面で言えば確かに大金であった二万円余の御金も、底なしのインフレで驚くほど僅かな額でしかありませんでした。

それは兎も角として、その残りの預金の原簿が、金ハルモニの日本名であった「文原吉子」の名前で下関の郵便局で見つかり、それで同地で預金返還請求訴訟を起こされようとしたのです。支援者に招かれて、金ハルモニは下関で証言会を開きました。それで私は山口市でも証言会を開催しようと準備を始めたのです。

一九九二年五月一〇日、金ハルモニの証言会を山口市でも開催することが出来、私はその司会を務めました。金学順《キムハクスン》ハルモニが名乗り出られた翌年でもあり、広い会場が一杯になるほど沢山の市民が参加されました。会場は、山口市緑町にある労福協会館でした。

しかし、金ハルモニは証言を始められてから五分も経過しないうちに、悲しみが襲ったのか嗚咽が止まらなくなり、私の判断で証言そのものを中止することにした記憶があります。代わって付き添われていた韓国挺身隊問題対策協議会（挺対協）の金信実《キムシンシル》女史の講演に切り替えた次第でした。

証言会を開始する前に、支援者の皆さんと一緒に昼食を共にした折、美味しそうにキセル煙草を吸われていた金ハルモニに、「タバコ、御好きなんですね」と軽い会話のつもりでお尋ねしたら、「タバコだけが私の楽しみなんですよ」と応えられたことを、今でも昨日のように記憶しています。私の感性に欠ける間の抜けた問いに軽い微笑みを浮かべながら、極自然体にお答えになった、その時の光景を強く記憶しています。

考えてみれば、ハルモニに「タバコだけが楽しみ」と言わせたのは、他でもなく帝国日本の所業であった訳です。その帝国日本の所業を戦後生まれの私たちは、繰り返し遡及して、分析と批判を積み重ねる責務があろうかと思います。

残念ながら金ハルモニは訴訟を起こすことなく、一九九六年一〇月二六日に亡くなられました。恐らく悔しい思いを抱かれたまま、旅立たれたと思わざるを得ません。私は金ハルモニから、実に多くを学ばせてもらいました。本問題に触れるとき、いつも金ハルモニのことが頭に浮かびます。

因みに、この金ハルモニが預金していた軍事郵便は日本の植民地であった朝鮮や台湾、そして日本国内に払い戻しされていない口座が数多存在していることが判明しています。朝鮮や台湾など合わせて約一九〇〇万件があるとされ、その残高は利子を加えると約四三億円に達するとされています。これに日本国内分を含めると、さらに膨大な金額となるはずです。

払い戻しのためには通帳が必要だが、金ハルモニの場合はこの通帳を失くされていたものの、運よく下関の郵便局で原簿が発見され、ゆえに下関の裁判所（山口地方裁判所支部）に提訴に及ぼうとしたのでした。

この軍事郵便貯金の返還問題に対する日本政府の姿勢は一貫していません。例えば、台湾人には一九九五年から二〇〇〇年の五年の期間を設けて、確定債務の一二〇倍を支給したものの、韓国人の預金には日韓基本条約で個人請求権が消滅しているという理由で払い戻しを拒否しているのです。徴用工問題への対応と同質です。

そうした問題もあって、この問題には私なりに強い関心を抱き続けてきました。なお、金ハルモニについては、彼女が辿ったビルマ現地取材を踏まえて森川真智子さんが出版された『文玉珠　ビルマ戦線楯師団の「慰安婦」だった私』（梨の木舎、一九九六年、新装増補版・二〇一五年）と題する優れたドキュメンタリーを参考にして欲しいと思います。そこには生前の金ハルモニの生々しい語りも収録されています。

関釜裁判の折に山口地裁下関支部の判決に示された基調は、繰り返しになりますが「不作為の作為」という国家責任を明示していることです。これこそ、人権擁護に最大の責任を負う国家の責任だと思います。

ところが上級審となればなるほど、この国家責任が希薄化されていく実態があります。これは関釜裁判等に限ったことではありません。まるで上級審となるほど、人権救済よりも国家無答責論へと傾斜していくようです。守るべきものが、国民から国家へと移転しているのです。こうした裁判所の在り方自体も、問題としなければならないように思います。

戦前期の大日本帝国憲法の時代ならいざ知らず、一九四七年に「国家賠償法」が施行されている訳です。この法律では戦時中に国家権力が犯した不法行為にたいしても、人権侵害の重大性から認められれば、当然ながらこの法律が適用されることになります。従って、従軍慰安婦関連裁判で上告を棄却したりする裁判所の判断は、敢えて言えば元従軍慰安婦の人権侵害が重大性を帯びるものではない、との判断を示したことになるのではないでしょうか。

＊　＊　＊

さて、朴容九教授が「はしがき」で説明されているように、二〇一八年一二月八日、韓国、台湾、日本の三ヵ国の研究者がソウルの韓国外国語大学に集い、慰安婦問題の論じ方とその実証をめぐる議論の場を共有しました。それだけでなく朴教授の発案でシンポジウムでの講演や報告を原稿化し、一冊の本として韓国と日本で同時に出版しようと提案されました。

私にとっては韓国の大切な〝弟〟である朴教授の提案ですから、一つ返事で了解しました。朴先生は私が会長を務めている東亜歴史文化学会（二〇〇九年一二月創立）の副会長であり、同時に同学会の機関誌『東亜歴史文化研究』の編集長でもあります。同機関誌は今年二月で既に第一一号を発行済です。そうした研究交流の延長線上に今回の日韓共同出版の企画も実現できたものと思っています。

日韓の国家間や政府間では依然として厳しい軋轢が続いていますが、研究は国境を越えて未来を共有しようとする可能性を提示する役割を担っていると考えます。例え、国家間や政府間の交流に齟齬が生じていても、研究交流はその軋轢に阻害されるものではないことを、今回の企画は十分に示していると信じています。

ところで、韓国と台湾の執筆者の日本語翻訳原稿には、私が監訳者として、あれこれ意見をなし、修正案を提示させて頂きました。そのなかには、私の理解不足ゆえの誤った訂正案もあったかも知れません。過剰な提案が、執筆者の先生方に不快の思いを与えてしまったのではないか、と心配しています。その点があれば、御容赦願いたいと思います。

最後になりましたが、今回の出版企画を快諾頂いた社会評論社の松田健二社長と編集作業を担当頂いた板垣誠一郎氏に、この場を借りて重ねて御礼を申します。ありがとうございました。

なお、韓国では昭明《ソミョン》出版（소명출판）から出版予定です。同社は東アジアの人文学の構築を目ざすこ

とを掲げる、とてもリベラルな出版社です。その点では社会評論社と同様です。日本と韓国の出版社から、使用言語が異なっても同一本を出版しようとするのは、研究と出版の同時作業として捉えたいと思います。そして、この出版は韓国研究財団の支援で実現しました。重ねて御礼申します。

この日韓同時出版本が両国の少しでも多くの読者の目に触れることを心から期待しています。それが両国の読者の繋がりの一助になれば幸いです。

（纐纈厚）

【執筆者一覧】

序　章：朴容九（Park, Yong-Koo）＊編者

1961年生。韓国外国語大教授。韓国日語日文学会副会長、東亜歴史文化学会副会長。主著に『グローバル時代の日本文化論』（宝庫社）、『日本人の生と宗教』（共著、J & C）、『地域学の現況と課題』（共著、韓国外大出版部）等多数。

第1章：纐纈厚（こうけつ・あつし）＊編者

1951年生。明治大学特任教授。植民地文化学会代表・東亜歴史文化学会会長。主著に『近代日本政軍関係の研究』（岩波書店）、『文民統制』（同）、『日本政治史研究の諸相』（明治大学出版会）、『侵略戦争』（筑摩書房）、『日本海軍の終戦工作』（中央公論社）等多数。

第2章：申琪榮（Shin, Ki-Young）

1969年生。お茶の水女子大学人間文化創成科学研究科及ジェンダー研究所教授。主著に『東アジア地域秩序理論』（共著、社会評論アカデミー）、『脱戦後日本の思想と感性』（共著、博文社）、『The Routledge Handbook of Japanese Politics』（共著、Routledge）等多数。

第3章：李芝英（Lee, Ji-Young）

1969年生。東国大学日本学研究所専門研究員。主著に『少子化時代の家族政策』（共著、）、『多文化主義とフェミニズム』（共著、ハンウルアカデミー）、『競争と協力の韓日関係』（共著、ノンヒョン）、『ジェンダーと世界政治』（共著、社会評論）等多数。

第4章：韓惠仁（Han, Hye-In）

1967年生。成均館大学 東アジア歴史研究所 客員研究員。主著に『前後の誕生：日本そして朝鮮人という境界』（共著、グリンビ出版）、『韓日修交50年相互理解と協力のための歴史的再検討』（共著、景仁文化社）等多数。

第５章：李相薫（Lee, Sang-Hoon）

1961年生。韓国外国語大学教授。主著に『日本政治—過去と現在の対話』（共著、大阪大学出版会）、『日本の政治過程』（ボゴ社）、『地域学的韓日関係試論　日本を知ってからこそ韓日関係が見える』（J&C）、『日本型システム』（共著、一潮閣）等多数。

第６章：李哲源（Lee,Cheol-One）

1961年生。韓国交通大学教授。主著に『地域学の現況と課題』（共著、韓国外国語大学出版部）、主要論文に「新中国の成立時期（1949-1954）における外交政策に関する研究」（『中国研究』No.75、2018）、「中國共產主義傳播過程上的社會文化的認同」（『中国研究』No.78）等多数。

第７章：楊孟哲（Yang -Meng Che）

1958生。台北教育大学教授。主著に『台灣歴史影像』（藝術家出版）、『日治時代台灣美術教育』（前衛出版、同日本語版・同時代社）、『台灣日治時代美術教育研究』（南天出版）、『太陽旗下的美術課—臺灣日治時代美術教科書的歷程』（五南出版）等多数。

第８章：松野明久（まつの・あきひさ）

1953年生。大阪大学国際関係学部教授。主著に『グローバリズムと公共政策の責任』（共著、大阪大学出版会）、『アジアの市民社会とＮＧＯ』（共著、晃洋書房）、『フード・セキュリティと紛争』（共著、大阪大学グローバルコラボレーションセンター）等多数。

時効なき
日本軍「慰安婦」問題を問う

2020年7月5日初版第1刷発行
編　者／纐纈厚、朴容九
発行者／松田健二
発行所／株式会社　社会評論社
〒113-0033　東京都文京区本郷2-3-10　お茶の水ビル
電話　03（3814）3861　FAX　03（3818）2808
印刷製本／倉敷印刷株式会社
装　丁／右澤康之
ご意見・ご感想お寄せ下さい　book@shahyo.com